献给中国科大研究生的记忆

《中国研究生》合肥通联站文萃（2017—2018）

主　编／李思敏
副主编／万洪英　李金龙

中国科学技术大学出版社

内 容 简 介

本书汇集了2017—2018年《中国研究生》众多优秀文稿中的近50篇精华文稿，以研究生的视角，通过新闻报道和文化散文等形式，从科教融合、学术研究、社会服务、文化传承创新等多角度，展现了中国科大人的学术成就、艺术造诣和日常生活等，反映了中国科大人的情怀和精神，希冀成为中国科大研究生教育新时期新发展的微观档案，成为献给中国科大研究生的温情记忆！

图书在版编目(CIP)数据

献给中国科大研究生的记忆：《中国研究生》合肥通联站文萃：2017—2018/李思敏主编. —合肥：中国科学技术大学出版社，2021. 8

ISBN 978-7-312-05075-6

Ⅰ. 献… Ⅱ. 李… Ⅲ. 中国科学技术大学研究生院—校史—2017—2018—文集 Ⅳ. G649. 285. 41-53

中国版本图书馆CIP数据核字(2020)第201340号

献给中国科大研究生的记忆

XIAN GEI ZHONGGUO KEDA YANJIUSHENG DE JIYI

出版 中国科学技术大学出版社
安徽省合肥市金寨路96号，230026
http://press. ustc. edu. cn
https://zgkxjsdxcbs. tmall. com

印刷 安徽省瑞隆印务有限公司

发行 中国科学技术大学出版社

经销 全国新华书店

开本 787 mm×1092 mm 1/16

印张 11. 25

字数 288千

版次 2021年8月第1版

印次 2021年8月第1次印刷

定价 40. 00元

前　　言

2007 年，由教育部学位与研究生教育发展中心主管的《中国研究生》合肥通联站依托中国科大研究生院揭牌成立。10 余年来，《中国研究生》合肥通联站始终一心一意，执笔耘耕于科大文字、文学与文化之间，以研究生视角、通讯员情怀为指引，撰文发稿，汇智成章，她与中国科大研究生教育一同成长。她欣赏着中国科大的卓尔不群，见证着科大学子的风华正茂，赞叹着科大人共同创造出来的荣耀光辉……

10 余年来，《中国研究生》合肥通联站共招收培养 400 余名中国科大研究生通讯员，通讯员们在我校研究生教育招生宣传、人才培养、学位授予、科教融合、学术研究、社会服务、国际交流、文化传承创新等方面撰写了大量的、优质的新闻报道和文化散文等稿件。这些稿件或发表于《中国科大研究生教育》期刊上，或发表于《中国研究生》合肥通联站网站上，它们以研究生的视角记录了中国科大研究生教育长期以来磅礴发展的点点滴滴。

2017 年，在中国科大即将迎来建校 60 周年、中国科大研究生院即将迎来建院 40 周年之际，中国科大研究生院从 10 年来《中国研究生》合肥通联站发表于《中国科大研究生教育》期刊的海量文稿中萃取了 100 篇精华结集出版《献给中国科大研究生的记忆——〈中国研究生〉合肥通联站十年文萃(2007—2016)》，与 2018 年出版的《勇立潮头　扬帆前行——中国科学技术大学学位与研究生教育编年史稿(1978—2018)》一同成为每一位科大人最珍贵的母校印记礼物。

2017—2019 年，《中国研究生》合肥通联站又成长了 3 岁。3 年来，又有一批通讯员在辛勤报道中国科大一丝不苟的教书匠、潜心科研的学术大牛、勤奋活泼的科大新星、绚烂多姿的校园生活、情浓于水的师生情和科大情中集腋成裘，产出了一批优秀文章。2020 年，我们启动了《献给中国科大研究生的记忆——〈中国研究生〉合肥通联站文萃(2017—2018)》编撰工作，希望以此珍藏《中国研究生》合肥通联站作为中国科大“记录者”与“瞭望者”的最诚挚的时代书写。此次共收录文章近 50 篇，希冀此书付梓之后，继续成为中国科大研究生教育新时期新发展的微观档案，继续成为中国科大研究生院献给每一位研究生的温情记忆！

因期刊改革及通讯员人员变动，收录的部分文章作者信息难以查询。请相关作者见书后，与编者联系。

编　者

目　　录

科大学人

科大新星

缤纷科大

化成天下

情寄母校

学海行思

读书感悟

科大学人 ▶▷

高明远识铸成就　虚怀若谷为大师

——访管理学院余玉刚教授

文/袁　玉　刘　华

余玉刚，中国科学技术大学管理学院执行院长，教育部“长江学者”特聘教授，国家杰出青年基金获得者，中国高被引学者(Elsevier，2014，2015)。曾就职于香港大学、法国特鲁瓦信息科学与技术国家实验室(CNRS)、荷兰鹿特丹管理学院等。现就职于中国科学技术大学管理学院，指导硕、博士生数十名。组织国际会议20余次，是多个国际期刊的编辑，还是香港RGC项目以及国家教育部长江学者等重要项目的评审专家。

成果卓著，观往知来

2016年10月29日，中国系统工程学会第19届学术年会在北京市隆重举行，中国科学技术大学管理学院余玉刚教授获得“系统科学与系统工程理论贡献奖”。中国系统工程学会是由钱学森、宋健等学者共同倡议并筹备，于1980年11月18日在北京正式成立的国家一级学会。“系统科学与系统工程理论贡献奖”由中国系统工程学会在2012年设立，用以奖励在系统科学与系统工程领域取得卓著成就和巨大贡献的资深科技工作者。该奖项每两年颁发一次，今年是第3届，每届获奖者不超过两人。余玉刚教授获奖主要有三个重要原因：一是修正了传统教科书和文献中广泛引用的全周转率仓储策略和分类仓储策略，提出了“碗形”曲线；二是前瞻性地考虑人力成本、土地资源、时间价值上升，提出了下一代仓储系统(物流分配中心、集装箱码头、停车系统等)，与“互联网＋”的时代背景契合；三是在国际顶尖期刊上发表基于路径调度求解的快速精确求解算法，解决了现实中对快速求解的需要。

平凡小事见大道理，余教授的下一代仓储体系的提出就来源于生活中的一件小事。当他在荷兰求学之时，并不是只注重于书本知识的学习，而是处处留心生活实践，从生活中寻找灵感。在荷兰的一艘船上，余教授发现商品经常由船直接配送到超市，遂联想到未来的物流仓储会像船上密集仓储货物一样，实现密集仓储和高效物流处理。于是他大胆设想下一代仓储系统应该是没有人的、不占空间的且能迅速满足各种需求的一个集合。就在2006年提出这样的构想并开始研究之后，市场上慢慢地出现了亚马逊、四通一达、京东等电商企业，开始了下一代仓储系统的探索实践，验证了他的研究。随后互联网迅速普及，为新一代仓储系统的运行提供了有利条件，使人们的生活发生了巨大改变。余教授总结其做研究获得成功的两点经验，一是要结合现实，二是要敢想。只有切身去体会生活，感悟现实的需要，并能够大胆地去设想未来，才能像牛顿一样，完成从思考苹果落地到发现万有引力的华丽转变。

筚路蓝缕，玉汝于成

如今，我们看到的是余玉刚教授年轻有为、满载荣誉，但在这背后，其实也充满了坎坷的人生经历。在中学时余教授就有了自己的想法，想要创业开公司。高考时阴错阳差地选择了机械专业，没有读上管理类专业。那个时候农村的孩子都渴望能够去城里生活，而他作为一个深深体会到城乡差异的少年，想用自己的努力和思考改变自己未来的命运。毕业后余教授去了军工企业，工作稳定，生活平静，成为了大家眼中的“人生赢家”。但他很快深刻地意识到那不是自己想要的生活和人生道路。年少时心中的创业梦依旧萦绕在心头，为了获得一个更好的支撑和平台，为创业做好铺垫，余教授重拾书本，九转功成，决定报考商科专业，并在1999年考取了中国科大商科专业。

不忘初心，方得始终。一路走来，余教授所做的这些选择，无论是念大学，还是念研究生，一直秉持着自己最初的梦想。因为有坚定的梦想，所以在面对困境时才有强大的精神支撑，并能够在大众随波逐流、人云亦云之时，保持内心的赤诚，冷静思考，寻找机会实现自己的价值。初心，不只是自己的理想、自己的追求，更是一种心灵上的寄托，它是我们通往梦想路上一座明亮的灯塔、一颗闪耀的明星，使我们追梦的旅程变得更加清晰，充满希望。但它又是那么脆弱，多少人年少时提剑纵马，说诗酒趁年华，可是却在奔忙的岁月中，渐渐忘了为什么出发，忘了为什么来，要到哪里去。余教授说自己是固执的，但却偏偏喜爱这固执。我们年轻一代人需要将这种“固执”薪火相传，还要坚守本心，无所畏惧，打拼出一片属于自己的人生天空。

春风化雨，百年树人

谈到我校管理学院研究生的培养模式，余教授指出主要分为三类：一是五年制硕博连读，二是学术型硕士，三是专业型硕士。每一类研究生的要求与培养方式还有很大差异，比如硕博连读主要以做理论研究为主；MBA学生拥有丰富的工作经验，但是缺乏系统的理论知识，所以要求他们主要掌握经管类的知识并运用到工作中。余教授坚持教育是为人服务的，坚持提升能力满足人的职业发展需求的教育理念。他认为培养学生最重要的是培养原始创新能力，作为一位商科学生，不仅仅是学习商科知识，更要具备沟通技巧、全球视野与自我改进的能力，成长为商科社会人。这正是当代优秀研究生所必备的品质。

“纸上得来终觉浅，绝知此事要躬行。”对于自己指导的学生，余教授并不把他们拘泥于实验室，不仅仅让他们进行读文献、找数据这些日常的科研任务，而且鼓励学生走出实验室，走进工厂，走进企业，走到真正的管理社会实践中。学生只有真正做到理论与实践相结合，学以致用，才能实现管理的最高意义——经世济民。比如他会派学生去不同公司实习，到基层去锻炼，做自己的职业生涯规划，然后汇报总结。他的学生评价他是一位平易近人、亲力亲为的好老师，不仅对团队的研究方向有整体把握，还十分关注学生个体的成长与发展，给学生自由发挥的空间。在这种民主的教育理念下，从教多年来，余教授桃李满天下，培养了一批批优秀的商科人才和社会精英。

夙兴夜寐，精益求精

余教授作为管理学院执行院长，苦心经营，兢兢业业。在担任中国科大管理学院执行院长期间，余教授带领管理学院的老师，与时俱进，开拓创新。余教授认为学院的发展主要从软件和硬件两方面着手。在软件方面，学院要实现国际化。要实现国际化，首先要引进来，要让学生看到世界级的大师。其次要走出去，以学生身份走出去学习，以老师身份走出去在学界产生影响。管理学院的目标是成为世界一流商学院，而不仅仅是全国名列前茅。在硬件方面，余教授一直致力于争取资金，提高办学设施，拥有属于管理学院自己的科研场所。今年，中国科大国际金融研究院落户滨湖新区。同时，余教授还负责管理学院人力资源的传承，新老更替，为学院未来10年甚至几十年的发展打下人力基础。在余教授和同仁的努力下，管理学院相继顺利通过国际AACSB、AMBA认证，真正做到了与国际接轨，实现了与国外一流大学商学院的课程对接。另外，为了让学生们与智慧为师，与强者为伍，管理学院每年都会邀请上百名来自海内外的教授学者交流学习，包括UTD(得克萨斯大学达拉斯分校)的编委等。

同时，在院长带头做科研的中国科大传统背景下，余教授从未停歇手头的科研工作。他一般白天处理学院日常事务，晚上做学术。他认为每3年要看到不一样的自己。刚入校的前3年，是写手，是听众；过3年要开始独立思考。现在身为教授的他，通过杰出青年、"长江学者"等项目，建立起了自己的研究方向。作为团队的领导者，他是研究方向的构建者和资源的争取者。

最后，余教授表示，作为一位学者，要保持谦卑的心态，保持对学习的饥渴之心，对一切现象问题充满好奇。在人生的每个阶段，不要过于看重你学的能立马带给你什么，而要善于总结过去，构想未来，要有长远的目光，敢想敢做，走上更大的舞台。

曙色满东方——潘建伟院士当选“感动中国 2016 年度人物”

2017 年 2 月 8 日晚，“感动中国 2016 年度人物”颁奖典礼在中央电视台综合频道播出，中国科大常务副校长、中科院院士潘建伟作为“量子通信的领跑者”成为“2016 感动中国十大年度人物”之一。

颁奖典礼上播出了潘建伟院士为量子通信事业奋斗的经历和故事，主持人对他进行了现场采访。《感动中国》评选委员会给予潘建伟院士的颁奖辞是：嗅每一片落叶的味道，对世界保持着孩童般的好奇。只是和科学纠缠，保持与名利的距离。站在世界的最前排，和宇宙对话，以先贤的名义，做前无古人的事业。

潘建伟，1970 年生于浙江东阳，物理学家，中国科学院院士，发展中国家科学院院士，中国科学技术大学常务副校长。1987—1995 年在中国科学技术大学学习，先后获理论物理专业学士和硕士学位。1996 年赴奥地利学习，1999 年获维也纳大学实验物理博士学位，1999—2001 年在维也纳大学实验物理所从事博士后研究。2008 年入选中共中央组织部首批“千人计划”。2011 年 11 月当选为中国科学院院士。2012 年 9 月当选为发展中国家科学院院士。中科院量子科学实验卫星先导专项首席科学家。

2016 年 8 月 16 日，由潘建伟担任首席科学家、我国自主研制的世界首颗量子科学实验卫星“墨子号”在酒泉卫星发射中心成功发射，它将在世界上首次实现卫星和地面之间的量子通信。

潘建伟长期从事量子光学、量子信息和量子力学基础问题检验等方面的研究，对量子通信等研究有创新性贡献，是该领域的国际著名学者。潘建伟有关实现量子隐形传态的研究成果入选美国《科学》杂志“年度十大科技进展”，并同伦琴发现 X 射线、爱因斯坦建立相对论等影响世界的重大研究成果一起被《自然》杂志选为“百年物理学 21 篇经典论文”。其研究成果曾 6 次入选两院院士评选的“中国年度十大科技进展新闻”、5 次入选欧洲物理学会评选的“年度物理学重大进展”、4 次入选美国物理学会评选的“年度物理学重大事件”。

“感动中国 2016 年度人物”另外 9 位当选者分别为：为中国航天事业做出突出贡献的科学家孙家栋，训练中壮烈牺牲的舰载机飞行员张超，三进火海舍己救人的王锋，在大山深处教书育人 36 年的支月英，耶鲁大学毕业后回国扎根农村的秦玥飞，红丝带学校创办人郭小平，焦裕禄式的好干部阿布列林·阿不列孜，在平凡岗位上创造非凡业绩的电焊工李万君，让众多患者挺直脊梁的好医生梁益建。此外，典礼还向中国女排表达了特别致敬。

《感动中国》是中央电视台打造的一个精神品牌栏目，被媒体誉为“中国人的年度精神史诗”。自 2002 年起，《感动中国》每年从社会各行各业推选出 10 位人物，每个人物身上都有一种让观众感到心灵震撼的精神力量。《感动中国》秉承过去 14 年的传统不变，广泛吸纳观众意见，通过多种投票方式在世界范围内评选年度震撼人心、令人感动的人物和群体。

潘建伟:中国量子计算将如“雨后春笋”

47岁的中国科学技术大学教授、中国科学院院士潘建伟,再一次站在聚光灯下。2017年5月3日,他代表团队在上海宣布了两件关于量子的喜讯:一是成功研制世界首台超越早期经典计算机的量子计算机;二是成功实现目前世界上最大数目(10个)的超导量子比特纠缠。相关成果分别发表于国际学术期刊《自然·光子学》和《物理评论快报》,引起海内外广泛关注。

“我们实现的是量子计算基础研究领域的第一步,一小步,但也是重要的一步。”面对蜂拥而至的媒体,潘建伟穿着惯常的驼色绒衫平静地说。

学界公认量子计算基础研究有“三步走”。第一步是展示超越首台电子计算机的计算能力,第二步是展示超越商用中央处理器的计算能力,第三步是展示超越超级计算机的计算能力。

潘建伟与陆朝阳课题组制造出的光量子计算原型机,计算速度超越了71年前诞生的世界首台经典算法计算机埃尼阿克(ENIAC)。一位审稿人评价:“你们构建了第一代‘ENIAC’量子机器。”

与此同时,朱晓波、王浩华、陆朝阳和潘建伟等科学家协同工作,成功实现了10个超导量子比特的高精度操纵,打破了美国方面在2015年创造的9个超导量子比特操纵的纪录。

30年前,潘建伟考入中国科学技术大学近代物理系,与量子结缘。21年前,潘建伟师从量子力学大师塞林格,当被导师问及梦想,他脱口而出:“我要在中国建一个世界一流的量子物理实验室。”

如今作为中国量子领域研究的领军者,潘建伟雄心勃勃。他并不满足这两项最新成果,而是瞄准更高的目标。他说,要在2017年年底实现大约20个光量子比特的操纵,同时制备出20个超导量子比特样品。他还说,到2020年要做到45至50个光量子比特的操纵,最终实现量子计算超越经典超级计算机的“量子称霸”目标。

由于量子计算的巨大潜在价值,欧美各国都在积极整合各方面研究力量和资源开展协同攻关,大型高科技企业,如谷歌、微软、IBM等,均早早布局量子计算研究。中国的科研院校及企业也必须参与到这场国际竞争中去。

出生在浙江省的潘建伟用家乡常见的“笋”来比喻中国量子计算领域的发展。他描绘说,笋尖刚长出来时进展较为缓慢,一旦长起来便越来越快。他说中国的量子计算就如“春笋”,“我们的爆发式增长已到了相变点”。

潘建伟有此判断,一方面基于中国科学家的多年积累。以他的团队为例,从1999年突破4光子纠缠操纵到2016年首次实现10光子纠缠操纵,他们始终“领跑”国际。另一方面是国内已形成协同创新的良好风气,比如最新成果是由中国科学技术大学、浙江大学、中国科学院物理研究所等合作完成的，并且得到中国科学院—阿里巴巴量子计算实验室等方面的资助。

“未来将面临激烈的竞争，我希望结合国家实验室建设，让许多研究者面向同一个目标，集中全国力量去攻克量子计算机，突破国外的封锁。”潘建伟微笑着说，“保守一点说，用 5 至 10 年时间造出几台解决材料设计、化学研究、物理研究等需求的专用量子计算机。”

美丽化学:科学与艺术在山顶的再重逢

文/沈 圣 李 娜

梁琰,2005年在清华大学获得硕士学位,之后赴美国留学,2005—2011年期间在美国明尼苏达大学攻读材料科学博士,现任中国科学技术大学科技传播与科技政策系特任副研究员。

"美丽化学"项目始于2014年3月,该项目以一种独特的化学审美方式,激发学生学习化学的兴趣,打破孩子们对化学的负面印象。正如标题所言,美丽化学是"科学与艺术在山顶的再重逢",接下来,让我们走进梁老师的美丽化学项目,感受化学与艺术的重逢之美。

理念:"科学之美是无处不在的"

人们常说"熟悉的地方没有风景",这在梁琰老师的化学世界中可算是"悖论"了,因为在梁老师和其团队的认知中"科学之美是无处不在的"。由于现代生活节奏越来越快,蕴含在周围的美,如每天都能看到的花卉、昆虫等,很多时候被我们忽略了。对此,梁老师认为我们需要的是一个崭新的视角。

正如大家在微博热搜中所看到的那样,梁琰老师拍摄的化学反应没有任何的"修饰",而是真实地展现化学反应本身的现象,通过这种方式将围绕在我们周围的美带给大众。此外,梁老师说:"希望让大众不光看到美,还了解美的背后是什么样的、为什么是这样的。这样我们对美的了解才能从感官层面上升到认知层面,从而更好地欣赏这种美。"梁老师进一步解释道:"之前拍摄的很美的东西,我们并没有告诉大家美的背后是什么样的原理、为什么是这样的。现在我们在做的事情是,不光要呈现这种美,而且要讲为什么是这样的,你怎样提出问题,怎样探索问题,历史上的科学家是怎样研究问题的,这样我们就从简单的感官层面、视觉层面的美上升到认知层面的美,你了解之后,就可能会更好地欣赏这种美。"

我相信梁老师的"美丽化学"项目正是在这样一种理念的基础上开展的,正如梁老师所拍摄的化学视频一样,它不仅向大众传播了化学反应的科学知识,同时也将反应过程向大家直观地呈现出来,这正是梁老师所提倡的理念,这是一种"科学之美"。

"科学之美是无处不在的",这是梁老师团队坚守的理念,也正是这种理念让科学与艺术再重逢,让人们感受到科学之美。

美丽化学:让化学教育更美丽

"美丽化学"带来的不仅仅是视觉上的惊艳和享受,梁老师和他的团队也在致力于将"科学之美是无处不在的”这种理念实践于化学教育上，让孩子们在学习化学之时，也感受着化学之美。“想通过‘美丽化学’的形式回归到教育最本源的两个基本点：一个是激发求知欲，让同学们爱学习；另外一个是提高学习效率，让他们会学习。”梁老师如是说。

梁老师在开发“美丽化学”项目之前，曾参与苹果公司数字教科书“Life on earth”的开发。他认为数字技术在教育上的运用是一个很缓慢的过程，因为教育是一个很复杂的系统。教育过程的参与者是多主体的，有学生、教师、校长、家长以及官方机构等，将数字教科书开发成多方都能接受的形式，这必然是一个缓慢的过程。不幸的是，“Life on earth”是一种极端的转变，所以失败了。目前国内对数字教科书的呼声很高，但囿于教育资源，短时间内可能还是以传统纸质教科书为主。梁老师和他的团队正尝试为学校使用的教科书开发配套的数字资源，以供教师教学使用。对比这套数字资源，传统的纸质教科书所能呈现的只是静止的画面，对于像化学等需要呈现观察、探索过程的自然科学并不适用。梁老师说：“利用数字化的技术和资源解决现实中的教学问题、提高教学质量，并让同学们受益于此，这是我们做这套数字资源的初心。”

“美丽化学”项目的逐步开展，是学生与孩子们的福音。正如文章开头所介绍的，该项目以一种独特的化学审美，激发学生学习化学的兴趣，打破孩子们对化学的负面印象。现在，“美丽化学”项目已初有成效，相关视频一经发布就被广大网友推上微博热搜，甚至有网友调侃：“又想骗我学化学！”这是大家对“美丽化学”项目的认可。希望“美丽化学”项目能早日融入教育教学系统，让同学们不仅能学习化学知识，同时还能欣赏化学之美、领略科学之美！

美丽化学：让科学绽放艺术之花

法国著名作家居斯塔夫·福楼拜（Gustave Flaubert）曾说过：“艺术和科学总在山顶重逢。”梁老师及其团队所拍摄的“美丽化学”视频将化学这一自然科学进行了非常艺术化的呈现，再一次实现了科学与艺术的重逢。

当被问及对于科学和艺术之间关系的看法时，梁老师谦虚地说：“我对科学算是比较了解的，但是对于艺术，我不是很了解。二者的共性可能都在于希望发现新的东西，即通过各种尝试和实验去发现新的东西，去创作新的东西。但是科学的理性和艺术的感性之间还是存在一些矛盾。艺术对真正的艺术家而言更多的是个人的表达而不在于传播。我不懂什么是真正的艺术，不能说这个就是艺术，我只是借用了一些艺术常用的手段，如构图、画面、剪辑、音乐，然后把化学呈现出来，希望更好地进行化学传播。”

具体到“美丽化学”项目，梁老师认为有两点是十分重要的：第一点就是采用人们都熟知的化学反应，对于人们熟知的现象或者概念，运用新的形式进行呈现，甚至展现出之前人们所不知道的东西，这往往会引起人们的极大兴趣；第二点，对“美丽化学”视频的拍摄制作增加艺术成分，在视频画面、背景音乐、剪辑以及拍摄设备等方面，梁老师和他的团队都进行了精挑细选。

美丽化学：在披荆斩棘中绚烂

任何项目在实践的过程中，往往都会遇到一些难以攻克的难关。对梁老师和他的团队而言，这个难关就是拍摄制作过程中的各种不可控因素，梁老师在接受采访时说：“我们没有办法去控制很多东西，更多时候是在重复。这其实和科研是一样的，因为很多事情是没有人做过的，那你做这个事情的时候，一开始得到一个让你比较满意的结果，觉得很有意思。但若想得到那个最好的结果就得不停地重复，不停地试能不能让这个东西更好。这个是做任何事情，就是跟科研相关的、跟创作相关的都会遇到的类似情况。”我很认同梁老师的看法，尤其在这个纷繁又千变万化的现代社会，你是否能踏踏实实地投入一件事是很需要耐心和勇气的。

其次，梁老师继续说道：“还有就是如何选择新的主题，现在我们改进理念之后，日常生活中也有除了感官层面上的美是可以做的，这就解决了我们的问题。所以，创意本身是很有难度的，创作本身来讲也是有难度的，但这些都是共通的，我觉得做科研的人会遇到类似的问题，做艺术创作的人也会遇到类似的问题，所以这个并不是我们特殊的难点。”正因如此，除了陪女儿，梁老师几乎倾注了所有的时间和精力在“美丽化学”上。梁老师希望借助科研，发现新的事物，并通过传播和教育将新事物展现给大众，这也是“美丽化学”所崇尚的。

正所谓“困难有多大，荣誉就有多大”。因为这种坚持和努力，梁老师的“美丽化学”项目在 VIZZIES 国际科学可视化竞赛中荣获视频类专家奖，这也是该竞赛中中国大陆作品的首个荣誉。谈及获奖，梁老师淡泊地说道：“得奖只是外界对你的一种认可而已，更为重要的是我们自己想做这些事情，想解决孩子们如何认识自然、如何学习科学这样一些问题。此外，得奖只是一个结果而已，我们更看重的还是挑战新的任务，最后实现新的目标，这是一个不断挑战并超越自我的过程。”

是的，人生就是不断地给自己设定目标并实现的过程，相信梁老师和他的团队在不断挑战自我的过程中，艺术和科学还会不断碰撞、重逢，人们也将会更好地学习科学知识、感受科学之美，从而促进科学事业、教育事业不断发展，创造新的高峰。

当为松柏，韧在其中

——采访缪柏其教授

缪柏其，男，1946 年 10 月出生于江苏无锡市。1969 年毕业于中国科学技术大学数学系，1982 年和 1985 年先后在中国科学技术大学数学系获理学硕士和博士学位，1993 年被中国科学技术大学聘为教授，1994 年被遴选为博士生导师。曾任中国科学技术大学统计与金融系主任、商学院副院长(1998—2003)，第 8 届中国现场统计研究会副理事长，现任第 3 届安徽省现场统计学会理事长、中国统计教育学会常务理事、中国现场统计研究会教育统计与管理专业委员会副理事长、第 6 届安徽省保险学会常务理事，并同时担任《数理统计与管理》《中国科学技术大学学报》编委、《系统工程学报》顾问以及《Data Analysis》编委。

若问此生如何过，君我，科教报国。20 世纪六七十年代给我们留下最深之印象当为纯真：语言之纯真，情感之纯真，生活之纯真，学问之纯真。无丝竹之乱耳，无形色之乱眼，与身处于特殊历史时期的人交谈，会见识到截然不同的世界，领略到截然不同的人生智慧。在中国科大，拥有此番超凡智慧的人不在少数，缪柏其老师就是其中的楷模。缪老师是中国科大除了首批 18 位博士之外，第一个拿到博士学位的人。与缪老师交谈，我们能深刻领略到其做学问的求真态度，待人接物的大家风范，理实交融的中国科大精神。

一、学习有道，方有所成

中国科大研究生教育(以下简称“科大研教”)：缪老师好！我们了解到您于 1982 年在中国科大获得了硕士学位，于 1985 年获得了博士学位，缪老师能给我们详细说一下自己在中国科大的求学经历吗?”

缪老师：我在 1964 年进入中国科大学习，1966 年因为“文化大革命”中断学业，在 1973 年赶上了第一批返回中国科大读书的队伍。这主要得感谢中国科大当时的党委书记刘达，他在其中起到了很关键的作用。1973 年之后陆陆续续回来了有 300 多人，目前还在中国科大任教的有 100 多人，这 100 多人是保证中国科大能够持续发展的中坚力量。没有这样一批人回来，中国科大不可能会有今天这样的发展。就我自身来讲，除了 1966 年到 1973 年被分配到辽宁之外，几乎一辈子都奉献给了中国科大。1963 年华罗庚教授在我们高中的学校举办了宣讲会，使我对中国科大产生了的仰慕之情。1964 年龚昇教授去我们高中进行招生，我便报名参加，通过考试来到了中国科大。当时中国科大在全国招了 600 人，上海便招了 60 人，那时候中国科大所招的学生基本上是来自江浙一带。我来自上海，范洪义也来自上海，我和范洪义的关系很不错。那时候中国科大给我们提供的教育条件非常好，教我们的全部是一流的大师，比如线性代数、近世代数是曾肯成教授，他曾经担任过周恩来总理的科技顾问，他讲课讲得非常好，我们都爱听他的课。

1973年我回到中国科大之后，学校规定在校的本科生必须通过研究生入学考试才能进行研究生学习，免试的研究生名额要留给在中国科大外面想回来但回来比较困难的人，因而1973年最早回来的那一批学生，在1979年都是通过考研考上中国科大的。当时我的微积分考了99分（满分是100分），因为没有人考过满分，所以就给了我99分，代数考了85分，但专业基础的概率论和英语就考了30多分。总分够了，虽然两门基础课的分数不够，但是导师最终还是录取我作为他的研究生。赵林城教授等人都是这样进来的，他们都非常的优秀，他们是第三世界科学院的院士，当时都申报了中国科学院院士，但是因为种种原因，第一轮就被刷下来了。

我们这一代人中大部分人的学问都是自学的，相比那些在老师的指导下学完全部课程的人还是要差很多。因而很多情况下我们建议学生不要自学，而需要去听老师讲。自学往往不知道重点是什么，只有真正当你上升到某一个阶段的时候，你才能知道哪些重要哪些不重要。每当同学跟我说要自学，我就告诉他们先别急着自学，先听老师讲。我和赵林城教授他们的差距就在于此，他们都认真学习了老师的讲义，知识面比我们广很多。在学习的初始阶段不要自学，只有当你水平达到一定程度之后，才可以考虑自学。像华罗庚教授这样的人可以自学，但很少有人能完全靠自学学出成就来的。对于概率论，我接触得比较晚，也全部都是自学的。为什么概率论考得这么差，也是因为自学，后来通过大量努力的学习，慢慢地熟悉它了。看概率论的时候，前面自己看了，虽然也懂，但随着慢慢地看，慢慢地理解，才真的明白它是怎么一回事。所以我一再强调自学有时候真不可取。

二、管理学院的前世今生

科大研教：我们一直不能理解数学学院把概率统计系分给管理学院，缪老师可否详述下其中的原因？

缪老师：数学系是在1995年的时候把概率统计系分给管理学院的。管理学院最早成立是在1987年，当时有一个老师负责筹办管理学院，他想让当时在美国的陈希孺老师来当名誉院长，不用管事。陈老师当时并不同意这件事情，说如果要他来当院长的话，他肯定是要来全管这些事情。后来筹办的事又因为一些其他的原因而搁置。到了1995年，学校把原来的15系（管理科学）、16系（信息科学）并在一起，但是那边教授人数比较少，而管理又是和统计最为密切的，所以学校就决定把概率统计系拿出来，一块组建了管理学院。概率统计系的人员全部搬到管理学院，因为如果是部分人留在数院，部分人在管院，会使交流非常麻烦，而我们概率统计系当时总共10个人都不到。而说到把概率统计系从数学学院中分离出来，也有相应的好处和坏处。在数学学院中概率统计系的发展会受到约束，因为狭义上真正的数学就是理论数学。概率统计在数学学院并没有占很重要的地位，更本质上来讲统计不是数学。让一个数学学院的老师来教统计，那是小菜一碟，但是统计的思想和基础数学的思想不一样。基础数学追求的是内在的美，你要是能做出一个显示的表达式，你将会非常地开心。但是统计中基本上得不到一个显示的表达式，都是在计算机上显示一个曲线或者是做一个表格，它能用来解决实际问题，但是在数学家的眼中这个根本不算数学。实际上，我们不能用数学的眼光来看统计学，也不能用数学的眼光来看待物理。你看他们的物理论文很多都是SCI论文，而他们只是做了一个实验。但是基础数学，你做了七八页纸十几页纸，还没有发表SCI。大家看了都很不服气，可是你的研究对象不一样，研究手段也不一样，它背后所涉及的实际问题也不一样。

归入管理学院有个比较大的好处是我们那时候在数学学院招本科生和计算机系一样是3年一次，研究生招生也是3年一次。这样的话概率统计系在数学学院就很难发展，当它独立出来之后，就可以每年招生了。单就概率统计来讲，在国外的话，有在管理学院的，也有在经济学院的，还有在生物系的，各种情况的都有。

三、学而不厌，诲人不倦

科大研教：那么缪老师是怎样带硕士生和博士生的呢？

缪柏其：我带的博士数量大概有20多，一年下来平均一两个博士就已经很不错了。带出来的博士能够发表比较好的文章，并不容易。我带的博士主要是两个方面的，一个是统计，一个是金融工程。金融工程更准确地讲，是统计在金融中的应用，叫作金融工程，但它的本质还是统计。

一个人其实精力很有限，带学生是个很累的过程，培养学生要耗费的是大量的时间和金钱。从学生的角度来看的话，自从扩招以后，学生的质量下降得厉害。如果用我们以前的教材来教现在的博士生，他们会听不懂，考试也根本考不过。所以只能降低对学生的要求。在这种情况下，带的学生数量又那么多，培养出来的学生质量可想而知。所以我们的建议是，不是所有的学校都可以设置博士点。可以考虑指定哪几个学校具有设博士点的资格。其他的学校，如果导师的水平足够高，得到中国科大等一流学校的认可后，也可以申请博士点。确实要鼓励大家积极进取的精神，但保证质量是首要前提。

四、结语

2018年是中国科大恢复研究生教育40周年，缪柏其老师作为恢复教育后的第一批研究生，亲身经历了中国科大研究生教育的每段发展、每段转折。“学而不厌，诲人不倦”“俯首甘为孺子牛”，他用一生的实际行动阐释了“红专并进，理实交融”的中国科大校训，为后学者展示了一个真正的学人应有的风姿。

施蕴渝：风雨同行路　科教报国心

文/蒋　颖

她是生物学领域的一员“老将”，更是一位自强不息、科教报国的生物学家。从“一无仪器，二无设备，三无经费”的“三无助教”到生物大分子核磁共振波谱研究的带头人，再到中国科学院院士、发展中国家科学院院士的华丽转身，她把一个起步艰难的专业发展成为全国学术成果排名前列的先进学科。她就是中国科学技术大学生命科学学院的施蕴渝院士。

初见施院士，她衣着朴素，腰板挺得笔直，落步极稳，透着一股利索的劲儿，丝毫看不出她已 76 岁。她曾在国际高水平学术刊物上发表论文 100 余篇，在蛋白质分子设计及药物设计有关的基础理论和方法学的研究领域做出过开创性的贡献。然而面对这些成就，施院士始终保持着一颗谦逊的心。听着她讲述自己的人生历程，虽然隔着时间和空间的距离，我们依然能感受到她奋力拼搏、追求卓越的精神品质。

求学

1960 年，施蕴渝考入中国科学技术大学。当时，平均一百人中只有一人考上大学。“其实，我是被学生物物理的。”说起所学的专业，其中还有一段小故事。施蕴渝是南京师范大学附中的学生，高中毕业时，她准备填报北京大学，但是校长建议她报考建校不久的中国科大，听话的施蕴渝没问原因就报考了中国科大。“因为我的数学物理学得比较好，所以我填的是近代物理系。那个年代大家都愿意学核物理、原子弹爆炸，但是学校把我分到了生物物理系。”尽管学习生物物理专业是误打误撞，但是施蕴渝后来很庆幸这件事让她选对了方向。

求学的条件非常艰苦，吃不饱、穿不暖是常态。冬天的时候裹上棉衣棉裤依然冷得发抖；所有的菜都是蔬菜，不是大白菜，就是胡萝卜，肉片星星点点的；北方的主食窝窝头和高粱更是让施蕴渝这个南方人吃不惯。即使这样，学习氛围非常好，同学们学习热情也很高。“我们觉得肩负着祖国和人民的希望，身上有很重的担子，虽然条件艰苦，但是我们要好好学习，勤奋工作，为中国科学技术事业走向世界前列贡献力量。”

当时，中国科大的讲台上活跃着一批著名学者的身影，像钱学森、郭永怀，当年在美国都是已经有学术地位的科学家，他们放弃了美国的优越条件回到中国，走上讲台，兢兢业业地给学生们讲课。尽管当时国家正在经历 3 年困难时期，供暖不足导致北方的教室刺骨地寒冷，500 人的大教室依然座无虚席。“我很有幸感受到了老一辈科学家他们科教报国的情怀，他们对年轻学生的殷切期望，我觉得终生难忘。”老一辈科学家们身体力行的榜样力量，在施蕴渝的心中埋下了一颗科教报国的种子。

科研

1965 年大学毕业后，施蕴渝在卫生部中医研究院当实习研究员，当时国家的政治形势希望一些知识分子接受工农兵再教育，于是施蕴渝被分到山西大同煤矿旁边的一个县从事生产劳动。20 世纪 60 年代末 70 年代初，由于历史原因，中国科大被迫从北京南迁，师资流失严重，不少教师留在北京，施蕴渝和爱人则选择来到合肥。当时，中国科大在原合肥师范学院简陋的校舍中办学，施蕴渝是“一无仪器，二无设备，三无经费”的“三无助教”，加之受“文化大革命”的影响，用她自己的话说是“虽然上过学念过书，但是从来没做过研究，也不知道该怎么做研究”。

所幸的是，1977 年 8 月份，第一次中国科学技术大学工作会议在北京召开，会议提出中国科大既要成为教学中心，又要成为科研中心，并且制定了一系列措施。中国科大以此次会议为契机，积极响应改革开放的号召，大胆创新，面向世界开放办学，施蕴渝成为生物系第一批第一个被派出去留学的教师。1979—1981 年，施蕴渝在意大利罗马大学物理化学系 CNRS 结构化学实验室进修，从事计算生物学研究和结构生物学研究。海外留学经历大大开阔了施蕴渝的眼界，让她知道科研原来是这么干的。她非常珍惜那段学习时光，学成之后，她对国外优越的环境没有丝毫的留恋，毅然选择了回国，想用自己所学的先进知识更好地为建设中国科大服务。

“当时没有什么‘百人计划’、青年‘千人计划’吸引人才回国，我就是觉得应该回来，但是回来以后，发现做实验没有任何的经费，也没有仪器，没有设备。”连续几年内施蕴渝申请不到一分钱，由于学校里唯一的一台公共大计算机计算速度太慢，科研几乎没有进展。然而，艰苦的条件没有将施蕴渝打倒，终于在 1985 年，她申请到第一笔国家自然科学基金 5 万元。虽然申请到的科研经费和实际需要的科研经费相差十万八千里，但这 5 万块钱对当时的施蕴渝来说无疑是雪中送炭。

1986 年，施蕴渝申请到了“863”项目，着手研究有关计算机分子设计的课题，从 35 万元科研经费中配备一台计算机，开始了艰辛而充实的科研之路，随后她率先领导创建了中国科学技术大学结构生物学开放实验室。30 多年来，她领导的实验室，建立了多维核磁共振实验研究蛋白质结构与功能的系统方法，研究了一些重要蛋白质如转录因子、蝎毒蛋白的溶液结构与功能的关系，在计算生物学方面深入开展了与蛋白质分子设计及药物设计有关的基础理论和方法学研究。她不抛弃不放弃，不畏苦不畏难，慢慢地实验室取得了创造性成果，引起了国际同行的关注。

育人

施蕴渝不但在科研上颇有建树，还在教学上不断耕耘，培养了一批在计算生物学与结构生物学这些交叉学科领域工作的年轻学科带头人。“中国科大没有条条框框，不迷信权威，鼓励追求卓越。所以像我现在这个年纪，我时时刻刻要提醒自己的事是，你在这个位置上，要更好地支持年轻人，而不是说把你自己抬得高高的，这绝对是一种错误。”

教学的过程中，她有一套自己的方法，那就是经常鼓励学生们多学习国外的原版教材，而不是只去看压缩了的生物学教材和老师上课的 PPT。“生物跟数学、物理不一样，数学、物理重在推演的过程。而生物呢，它需要知道这个科学发展的来龙去脉，它发展到哪一段，它遇到什么问题，然后怎么提出假说，怎么去解决，需要哪些实验去验证它？学习国外的原版教材是很有必要的。”

除此之外，施蕴渝还非常注重对学生创新能力和学习能力的培养。她领导的实验室做蛋白质研究做了很多年，看到新的前沿方向之后，她就积极鼓励学生去做研究，寻找探索性的信息。她经常跟学生们说，不要只跟着师兄师姐照猫画虎做研究，然后发表一篇文章，这不是科研的目标，“要学会自己查找文献，找老师、找同学去学习，在这个过程中克服困难，然后取得成绩，不要轻易说自己不行”。

不少学生都会请施蕴渝签名，她一般不会写“一帆风顺”，她认为人生的旅途中很难一帆风顺，一定会遇到困难。她通常写的是“仰望星空，脚踏实地”，告诉学生要有理想有追求，明确自己的兴趣和目标，不要整天胡思乱想，而要实实在在做事。她喜欢拿中国科大的建校历程向学生们举例子，“中国科大在那个破破烂烂的摊子上一步步建设到今天，那是大家努力奋斗的结果，如果你一生都无所事事，整天在那里吃喝玩乐，我觉得你不会真的幸福。”

培养学生的过程中，施蕴渝会创造各种条件，把学生送到国际一流的实验室，让他们去开开眼界，但是做好研究之后，她还是希望学生们回来，扎根中国大地，建设世界生命科学领域的一流学科。就像中国科大的校歌唱的那样：“要把红旗插上科学的高峰，科学高峰在不断创造，高峰要高到无穷，红旗要红过九重。”在施蕴渝心中，中国的科学技术走向世界前列是她的梦想。“科教报国不是简单地喊口号，实际上这是一种对国家对民族的事业心和使命感。”

2018年恰逢中国科大60周年校庆，也是施蕴渝在中国科大工作的第48个年头。和中国科大风雨同行，她对中国科大精神和中国科大文化都有了深刻的理解，她说：“我觉得中国科大的精神包含着对科学的热爱，包含着科教报国的情怀。中国科大人的奋力拼搏，自强不息，努力攀登，不断创新，是咱们中国科大的文化。”开创蛋白质分子设计理论，她是先行人，披荆斩棘，把智慧锻造成阶梯，留给后来的攀登者。她是知识的宝藏，是科学的旗帜。她在科学的世界里探求真谛，默默地传递着知识的薪火。她不仅以自己严谨和勤奋的科学态度在科学的领域里做出卓越的贡献，更以积极的人生态度践行了科教报国的理想。

科大新星 ▶▷

砥砺前行，不忘初心

——访中国科大“超老师”家教团队创始人赫哲

文/蔡文鋆

2014 年 11 月 28 日，一支由中国科大学子组成的教育科技创业团队在中国科大东区第二教学楼大厅一张圆桌上诞生了。几经辗转，几个月后这个团队正式定名为“超老师”(Super Teacher)，取义“超级老师”。超老师团队先后注册成立了合肥橡实网络科技有限公司和合肥究竟教育管理有限公司。“超老师”是团队名称，同时也是两公司旗下的第一个品牌名称。让我们通过对超老师团队创始人赫哲师兄的访谈，来深入了解一下这样一个精彩的创业故事吧。

创业缘起：关于教育的梦想

开门见山，我们首先问起了赫哲师兄走上创业之路的原因。据他介绍，大二时他开始当家教，对教育这个行业有了一定的了解，发现中国科大的学生在合肥的家教市场中占有很大的优势和享有很好的声誉，因此觉得这是个颇具前景的行业。长期的家教经历使他发现，现有的教育产品满足不了学生的要求，而填补这一市场空缺，也就意味着商机的到来。赫哲师兄回忆道，一开始他想做全方位的教育产品，但考虑到创业初期资金、人才等限制因素较多，便以家教行业为突破口，逐步形成和展开自己的创业思路。2014 年年底，他成立了共有 4 个人的团队，由他想点子、提创意，其他 3 个同学负责提供技术支持，包括网络平台的搭建和运营等。现在超老师团队主要面向合肥市高中生，为其提供一对一的上门家教服务，在班课方面也开拓了一些业务。目前官网注册的家教老师有 300 多位，几乎全是由中国科大学生组成。

如果对学生的学习有所帮助，老师也能获得很大的成就感。然而教学不是一件简单的事情，从让学生弄懂某个问题，到进一步提高学习水平，这中间还有很长的路。师兄认为目前的教育行业在某些方面仍旧满足不了顾客的需求，所以他希望能在该领域做出一些改变，寻找更好的模式来提升青少年的成绩，让学生更轻松地学习，这也是超老师团队创立的初衷和宗旨。

赫哲师兄认为，跟预期相比，超老师团队的发展还是有点缓慢，主要原因是团队人员的流动性较大，限制了团队的发展。中国科大的学术环境和氛围决定了大多数学生致力于科研，未来会走学术之路或者直接就业，真正立志创业的学生不多。并且，由于都是学生创业者，缺乏相应的社会经验和阅历，很多人低估了创业的难度，初步尝试之后容易受到打击，往往选择中途放弃。作为一路坚持下来、从不动摇的创业者，师兄说，虽然创业的进展很慢，但他总是能看到希望。更重要的是，关于教育的理想，一直深深根植在他心里，鼓舞和激励着他。做任何事情都会遇到挫折，但只要心中有理想有追求，就不会轻言放弃。谈及当今中国高校大学生创业失败率较高时，师兄对此也有与众不同的见解，他认为创业不存在失败一说，只要坚持，终有所成，只是成功的程度有所区别罢了。

创业不易：殚精竭虑磨一剑

任何行业都会越来越难做，特别是从成长期到成熟期的这一过渡阶段，创业会遇到更多的阻碍。但师兄认为，不好做不代表不能做，不代表没有前途。在创业期间，超老师团队要面临的困难首先是对教学质量的管理。教育最重要的还是质量，只有教学质量提高了，才能继续开展下一步计划。超老师团队对于教学质量的把控，目前主要靠应聘时候的笔试和面试来对应聘者的教学能力进行把关，后续也在考虑建立系统的评价体系。

第二个要面对的困难是人员问题，师兄认为招募合适的人进入创业团队是十分关键但又很有难度的事情。他将“合适”一词定位在两方面：创业素质和个人专长。创业素质包括坚持、不计较眼前得失和暂时利益、具有团队意识等。与此同时，创业团队也需要专业人才，负责技术、营销、业务等不同方面，使团队全方位发展。

第三，在创业初期设计阶段和发展阶段，竞争对手也是一个不得不面对的问题。在超老师团队起步之初，也有一些家教机构已经开始运营，形成了一定的竞争局势。但是从竞争对手身上，有时候也能学到一些宝贵的经验，比如营销模式、市场定位等，有些家教机构有专门的运营团队，也会针对不同群体制定不同的战略，更好地实现了市场细分。基于成本、人力资源等现实情况，超老师团队也在营销方面进行了未来规划。此外，师兄表示，由于创业初期对知识产权的了解不够，对一些恶性竞争中发生的侵权行为缺乏处理经验，所以团队在最开始走了一些弯路。这点也值得以后从事创业的同学们注意。

创业选择：听从内心的声音

中国科大是一所生源一流、享誉国际的名校，学生的科研能力和创新水平也在国内遥遥领先，然而据往年对毕业生和在校生调查的结果来看，中国科大学子普遍创业热情不够高，这个问题令人费解。赫哲师兄认为一部分原因可能是，对于中国科大学生来说，就业不是值得头疼的问题，因此不存在为了解决就业问题而从事创业这一情况；另外，中国科大的校园文化、对科研的重视程度，在某种程度上决定了大多数中国科大学子的一种共性：比较内向，不善言辞，即使有想法，也可能缺乏沟通交流。师兄表示这种共性无可非议，因为中国科大本来就是一群喜欢科研的学生的聚集地，这是优势，也是特色。不过在创业领域，可能还是需要培养外向的、乐于合作的性格特质。赫哲师兄认为，创业需要具备的几个核心要素包括：口才、人脉和技术。口才是统率一个创业团队以及和其他组织沟通交流的必备技能，人脉是发现商机、拓宽市场的基础，而技术则是业务开展的硬件支撑和保证。同时，创业也要求创业者具备一些突出的个人素质：能够跟困难“死磕”到底的坚韧不拔的精神；关注长远利益和不计个人得失的战略性眼光；从全局出发和以团队为重的集体意识和责任感。创业不是一个人的孤军奋战，而是一群人的共同拼搏，想要从事创业活动，必须组建起有凝聚力和竞争力的创业团队。首先，要找到志同道合的伙伴，最好是自己比较了解的人；其次，即使是关系好的朋友，在创业初期也要明确和制定好利益分配规则，避免后期发展过程中的冲突和矛盾；最后，团队的组成也需要差异化，例如，有想法、对行业了解的人，口才好、人脉广的人，吃得了苦、能跑业务的人，在团队中都是不可或缺的。各类人才各司其职、形成互补。

在创业过程中，师兄觉得自己的社会阅历更加丰富了，与人交往也更加轻松自如。通过长期的打拼，也积累了一些人脉，提升了对行业的认知，这是他从创业中获得的重要财富。商场如战场，早早地走入社会，让他对社会和人生有了更深层次的感悟。

关于未来几年的规划，师兄认为需要结合当前的新形势来做出调整。2016—2017 年是风起云涌的时期，安徽省高考开始采用全国卷，导致外省的大型连锁教育机构纷纷涌入省内，用一两年的时间就占据了一定的市场份额，与本地的家教集团进行竞争。然而挑战和机遇总是并存的，竞争的激烈也正说明市场充满了新的商机。如果能开阔眼界，更多关注产品差异化战略和不同机构之间的协作，就能抓住机遇，在更大的领域内实现发展。

6 月是毕业的季节，是无数学生走出校园、进行职业选择的时刻，作为物理学院的博一学生，赫哲师兄对于那些有心走上创业之路的同学也有一些建议：创业是一项需要全心全意投入的事业，光有好的想法是不够的，必须做好长期奋战的心理准备；不要低估创业的难度，也不要觉得创业失败就是浪费生命；路是自己选的，听从自己内心的声音，并且坚持下去，终会有所收获。

在采访过程中，赫哲师兄谈起，作为一个在中国科大求学多年的学子，他有很深的中国科大情结，希望中国科大人能充分发挥在数理化方面的优势，将一个属于自己的教育机构做大做强，将教育产业真正做起来，在未来能够走出合肥，走向全国。在采访的最后，赫哲师兄再次提到超老师团队一直秉持的“开放态度”，希望邀请更多志同道合的同学参与到他的团队中来，为了共同的创业和教育梦想而努力！

砥砺前行，创业不易，他一直在坚持梦想的道路上。

方向与前进，一个都不能少

——访中国科大最美“六有”大学生仇晓涓

文/殷永丰　张学谦

仇晓涓，女，中国科学技术大学管理学院2015级硕士研究生，校研究生会常委。在完成学业、科研之余，始终站在新媒体运营一线服务同学、报效中国科大。

曾主持“中国科大研究生会”公众号运营工作，创下该公众号原创稿件历史最高阅读量的记录，将平台粉丝数从12000个提升到22000个。

曾任中国科大校研究生招生办公室助理，带领团队制作招生宣传片、编写采访新闻稿，为2016年中国科大研究生夏令营招生人数创新高打下基础。

此外，曾作为中国科大代表，参加海峡两岸科学传播训练营。荣获中国科大校研究生会“优秀学生干部”“优秀学生干部标兵”，校级“优秀团员”等称号。

从牙牙学语时，爸爸妈妈就叮嘱我们要做一个好孩子；上小学后，老师就一直鼓励我们要争做“三好学生”；长大后，“五好青年”成为我们奋斗的目标；但是现在，身处高校殿堂的我们，又该成为一个什么样的大学生呢？

恰逢2016年五四青年节前夕，习近平总书记来到我校考察，当他走进图书馆看到砥砺奋进的同学们时，语重心长地对同学们说：“青年是国家的未来和民族的希望。希望同学们肩负时代责任，高扬理想风帆，静下心来刻苦学习，努力练好人生和事业的基本功，做有理想、有追求的大学生，做有担当、有作为的大学生，做有品质、有修养的大学生。大家要向我国老一辈杰出科学家学习，争取青出于蓝而胜于蓝。”

是的，“六有”大学生，这是总书记对当代大学生提出的要求，也是我们现阶段为之奋斗的目标。或许你仍感到迷惑，并不理解该如何做到“六有”，也或许你会觉得“六有”大学生只是夸夸其谈，可望而不可及。但其实我们身边从不缺乏“六有”大学生的典范：那些奋力前行、努力干事，在火热的青春中放飞人生梦想的人；那些心中有阳光、脚下有力量，为了理想坚持不懈的人；那些对知识充满渴望、孜孜不倦，专注于读书学习的人。

览丙申兴替，书寰宇华章。2017年新年晚会上揭晓了10位2016年度最美“六有”大学生获得者，其中有那么一个人，全心全意为同学们服务，为中国科大的新媒体运营贡献青春，在信息宣传方面表现卓著，她，就是仇晓涓。

践行“方向、前进”格言，彰显“有理想、有追求”精神

科大研教：在中国科大2016年度最美“六有”大学生展示中，看到你海报上的格言是“方

向与前进，一个都不能少”，能给大家解释一下这句话的含义吗？

仇晓涓：简单来说就是少走弯路，坚持前进。在关乎个人行事准则或思想信念方面，每个人都会有自己非常认可的一句话，我当时没找到听起来非常“高大上”的格言，就根据自己的学习经历拟造了这一句，令人高兴的是，直到今天这句话仍十分受用，对此我也高度认可。另外值得自豪的是，这句话深层次的内涵，和习总书记在纪念中国共产党成立95周年大会上提出的“不忘初心，继续前进”，有意蕴相似之处。这更坚定了我把“方向与前进，一个都不能少”作为格言的决心。

科大研教：有句名言“只有选对路，才能有出路”，你能说一下在践行格言中获得的收获吗？或令你自豪的事情？

仇晓涓：谈及践行功效，可谓收获颇丰。譬如我能来到中国科大读书，就是因为之前确立了目标和方向，然后为之努力、持之以恒，最终如愿以偿。跟随自己的梦想，脚踏实地、持之以恒就会有收获。

担任“助理、宣传”工作，激扬“有担当、有作为”风采

科大研教：了解到你在校研究生招生办公室（以下简称“研招办”）担任助理一职已一年有余，服务和保障2016年招生工作，你作为研招办微信宣传平台的负责人、采访营员，并带领团队制作宣传片，为研究生夏令营招生工作做出了巨大贡献。在中国科大读研，学业是比较繁重的，你为什么还选择来研招办做助理呢？另外能简单介绍下服务夏令营项目中令你印象比较深刻的事情吗？

仇晓涓：其实当时选择来做助理，而且是研招办的助理，主要是本着服务同学来的。“投我以桃，报之以李”，中国科大每年开学时，高度重视迎新工作，对迎新工作有详细的部署，为新生和家长提供了非常高效和便捷的服务。很多体贴入微的服务让我倍受感动，身体力行，感恩回馈是我对他们的致敬。在我入学前就有师姐做新生联络员为我介绍入学、选课、住宿等学业和生活中的问题；入学时火车站有迎新点，还能领到20元打车费用和一份新生礼包；入住宿舍后，还有50元空调费的惊喜，这种无微不至的关怀激发了我为学弟学妹服务的热情，所以就义不容辞的来到研招办做助理。

在服务夏令营活动中，令我印象最深刻的应该是和营员们一起参观校史馆、中国科学技术大学先进技术研究院（以下简称“先研院”）。校史馆参观使我更加了解中国科大的历史变迁、第二次的艰苦创业、现在的辉煌成就，对一大批老一辈知名科学家坚持为本科生上基础课、指导学生论文表示深深的敬意，更加激励了我奋发图强、砥砺前行，争取在学业上有所建树；在先研院，我深刻的感受到了科技对生活的影响，智能语音、智能机器人、无人机等展区介绍了众多创新成果服务社会的情况。这使我认识到只有具备核心竞争力才能更好的做好宣传工作；只有提高对营员的服务能力，才能让营员感受到中国科大对学生无微不至的关怀、求贤若渴的态度，进而扩大夏令营影响力，提高2016年的研招质量。

参加“两岸传播”训练，尽显“有品质、有修养”本色

科大研教：你曾作为中国科大代表，参加海峡两岸大学生科学传播能力提升训练营，训练中通过与台湾大学、台湾清华大学等学校的同学协作，完成了科学装置设计任务，并向两

岸的小学生们演示，受到大家热捧和赞扬。能介绍一下这次训练中的感悟和收获吗？

仇晓涓：训练营中给人感受最深的是营员们对科学热诚的态度和执着的追求，嘉宾中上有83岁的老教授，下有年仅6岁的小朋友。这次活动让我对学习和科研有了更深刻的思考：一个理论体系或科学道理，自己有深刻理解、独到的见解还不够，还要有优秀的表达能力，能够向同行和非同行解读研究思路和设计路线，甚至让目不识丁的人都能有所了解。可以说，这次活动很好地锻炼了我的综合能力。

科学传播训练营活动是一件利己、利他、更有利于社会发展的事。这次活动理论与实践相结合，不只是拓宽了我的思维方式，更重要的是和台湾同学建立了友谊之桥，希望通过我们新一代人的友谊长青树，为两岸携手共进、共创未来尽自己的绵薄之力。

正如习近平总书记所言，只有做有理想、有追求，有担当、有作为，有品质、有修养的大学生，我们才会拥有一个温暖充实不后悔的青春。作为新一代大学生，我们应谨遵总书记的谆谆告诫，秉承“红专并进、理实交融”，夯实根基，练好人生和事业的基本功，争做“六有”大学生，勇攀科学高峰。

“挑战杯”获奖者杨爱迪：就是要把飞行器这个事儿做好

文/袁 玉 王 晶

“挑战杯”全国大学生课外学术科技作品竞赛（以下简称“挑战杯”）自创办以来，始终坚持“崇尚科学、追求真知、勤奋学习、锐意创新、迎接挑战”的宗旨，在推动广大高校学生参与学术科技实践、发现和培养创新型人才、深化高校素质教育等方面发挥了积极作用。中国科大为更好地发挥以赛促学，推动学生课外科技活动的蓬勃开展，积极响应，在历届比赛中屡获佳绩，展示了中国科大学子的风采。杨爱迪就是中国科大学子的优秀代表。在2017年举办的第15届挑战杯中，来自信息科学技术学院自动化专业的研二学生杨爱迪荣获校赛一等奖、省赛特等奖。“一种可垂直起降的变结构飞翼气动布局飞行器”这个项目名称看起来陌生遥远，科技感爆棚，也许在大多数人看来，“飞行器”3个字自带高光，给人一种高端大气、未来感十足的印象。但对于对飞行器充满热爱，并且对它“了如指掌”的杨爱迪来说，飞行器已经融入到他的生活学习之中，占据了他日常的绝大部分时间。

翼展蓝天，梦里青春可得追

大多数男生心中都有一个“航模梦”，杨爱迪也不例外。他小时候就极其迷恋各种飞机、军舰模型，从小学开始就打定主意，要自己动手造一艘属于自己的船。在中学时期，由于学业的压力、父母的限制等原因，这个梦想一直未能实现。这不仅没有浇灭他内心渴望的火苗，反而形成根深蒂固的执念。直到大学，有了自己的时间和空间，杨爱迪利用闲暇时间，开始钻研模型方面的知识。从每一个零件，每一步计算开始，他慢慢地摸索尝试，终于造好了自己的第一艘驱逐舰模型，并在安徽省百所高校百万大学生科普创意创新大赛中取得良好成绩。这让他坚定了信念，更加自信地去探索各种“有趣”的模型知识，将自己天马行空的想法用双手付诸于实践。

因为喜欢军舰，杨爱迪本科毕业后去应聘一个军工企业，作为入职考验，面试官让他分析解构一个从美国进口的常用传感器。经过查阅各种资料，苦心钻研，杨爱迪从对传感器一无所知到成功将传感器复制出来，并降低了万元左右成本。每一艘军舰上所需的传感器成百上千，这无疑能为企业降低巨大成本，杨爱迪因此得到该企业的青睐，顺利入职并受到重用。在工作期间，杨爱迪了解到现实中大型军工中应用的技术，学习到不少知识，发现书本知识和实际操作之间的巨大差异。“我个人更喜欢挑战未知，突破自我，做一些不一样的尝试。”于是他放弃了优越的待遇，辞职离开。辞职后的杨爱迪怀念学校的学习氛围，准备了3个月时间，考研成功，专心地投身于科研，开启了他另一段飞行器梦想之旅。

长安何处在，只在马蹄下

在接触了飞行器的知识以后，杨爱迪的心中又燃起了另一个梦想，他想要亲手设计并制造一台飞行器。2016年5月的时候，杨爱迪看到美国的一段关于无人机坠毁的视频，这唤起了他对飞行器安全性的重视。他发现，在现有的飞行器方案中，有的可以实现垂直起降、悬停等功能，有的能够满足高速、远程飞行等需求，但同时满足两种性能的飞行器还没有，而且飞行器普遍存在稳定性差、驱动力不足的缺陷。他说："我就想做一个稳定性要足够好，气动效率要高的垂直起降的飞机。"

有想法就立即行动，杨爱迪第二天起床就开始查找资料，分析原理。看了很多资料以后，在某个夜晚，他突然灵光一闪，有了自己的想法，立即从床上一跃而起记录灵感，画下两页草图。草图完成后跟机械专业的朋友交流讨论想法，经过一两个月的共同实验，结果并不如意。但是他并不气馁，"做模型设计本来就不是一件简单的事，我对自己的想法能否实现并没有十足的信心，但是有想法一定要去做，要去实践。在平时也会经常思考，有一天我突然想到机械原理的一张图片，将船的Z型桨倒置，找到了可以解决之前问题的方案。跟朋友反复讨论之后，发现这个方案是可行的，这更加坚定了我要做这个事情。"由于对飞行器气动方面不了解，杨爱迪利用暑假实践恶补相关知识，并结合自己的专业知识和想法，脚踏实地地继续着研究和试验，最终提出了可以改变推力三要素的"新型矢量推进技术"。

2017年3月，在成都航天院的一次项目交流会上，当杨爱迪在许多专家、"大佬"面前提出了自己的想法，其他科研机构纷纷表示出极大的欣赏和兴趣。随后，一批专家来到中国科大进行调研论证，最终决定共同开发这一项全要素矢量推进系统。杨爱迪自创的改变推力三要素的"新型推进技术"刷新了现有的推进方法和理念，这种变结构垂直起降飞行器方案虽然还在实验室研发阶段，但已经获得5项国内发明专利，目前正在申请国外专利保护。在同一时期，第15届"挑战杯"全国大学生课外学术科技作品竞赛开始报名，略加考虑之后，杨爱迪迅速组建团队，参与报名，过关斩将，获得校赛一等奖、省赛特等奖的荣誉。"其实参赛最初是为了最后的5000元奖金，够我再买一个发动机了。"杨爱迪坦白地说道。"挑战杯"之后，杨爱迪团队获得了校团委的大力支持，入驻学校创客中心，申请到了青年创新基金的专项资助。目前，杨爱迪和团队小伙伴正在准备参加创新创业大赛，希望通过比赛进一步打磨和完善项目。

自信人生二百年，会当水击三千里

杨爱迪在采访中向我们展示了他微信朋友圈中的一张飞行器的草图照片，"这个设计实现后意义很大，可以垂直起降、隐身、大航程飞行。我相信别人一定有过类似的想法，只是可能他们没有坚持下来。这项发明涉及许多专业，需要发明人熟知多个领域的专业知识。飞行器研究存在着懂飞行器的可能不懂控制，懂控制的可能又不懂机械的问题。许多专家研究深入之后，着眼点就很窄，好像走到一条胡同里，在那个领域里面想着优化、改进，不能跳出来从整体格局看。所以我就想着换一种方式思考问题，综合机械和控制的知识来改进，才取得了不少突破。"

设计并制造模型的道路总是充满坎坷。有一次，杨爱迪和他团队成员在郊外试验模型时，辛苦做好的模型，坠毁在农田里，回去后反反复复看录像带查找原因时，他们都捏了一把冷汗。原来在坠机地点不远处有一位阿姨，如果飞行器稍有偏差，就将发生意外。这使得他更加坚定做好飞行器的信念。当问到是否有过想要放弃的时候，杨爱迪很爽快地说："我自觉是个抗压能力超强的人，没有什么能够触动心灵的困难。遇到问题时，不管它有多难，能不能克服，就想着一定要把这个事儿做好。沉着、冷静地思考是我现在的习惯。"这种良好品质的养成与他在公司里的经历分不开。杨爱迪初进公司时，曾经负责过一个关于飞行器的项目。"这是一个崭新的方向，但我只是一个初出茅庐的毕业生，算不上什么专家，却要担任许多老资历员工的领导，我感到非常焦虑。"但杨爱迪每日"三省吾身"，最终还是带领着团队啃下了这块"硬骨头"，并磨砺了自己的精神品格。

胸有凌云志，无高不可攀。自信、执着、迎难而上的珍贵的品质正是杨爱迪走到今天的原因。他说自己目前还走在探索的路上，任重道远。这正是当代研究生应有的健康人格和科研精神。"就是要把这个事儿做好"，在杨爱迪的身上，有无数中国科大学子醉心科研的影子。有趣的是，在采访过程中，杨爱迪对飞行器眉飞色舞地讲解吸引了另一位力学专业的国防生同学，志同道合的他们迅速地畅聊起来，或许这才是专属于中国科大学子的"美丽邂逅"。

练好本领，当好桥梁，服务祖国伟大事业

——“中央国家机关大学生实习计划”中国科大入选者

文/康卫敏　汪　帆　蒋　颖

“紫光阁”实习计划，全名“中央国家机关大学生（‘紫光阁’）实习计划”，由共青团中央、全国学联、中央国家机关工委联合主办，主要目的有：一是通过走进中央国家机关实习，引导青年学生了解中央国家机关运转状况、国家治理体系，使其在实际工作中坚定理想信念、全面成长成才；二是提高中央国家机关在青年学生及社会公众中的透明度，搭建中央国家机关公务员与青年学生的交流平台。

2017 年 7 月 17 日至 8 月 18 日，由中央国家机关工委、共青团中央、全国学联联合主办的第四期“中央国家机关大学生（‘紫光阁’）实习计划”在北京顺利实施。中国科学技术大学今年首次入选该计划，王耀、王瑞珉、周梦雯 3 位同学经过校团委推荐，团中央审核，分别进入国务院扶贫开发领导小组办公室（以下简称“国扶办”）、人力资源和社会保障部、中国地震局进行了为期一个月的实习。他们圆满完成各项实习任务，获得实习单位的一致好评，充分展示了中国科大学子良好的综合素质。为深入了解此项实习计划，让更多的同学对神秘的中央国家机关有更加全面的认识，笔者对这 3 位同学进行了专访。

王耀——天下难事必做于易，天下大事必做于细

王耀：地球和空间科学学院 2015 级固体地球物理学硕士研究生

实习单位：国务院扶贫开发领导小组办公室社会扶贫司社会动员处

谈起自己在扶贫办的实习经历，王耀如数家珍：“我在扶贫办的工作主要有三项，首先是协助办会，参与企业精准扶贫培训班的会务和服务工作；其次是协理日常事务，包括接打电话，公文的上传下达；最后是协助回复人大代表、政协委员的意见和建议。”虽然看起来是比较简单的工作，但是他认为在这些小事中更要注意为人处世的礼仪并时刻保持严谨踏实的工作态度。“国扶办每一位老师和同事严谨的工作作风都给了我很大震撼，尤其是看到领导批阅的文件上对标点符号的修改、措辞的修正。”王耀说道，这一点让他心生敬佩，同时也坚定了向他们看齐的决心。

此次国扶办实习并非王耀第一次参与扶贫工作，他还曾参与中国科学技术大学在贵州六枝特区的定点精准扶贫调研工作，了解基层贫困户的生产生活状况。当谈及两者差别时，王耀说：“国扶办的工作是一种顶层设计，主要制定扶贫政策，而基层政府的工作主要是政策执行和落实，两者构成了一种闭环结构。”

经过这两次扶贫工作，王耀深刻认识到："国家机关无小事，基层工作无易事，每一件事都是各项任务的组成环节，我们应当以国家主人翁的态度去面对和完成每一项工作，要知道'天下难事必做于易，天下大事必做于细'！"

王耀已经研三了，即将面临就业问题，而这次实习对他的职业选择产生了很大的影响。他告诉笔者，自己的家乡四川省巴中市通江县是国家级贫困县，通过一系列扶贫政策，家乡的面貌发生了翻天覆地的变化，恰好这次实习单位是国务院扶贫开发领导小组办公室，"我出身在四川贫困山村，对贫困深有体会，知道百姓的事都不是小事，希望今后能够成为一名公务员，不管在哪都把自己的工作做好，全心全意为人民服务"。

王瑞珉——心无旁骛学技艺，报效祖国和人民

王瑞珉：公共事务学院 2016 级法律硕士研究生

实习单位：人力资源和社会保障部医疗保险司综合处

"我身边的工作人员都比较辛苦，每天需要处理大量工作，就司长来说，每天批阅的文件就有 30 多份。实习期间，司里同事几乎没有准时下班过，有时还加班到很晚，但大家毫无怨言。指导我的老师做事非常认真、负责，午休时间经常听到她处理文件、敲击键盘的声音。"王瑞珉说，过道里疾步穿行的身影、不停运转的复印机、入夜后通明的灯光，都彰显着中央国家机关的工作强度和节奏。

王瑞珉在参加"紫光阁"实习计划之前，曾经当过一年村官，同时还担任公共事务学院研究生会主席。"有过村官和担任学生干部的经验，过去我总是觉得自己已经掌握足够的本领，可以轻松应对各种问题，可是来到中央国家机关就发现自己需要学习的东西太多。打电话、写文件这些看似是小事，但实则有着大学问。"王瑞珉坦言。

"之前我对中央国家机关的印象只停留在媒体上，对其认识只是片面的、浅显的。通过此次亲身经历，我了解了中央国家机关的内部以及中央与地方之间是如何协调分工，如何上传下达，如何出台政策，又如何贯彻执行。这些听起来简单，实则复杂，每一道程序都十分严谨科学，每一个行为都要对群众负责。"王瑞珉说道。

通过采访得知，王瑞珉的"偶像"是马克思。马克思的职业观让她备受启发，她介绍道："在选择职业时，我们应该以人类的福利和个人的理想为主要指针。"王瑞珉展开道，当代青年应当懂得什么是正确的职业观：一是要主动选择职业；二是要选择符合个人兴趣的职业；三是要选择将个人发展和社会发展相结合的职业。在采访的最后，她提到了习总书记考察中国科大时说的"年轻人在学校要心无旁骛，学成文武艺，报效祖国和人民，报效中华民族"，她说："今后，我将牢记习总书记对我们青年人的寄语，希望能够为国家富强，民族振兴贡献自己的一份力量，做到不忘初心，继续前进。"

周梦雯——不忘初心愿予奉，不负青春不负梦

周梦雯：人文与社会科学学院 2016 级外语系硕士研究生

实习单位：中国地震局人事教育司干部监督处

作为一名文科生，虽然被分配到与专业不相关的地震局，但她不认为专业的不对口会给她实习带来困难。"接触一个完全不熟悉的领域可以使自己以更加谦卑的态度去面对工作，

在陌生的环境中从零开始也是一种挑战，同时也可以学到自己从前没有接触过的知识。”

虽然距离实习结束已经有一段时间了，但是有个日子让她记忆犹新，那就是 2017 年 8 月 8 日。当天 21 时 19 分四川九寨沟发生了 7.0 级地震，周梦雯所在实习单位的公务人员以最快的速度返回自己的岗位，通宵加班，“许多工作人员都放弃了原定的休假，在各自的岗位上尽心竭力。原先在新闻中看到的‘第一时间奔赴现场安排工作’，这次亲身体会到了是什么意思”。

谈到自己实习中难忘的经历，周梦雯说，当时有同学联系她，说他们在从事虚拟现实逃生技术的研究和软件开发，希望通过她能和地震局的有关部门取得联系，将这种技术应用到地震紧急疏散当中，以最大限度减少地震造成的人员伤亡。周梦雯便向自己的主管领导报告了这件事，领导的重视让她非常感动，“虽然不是自己份内的事，但却积极帮助我联系有关部门，这让我感受到国家机关工作人员的平易近人和认真负责”。

一个月实习下来，周梦雯的心态发生了改变。她告诉笔者：“之前参加学生工作总是想着要提高自己的能力，经过这次实习，我明白了学生工作要从学生的角度出发，多为他们服务。比如说，我们要举办一个活动，首先考虑的不是我自己想办成什么样，而是学生们想看到什么样的活动。”

她在实习总结中写道：“碧海晴空，怀抱我的梦，中国梦；地负海涵，让我们脚踏实地，仰望星空，不忘初心，砥砺前行。”何其豪迈而富有理想，这正是习总书记口中“六有”大学生最为诗意的表达！

结语：时刻不忘争做“六有”大学生，科教报国努力实现“中国梦”

本次采访，3 位同学表达最多的就是对中央机关国家工作人员勤勉踏实的工作作风、平易近人的生活态度、敬业奉献精神的赞美，让我们对中央国家机关有了新的认识。他们说自己就像桥梁和媒介，希望通过自己的真实经历让更多的人了解中央国家机关，激发广大青年学子对国家机关的向往。同时，我们也能够感受到 3 位同学身上的优秀品质，他们用自己的实际行动践行习总书记在考察中国科大时提出的“六有”大学生的期望，展现了中国科大人勇攀高峰、科教报国的光荣传统。我们坚信，中国科大有这样优秀的学子，定能在建设具有中国特色的世界一流大学的征程中行稳致远，最终将“红旗”插上世界一流大学的高峰！

梦在远方　路在脚下

——访中国科大创客章振

文/尹金梅　许　玲

李克强总理在2014年9月夏季达沃斯论坛上公开发出的“大众创业、万众创新”号召催火了“创客”风潮。为了满足越来越多大学生的创新、创业需求，各高校相继出台措施，众创空间悄然兴起。“山间之明月”，“目遇之而成色，取之无禁，用之不竭”，自然赋予了我们眼睛，赐予了我们色彩，二者的融合变得理所当然。五彩斑斓的世界太过自然，以至于我们常常忽略了其中的美。在中国科学技术大学先进技术研究院创客中心就有这样一只创业团队，在不断寻找与记忆色彩的美，在苍白中刻出斑斓，于平凡中绽放异彩。

来自中国科大地球和空间科学学院的博士研究生章振及其团队力学笃行，不断探索基于飞秒激光微纳米技术的金属表面蝴蝶结构色研究。他们的团队致力于研究如何利用最新的激光技术在金属表面呈现出最绚烂的色彩，给人们以最好的艺术感官体验，该项技术已逐渐成熟，已可广泛应用于防伪、密码识别、信息存储和工艺品艺术设计等领域。

万事开头难，2008年项目开始之初困难重重，据章振同学介绍，“一开始进行这个实验时，前面基本没有人做过，完全没有经验可以参考，只能在铜、铝、不锈钢等一系列金属材料上进行实验，找出适合每种金属材料最好的激光参数，从而能产生最完美的金属颜色”。一次实验便是一次数据与经验的积累，团队秉承着中国科大务实的精神，在实验室投入大量的时间进行摸索，凭着一股冲劲逐渐完善了金属-激光参数的数据库。

天道酬勤，章振及其团队的努力获得了中国科大创业中心的关注和支持，得到了创客中心的青睐，2016年5月成为最早入驻创客中心的团队之一，可以说这个项目和创客中心是共同成长的。入驻创客中心期间，顾问团老师和投资人在项目的市场应用前景等方面指出项目商业化存在的问题，给予团队方向性指导。

据章振介绍，项目团队在实验室突破了技术难关，利用飞秒激光技术使得呈现在金属表面的颜色更加丰富，但是项目的技术研发人员对于该项技术的市场应用和开发并不是很明确。创业导师们敏锐的市场洞察力为该项技术的商业化提供了指导，比如是否可以将该项技术应用在某些私人订制的物品上，从而使其更具意义和价值。章振谈道，作为技术人员，他们注重的是对产品的研究和改进，至于如何进一步实现商业化，需要的是专业的运营团队。

从和章师兄的谈话中，我们感受到了他对于创客中心的赞赏，创客中心为项目的落地和培育提供了场地和条件支持，创业导师就研究成果的转化、可应用的领域和场景等提供了建议。师兄及其团队对市场情况并不了解，而创客中心为其提供了有力帮助，使得团队成员能够专注于技术的研究和开发。

投之以桃，报之以李。章振师兄及其团队参加了2016年5月至12月第7届安徽省百所高校百万大学生科普创意创新大赛（“双百大赛”），荣获二等奖。2017年3月29日至4月2日，在第45届日内瓦国际发明展上（日内瓦国际发明展创办于1973年，由世界知识产权组织、瑞士联邦政府等共同举办，是世界最具影响力的发明展之一），该项目获得银奖。

章振介绍说，团队在瑞士参加日内瓦国际发明展期间，很多国外的投资人对项目表现出了浓厚的兴趣，并且提出建议是否可以将这种技术应用在手表上，使手表的金属表面也可以呈现出稳定多样的色彩，从而让手表更特别、更具吸引力。章振说，通过参加展览，开阔了团队成员的视野，又增添了研究项目的多重可能性。“之前我们从没想到过可以将这项技术应用在手表上，参加这个展览，我们向更多人展示我们的成果，也收到了一些很好的建议，拓展了眼界，丰富了想法，以后可以多多参加这种对外交流。”此外，上海造币厂也对该项目产生了极大兴趣，目前双方已就该项技术签订了合作框架协议，帮助上海造币厂在金银币上实现具有观赏性的色彩，满足客户颜色方面的个性化定制需求，合作进展顺利。

青青子衿，悠悠我心。章师兄建议有条件的在校大学生应该学会借助学校提供的平台多参加创新创业方面的活动，在投身科研学术的同时，也应多走出去交流，开拓眼界，思考如何将理论技术切实地结合到生活实际中去，真正满足大众需求。通过参加这些创业活动，增长见识，也会增加科研灵感，同时也能增加学术生活的乐趣，何乐而不为呢？

梦在远方，路在脚下。目前，章振团队正在试图破解飞秒激光技术在金属表面呈色在规模化生产上面临的色彩不稳定问题。此外，探索在金属以外的材料表面进行呈色也是他们近期关注的焦点之一。相信在不久的将来这些技术难题都将被这一群有激情的年轻人攻克。届时，在不同材料表面都能利用飞秒激光技术呈现出稳定多样的色彩。

不积跬步，无以至千里。章振及其团队的故事告诉我们，每一次进步都需要持之以恒的付出，梦想灯塔在前方高悬，我们只需认真迈出脚下的每一步。

扬六有风帆　迎时代新潮

——访中国科大最美“六有”大学生

文/马艳华　刘晓楠

习近平总书记在2016年五四青年节前夕莅临中国科学技术大学考察，在考察期间，习近平总书记对我们青年学生群体关爱有加，且对我们的学习成长提出明确要求，要“做有理想、有追求的大学生，做有担当、有作为的大学生，做有品质、有修养的大学生”。习近平总书记提出的“六有”大学生不仅代表着党对我们青年学生的期望，更指出了我们青年学生的成长方向。理想与追求是前行路上的指引，担当与作为是行事处事的准则，品质与修养更是人立世之本。青年学生是祖国未来的建设者和接班人，是实现中华民族伟大复兴的希望。如今，在中国共产党的领导下，我们国家日益强盛，人民生活也日益幸福。在这一片大好形势下，我们中国科大人始终牢记习近平总书记对我们的勉励，人人争做“六有”大学生。

本期我们将带领广大读者领略我们中国科大学子中最美“六有”大学生的风采，看看我们身边的榜样是如何用自己的行动来诠释最美“六有”大学生这个光荣而有力量的称号。

社会实践，扛一份使命

王瑞珉，2016级法律硕士班副班长、公共事务学院研究生会主席、青年干部发展中心副主任，曾获得课外理论社团研讨会优秀论文奖；我校“中国大学生骨干培养学校”（以下简称“大骨班”）“优秀学员”、安徽省“青年马克思主义者培养工程”暨“校团学组织学生干部后备人才培训班”（简称“青马班”）“优秀学员”称号。

孝老行善，学会感恩

世上有两件事不能等，一是孝顺，二是行善。古人云树欲静而风不止，子欲养而亲不待，养育之恩，没齿难忘，时刻让父母以我们的存在而感到幸福和骄傲；常怀感恩之心，常做仁善之事，在自己能力范围内创造更大价值，最大限度发挥光和热，赠人玫瑰，手有余香。生活乐观向上，于人开心，于己快乐，这是王瑞珉的人生信条，也是一直以来指引她前进的动力，她希望给父母一个最幸福的未来，为社会提供最用心的服务。

经验的积累，社会实践的“达人”

责任理想，收获肯定。因为责任心重，交到她手里的任务无一不至善至美；因为理想使然，她从小就希望可以为更多的人服务，给更多人带去快乐；因为清楚地认识到自己不是天才，她希望通过在实践中锻炼，不断积累经验，不断提高自身能力。正因为如此，她积极投身于且一直致力于学生工作和社会实践活动，获得同学和老师们的一致好评。作为副班长的她积极辅助班长管理协调班级事务；作为院研会主席的她事无巨细地紧抓各个部门的工作，竭尽所能为全院学生服务；作为我校第6届研究生会委员会委员的她，多渠道、无怨言地落实研代会代表的提案。她坦言："在学生工作中，收获颇多，不胜枚举，亦无法按照程度排列，锻炼了自身能力是其一，学到了很多理论知识所不能企及的东西，尤其是组织能力、语言表达艺术和协调沟通能力；师友同行是其二，在工作中认识了各类人，与优秀的老师和同学们共同进步，亦师亦友；被认可的喜悦是其三，工作中，最开心的事情莫过于真正服务了大家，得到肯定，这是奋斗的最大动力。"王瑞珉坦言："当这些收获无形中灌入我的骨髓时，我更加体会到'六有'大学生的内涵，如果有一天，将'六有'做到极致，定会收获别样的精彩人生。"

有限时间，无限奋斗。鱼和熊掌不可兼得，但却不一定非要做出选择，在学生工作、社会实践与学习三者中，王瑞珉也是备受困扰，总觉得时间不够用，但她没有做成单选题，她坚持"在其位谋其政"，提高效率，学习时一心一意，工作时心无旁骛，每天做好计划，到何时做何事，应急也有 Plan B，时间规划得井井有条，利用得有条不紊。不玩游戏，不喜欢追剧，将有限的时间全部统筹在无限的学习和实践中，毅力可表。

实践感悟，学无止境。王瑞珉堪称实践达人，曾参与的实践活动有：南开大学第10届全国高校学生课外理论社团研讨会、安徽高校研究生信息素养夏令营、中俄青年论坛志愿者，参加"中央国家机关大学生（'紫光阁'）实习计划"（实习单位为中华人民共和国人力资源与社会保障部）。在实践期间，最大的感悟是人外有人，不能坐井观天，要抓住实践机会，发现别人的闪光点，有一颗虚心求教的心。她说："走入社会是必然，新时代的大学生不能读死书，要抓住机会，多参与外界实践活动，学以致用，以便更快融入社会。"

格局宽广，扬帆起航

学习、工作、实践之余，不忘关注国家热点问题，继李克强总理提出了"双创"后，两会提出了一系列针对大学生创新创业的举措，在王瑞珉看来，实践是创新创业的一个积累，是量变的过程，"作为新生代大学生，积极参加社会实践活动，树立正确的择业、就业观，借伟大祖国的政策东风，将来有所作为"，她以此与大家共勉。王瑞珉表示，无论是在大学生时代，还是将来走向工作岗位，都将时刻谨记习总书记的"六有"教导，并将以此严格要求自己，坚守岗位职责，为法律、为国家发挥光热。

最后，值此中国科大60华诞之际，王瑞珉同学感恩母校成就了她，祝愿中国科大蒸蒸日上，承诺必将传承"六有"最美品质，严守中国科大校训，红砖并进，理实交融，做永远的中国科大人。

创新创业，闯一片天空

王君峰，2015级工商管理班团支书，目前担任管理学院志愿者中队队长，曾获得我校"青年马克思主义者培养工程"暨"校团学组织学生干部后备人才培训班""优秀学员"称号，并作为优秀学员代表在结业仪式上发言。在创业大赛中，曾获2017年"互联网＋"创新创业大赛校赛第一名、2017年"创客中国"创新创业大赛安徽省复赛第一名、2017年"中华老字号"创新创业大赛安徽省第三名等成绩。在创新大赛中，曾代表学校荣获2017年"京东创意大赛"安徽省赛区和总决赛第一名、2017年上汽"未来汽车畅想赛"全国三等奖。

不忘初心，方得始终

他是一个热情洋溢的“小男孩”，善于思考，对新鲜事物充满好奇；他乐于分享观点，喜欢将想法付诸实践；他热爱生活，有一颗进取的心，他在学习之余致力于创新创业活动，用实践检验真知。他就是我校最美“六有”大学生“创新创业类”获奖者王君峰。目标明确，认清明天的去向，不忘初心，不忘昨日的来处，他做到了。

双创的使者，中国科大耀眼的“明星”

始于兴趣，终于成长。因为感兴趣，王君峰同学会努力把事情做到极致。由于父母经商，他从小喜欢“言”商，理所当然地进入工商管理精英班。创新创业中，项目的财务状况以及市场前景分析至关重要，而这些恰好与他的专业吻合，他甚至自己也分不清哪一个是充分条件，哪一个是必要条件了，他只知道他喜欢“商业化”思维，在他成长中需要这样的能力：毅然决然地做出选择。

困难重重，但收获颇丰。没有一帆风顺的路，在创新创业过程中，遇到的困难数不胜数，最大的困难便是协调双创与学习的关系。比赛与课程、考试环环紧扣，他谨记学子的重任，始终把学习和考试放在第一位，一个人常常奔波于教室、会议室和比赛城市之间，甚至曾因过度劳累而倒下，但是他依旧没有放弃。他坦言：“创新创业活动提升了其思维能力和团队合作能力，还收获了珍贵友谊，大家为了共同目标并肩作战，快哉。”

选调并重，勇责并行。多次作为创新创业团队的负责人和队长，在挑选成员时，王君峰尤其看重个人的团队合作能力，其次考虑个人知识能力，“所有成员力往一处使，才能高效率取得成果，如果在合作中经常出现不和谐的声音，成员能力再强也是徒劳”。善于观察，方能觅得佳人。在他看来，最优团队组合是：物理与工程并行，人文与管理齐聚。诚然，在领导过程中协调沟通是重中之重。王君峰主张冷静，拒绝冲动，必要时最终拍板。他说作为团队负责人不仅要懂得选才用人，调和分歧，还要有一定的决断力，在涉及重要问题时要体现出自己的领导力和敢于承担责任的勇气。他具有开放式思维，不是很赞成“少数服从多数”的惯例，认为只要不是离谱或者触及原则的想法，都有被采纳的理由，正是这种敏捷和果敢使他成为了科大创新创业道路上耀眼的“明星”。

交流心得，分享经验

选准时机忌盲目。作为小小创业者，王君峰对创新创业有独到认识，他认为创新创业机遇与挑战并存，是对一个人全方位无死角式的考验，同时也是一条长远而艰辛的道路，要学会吃苦耐劳，相信自己，相信一起奋斗的小伙伴，还要学会认清现实，目标清晰，选准时机，切忌盲目前进，这位“小商人”建议大家：如果自身能力没有达到极高的水准，切不可轻易创业。可以抓住在校机遇，多了解创新创业方面的问题，通过一些科研项目做基底，待到而立之年，经验与阅历同在，人脉与资源齐聚后，再进行创业才是明智之举。他以亲身经历提醒大家，大学生在创新创业中会出现经验不足而被人忽悠的情况，一方面由于竞争力远逊于在社会上摸爬滚打多年的“老手”，另一方面因为血气方刚，做事不计后果，过高看重自身学历。他说注重放低姿态、虚心好学、做事深谋远虑，才有可能面对创新创业中的挑战。

付诸实践心永恒。创业项目的实体运营，让王君峰体会到了实践事无巨细的繁琐与亲力亲为的无奈，更加认识到了创业者的不易。前路漫漫，但是王君峰表示在充分的实践锻炼后，将选准时机在创新创业的道路上一直走下去，创出名堂，为自己争光，为中国科大添彩。他坦言，作为新时代的“六有”大学生，我们承担着祖国未来的希望，牢记使命，承担责任，“为中华之崛起而读书”，希望自己在以后的工作中，能够散发光和热。

最后，王君峰感概道：我们每个人都是平凡的，只不过是繁星中的一颗；我们也是不平凡的，都在为追求心中的真理而奋斗。作为中国科大人我们应该感到骄傲，中国科大成就了我们，而终有一天，中国科大也会以我们为荣。王君峰的话铿锵有力，感人肺腑。

志愿服务，绘一缕文明

常弗鸣，就读于少年班学院“创新试点班”，研究方向为空间物理；担任班级安全委员、理论力学课程助教、空间物理第一届未来之星委员等职务；在校期间获得中国科大荣誉本科生、优秀团员、第一届本科生学术论文竞赛优秀奖、兴业责任奖学金、华为奖学金等荣誉称号和奖励。他学业成绩优异，在参加行星际物理科研工作时，曾以第一作者身份发表 SCI 类论文一篇（*Chin Phys Lett*）。

脚踏实地，仰望星空

仰望星空是梦想的开始，脚踏实地则是梦想成真的途径。作为一名当代大学生，常弗鸣说他一直都怀有一颗感恩的心，在他看来，“社会是十分关爱大学生这个群体的，从各种补助、奖学金、乘车优惠等就可以看到社会对我们的格外照顾，因此我们更应该珍惜现在所拥有的一切，虚心学习，踏实走好每一步，志在四方，并最终学以致用，回报这个社会”。

文明的互动，人间快乐的天使

虽然志愿活动是没有金钱酬劳的，但常弗鸣始终认为通过志愿服务所得到的素质提升与经验积累是比金钱更重要的。“通过参与志愿活动，我能够有机会和一些优秀的人交流沟通，从而汲取成功秘籍，增长知识，我觉得这也是我自身得到升华的一个过程。在志愿活动中，我不但可以认识更多兴趣相投的人，还可以去经历一些不同的人和事，这非常有趣。”志愿服务不仅能为他人提供方便，还能提高自身素质，积累阅历经验，用常弗鸣自己的话说：“何乐而不为呢?”

在科研与志愿服务如何平衡的问题上，常弗鸣认为这并不是个问题，相反，它们是会相得益彰的。“其实学习是个循序渐进的过程，并不是说你今天突击学习多长时间，明天你就会取得多大的进步，有时候学习时间过长，效率反而会降低，这个时候是需要调节一下的。比如说你连续学习 6 个小时，然后再休息 1 个小时和每学习 2 个小时休息 20 分钟，我想还是后者的效率会更高一点，效率高了，自然就可以匀出更多的时间去做志愿活动。”说到校园里贴着有关贷款、四六级答案这种小广告时，常弗鸣坦言，“我真的很难受，这些不是大学校园里应该出现的东西，每当这时，我宁愿自费买些工具，带着我的几个好朋友去把它们清理掉，还大家一个纯净、整洁的校园，也还我一个心安。”

砥砺前行，我心永恒

对于未来，常弗鸣心中早有打算，虽然想去美国继续深造，但他更明确表示不会中断自己的志愿服务，并且想尝试用一种创新的方式继续进行下去，“之后我可能会有一些新的想法、用新的形式来继续我的志愿服务。如今的互联网、计算机技术这么发达，依托庞大的网络用户群体，我想通过网络进行志愿服务应该可以帮助到更多的人，还可以鼓励更多的人一起加入志愿行列”。

时值中国科大60周年校庆，常弗鸣强烈呼吁同学们能够积极参与到校庆活动的志愿者队伍中来，还鼓励大家不要拘泥于传统的志愿服务，可以凭借自己的专业特长，创新性地发明一些志愿服务方式，“我想这应该会取得很好的效果，进而有效提升我们学校的知名度和影响力。我相信，中国科大的未来一定会很美好，一定会取得更棒的成就”。

后记

3位同学的风采着实加深了最美“六有”大学生在我们心中的烙印。他们的理想与追求、担当与作为、品质与修养让我们敬佩，他们是时代的奋进者、奉献者，他们在努力提升自己、历练自己，他们在钻研学术的基础上，还心系国家与民族，知行合一、学以致用，他们在为早日实现“中国梦”贡献自己的一份力。榜样就在身边，魅力永远流传。

春风化雨，滴水石穿，最美“六有”大学生早已征服了我们科大学子的心。作为当代青年学生，我们要时刻谨记习近平总书记的教诲，时刻感念祖国对我们的培养与付出，时刻以“六有”大学生为标尺督促自己成长与进步，争取早日用行动来回报祖国。

陈泺侃：从量子实验室到西藏背包客

——访中国科大量子实验室陈泺侃博士

文/钱霜霜　沈　圣

陈泺侃，2009 年 6 月获得中国科学技术大学学士学位，2015 年 6 月获得中国科学技术大学博士学位，同年开始进行博士后研究工作，师从潘建伟院士。主要研究方向为多光子纠缠及光量子计算。他曾获得过求是奖、量子信息与量子科技前沿协同创新中心优秀研究生奖、第四季中国科学技术大学物理学院研究生学术论坛报告一等奖等学术奖励。

夏条绿已密，朱萼缀明鲜。在六一这个充满童趣和希望的日子里，我们有幸采访到了陈泺侃师兄。在陈师兄自主创业经营的眼镜店中，从物件布置中我们感受到了师兄简明大方却又不失个性的审美；在墙上挂着的“天道酬勤、人道酬善、商道酬信”的 3 幅书法中，我们感受到的是陈师兄为人、为商、为科研的信条。

实验室之内：任重而道远

量子，一个隐秘而伟大的存在。自从 2016 年 8 月 16 日 1 时 40 分“墨子号”量子实验卫星升空之后，关于量子的新闻和信息开始呈指数级增长，并带动了与此相关的一系列报道和信息。“量子计算机”“量子通信”“量子纠缠”“量子保健品”……人们被各种量子的新闻和信息淹没，量子从一个科技名词渐渐迈进我们的日常生活中，甚至成为了我们茶余饭后的谈资。然而，量子对于大部分人来说，就像是个“犹抱琵琶半遮面”的少女，高贵中带着神秘，听说过却不了解，连同量子技术的研究队伍亦是如此。

今天，我们怀着兴奋而忐忑的心情采访到一位量子的“自家人”——量子国家实验室的陈泺侃博士，他将带领我们揭开量子神秘的面纱，并向我们展示一位量子研究者的科研与生活。

开门见山，首先我们迫不及待地围绕神秘的量子项目展开了今日采访。

提到自己的本职科研项目，陈泺侃侃侃而谈：“量子嘛，其实很多东西都可以叫量子。”他用极其通俗的话语为我们简单解释了一下量子的概念。其实量子只是个名词，一个量化的单位而已，它是物体的最小组成部分。诸如原子、光子，都可以被认为是一个量子。陈泺侃介绍道：“如今的量子研究主要集中在两个方面——量子通信和量子计算。”

对于目前量子技术的两个方向的研究，陈泺侃也分别给予了我们简单的解释。量子通信，相当于用光子的偏振态作为单光子的自选边生态作为信息的一个筹码。原理是量子密钥分发，是一个产生密钥、对精简信息进行加密的过程。在当下，量子通信基本上已经可以实现产业化，中国已经建立了一个比较广的量子保密通信网。陈泺侃说："量子保密技术在世界上都是非常受重视的。这样的信息加密技术吸引了很多国家的科研团队积极研究，毕竟一旦开发出来意义重大，尤其是信息安全方面。"

针对当下网络上盛传的具有超级计算能力和破译能力的"量子计算机"，陈泺侃认为，量子计算是一种遵循量子力学规律调控量子信息单元进行计算的新型计算模式。而量子计算机和普通级计算机相比，最大的优势在于它可以进行并行计算，这也是因为一个量子态可以处在一个"0"和"1"的叠加态。所谓叠加态，是指"0"态和"1"态的任意线性叠加，它既可以是"0"态又可以是"1"态。相对于经典计算机要么是"0"，要么是"1"，量子可以并行地算出它所有的结果，因此它的加速能力是呈指数上升的，非常强大，因此破译能力也是很强的了。

"量子鞋垫、量子保健品这种以量子为噱头的产品在当下均被辟谣，是假的，那么以后随着量子技术的成熟，有可能民用化吗?"在当下的市场上，一旦出现一些高新技术，总会对应出现一些以其技术为噱头的产品，纳米、石墨烯如是，量子也不例外。面对这些屡禁不止的谣言和现象，陈泺侃表示既无奈又好笑："目前是没有民用化的，至于以后，关键看如何去定义量子。量子本身是描述物体基本组成的名词，它怎么包装其实都可以。但就理论而言，民用基本上是除了通信、计算以及精密测量，其他应该不可能。"

提到陈泺侃的导师潘建伟院士，陈泺侃微微笑着，告诉我们潘建伟院士特别忙碌，除了忙于科研，还是人大代表。也正是这样的原因，即使作为学生，他们见到潘校长的时间也有限。在科研上，潘建伟院士自然是统筹大局的角色，而一些具体的科研工作任务主要通过团队里面的一些教授来安排，陈泺侃笑着称："他们都是我们的导师，我们和潘老师的交流主要是通过导师来进行的。"

实验室之外：偷得浮生旅游闲

"科研，真的要做出好成果，自己要学会忍受和调节，至少心要能承受这种苦。"陈泺侃提到自己在实验室中的生活，淡定从容地讲述着研究院的日常："我们经常从早上 9 点钟开始，忙到晚上一两点也是很正常的事情。吃过午饭，因为太困就稍微午歇一会。忙起来的时候根本没时间，连休息的时间都没有，吃完饭就直奔实验室去了。"

陈泺侃他们平时工作的地点在上海研究院，是浦东新区比较靠南的地方，属于郊区。正因为研究院的很多原子实验室不能受到磁场的影响，所以研究院一般远离交通枢纽。这也导致科研人员的生活主要局限在研究院之内，很少有闲暇时间去放松娱乐。"虽然研究院靠近迪士尼，但是至今还没有去过迪士尼。"

陈泺侃认为自己是个非典型的科研人员。尽管科研生活很忙碌，时间紧张，但是他会给自己做出一套休闲的旅游规划。以前在校时，一个大项目结束之后，陈泺侃通常会向导师请假，出去旅游一段时间。提起旅游，陈泺侃表示自己喜欢独自旅游，这样能够让自己放松身心，拓展眼界，把自己从每日每夜忙碌持续的科研生活中解放出来。旅游可以调节人的状态，能够让自己以更好更饱满的状态投入到下一个项目之中。"像去年去了欧洲，10 天左右吧，请了个短暂的假期。前年去了新疆，一般大的旅游一年一次左右。太忙的话，可能就不行。"

百里不同风，千里不同俗。提到旅游就不得不提一下旅游中经历过的人和事了。陈泺侃最近去了趟西藏拉萨，便开心地跟我们聊起一段当地趣事。在西藏，拉萨是朝圣的地方，所以有很多虔诚的藏民，尽管语言不通，但是他们对人都十分热情。如果为他们做了一件事情，哪怕只是举手之劳的小事，他们都会以他们独有的方式回报你。说到这，陈泺侃笑着分享了一个故事："那时我在一个寺庙里喝酥油茶。因为那里位置窄，一位藏族老太太走过来。我看空隙太窄便下意识地挪了挪桌子腾出点空。老太太坐下之后也没说什么，却在我喝完酥油茶之后，主动把她那壶往我这边倒，之后又拿着一种叫藏粑的食物给我。我想这可能是她们表达谢谢的独特方式吧。"陈泺侃回忆起旅游期间的生活，心情十分愉悦，他认为在旅游中，人会感受到一种自由，这种自由不仅是时间和生活上的自由，也是心灵和思想上的自由。

创业之路：术业专攻　不忘初心

现在的陈泺侃是一家眼镜店的店主。对于他为什么选择开眼镜店作为第一次创业勾起了我们的好奇，究竟是什么让已经获得博士学位的陈泺侃选择了去开眼镜店？

2017 年感恩节前后陈泺侃开了现在这家眼镜店。他选择开眼镜是出于对光学的极大兴趣。陈泺侃说："把量子应用到民用并不容易，最接近民用的可能就是与眼镜相关的领域。"除了考虑到专业相关，他也看到了眼镜市场的巨大潜力。由于现在智能手机、平板电脑等电子设备的使用频率的增加，近视的人可能越来越多。而现在的很多眼镜店的技术不够专业。其实合理矫正之后，视力可以保持得比较好。"

除了佩戴眼镜外，现在很多人选择通过手术来矫正自己的视力。关于视力矫正手术，陈泺侃也给出了专业的意见。他认为即使在手术非常成功的情况之下，如果个人不注意自己的用眼习惯，还是有可能出现反弹的情况，并且近视矫正手术的风险还是存在的。

目前，视力矫正手术主要是两种：一种是通过在眼睛里面植入晶体进行矫正；另一种是角膜切削术。后者相对来说稍微成熟一点。陈泺侃认为角膜切削术通过把角膜切掉一小部分进行矫正，这同时也造成了角膜的屈光能力变弱。角膜变薄之后，保护性减弱了，角膜更容易击穿。他指出角膜是不可再生的，所以一般情况下一个人一生只能进行一次手术，但部分角膜厚者有可能进行两次手术。也存在角膜比较厚，或者需矫正度数高，第一次手术的效果是不明显的情况。第一种矫正手术是将晶体植入眼内，手术风险相对来说会更大一点，并且手术后很难保证度数一直都稳定。陈泺侃说晶体虽然说可以随时取出，但是目前很少有人取出，取出的风险也是未知的，因为对于晶体植入手术没有一个长时间的监测。角膜切削术也是一样的情况。两种手术都是于 20 世纪 90 年代才开始兴起的。对于角膜切削术，陈泺侃做了进一步解释。他说通过切削术，圆弧变为异形的，所以在晚上瞳孔放大的时候，当瞳孔大小超过它的切削面积时，会出现重影。因为它相当于经过了两个不一样的透镜，光折射到眼球里面。眼球原来是一个圆形的，现在变成异形。所以夜驾司机不能进行这种手术。陈泺侃也强调，要经过一系列检查后才能进行手术，不是所有人都适合进行手术。

对于很多人认为 18 周岁之后，眼睛会定型，陈泺侃认为不存在这种情况。很多人认为是因为学习任务繁重而导致近视，到大学之后学习任务轻松，近视度数不会再上涨。但实际情况是很多人的近视度数在大学期间仍在不断加深。出现这种情况，跟阅读习惯有很大关系，避免眼睛过度疲劳，会减缓或者抑制度数的增长。陈泺侃也分享了一些护眼小知识：眼药水除了医生要求，尽量少滴，否则会产生依赖性，导致内分泌减少；还有隐形眼镜在经济能力能承受的情况下，日抛是更好的选择；平常戴框架比较好。

采访结束之前，我们四顾了一下陈泺侃的眼镜店面的装饰，被墙壁上的"天道酬勤、人道酬善、商道酬信”的 3 幅书法所吸引。这 3 幅字所表现的不仅仅是一种独特的装饰风格，更是于人于世珍贵的人生信条。

从量子实验室到西藏背包客，再到现在的眼镜店店主，陈泺侃无论在科研，还是生活、事业上，都跟随着自己心中所想不断前行，同时在致力于将自己所学运用到实际之中，实践着学以致用这一理念。在当下，面临科研的压力时、面对工作的抉择时，人们往往会彷徨徘徊，如何平衡科研与生活、专业与现实，陈泺侃师兄的经历给了我们很好的借鉴。

类脑智能：下一代人工智能

——访中科类脑智能技术有限公司董事长兼CEO刘海峰

文/汪　帆　尹金梅　蔡文鋆

刘海峰，1989年生，中科类脑智能技术有限公司董事长兼CEO，类脑智能技术及应用国家工程实验室产业化负责人。本科毕业于中国科学技术大学，系第31届“郭沫若奖学金”获得者，后加入微软亚洲研究院进行硕博联合培养，现为中国科大博士后。博士期间，在计算机视觉等领域的顶级刊物*IEEE TIP*、*CVPR*等，发表了多篇高水平论文。热心公益，曾为患有重度障碍性贫血的同学募捐30万元医疗费。

为突破传统人工智能技术的瓶颈，“类脑智能”应运而生。合肥中科类脑智能技术有限公司（以下简称“中科类脑公司”）作为国内领先的类脑智能产业支撑平台、产业转型升级的赋能者、产学研用的纽带，以类脑智能技术及应用国家工程实验室（以下简称“类脑国家实验室”）为依托，推动类脑智能技术的发展。为带领广大读者走进中科类脑公司并了解它的创业者，笔者采访了中科类脑公司董事长兼CEO刘海峰。

百尺竿头须进步，十方世界方全身

“人工智能的概念非常宽泛，而类脑智能则是通过借鉴人脑的运行模式发展起来的一种人工智能新方向。”刘海峰认为，人工智能和类脑智能从概念上可能是包含与被包含关系，但从技术上来讲，类脑智能会更偏向于模拟人脑活动，从而更大程度上“类人”。中科类脑公司的脑成像技术、类脑芯片、感知智能和自然语言处理等核心技术正是借鉴脑神经网络结构而构建的。

谈到中科类脑公司的定位时，刘海峰认为，一项技术从研发到推向市场一般要经历三个阶段。第一阶段是基础创新。该阶段的成果均是基于苛刻条件下生成的实验室成果，创新性有余而实用性不足。第二阶段是技术研发。该阶段则是在基础创新的基础上，经过反复论证、改进，并寻找恰当的适用场景的过程。最后阶段则是产业应用。有了产业原型机，并不意味能够得到公众的认可，因此需要将其融入现实生活中，在考验该技术是否能够满足公众需求的同时，还应有好的营销策略。我国一个普遍的现象是产业化能力不足，特别是新兴技术，如类脑智能，只有大公司才有能力建立起相应的平台，而一些小公司和科研院所则缺乏这样的平台。因此，刘海峰讲道：“中科类脑公司更像是一个平台，以类脑国家实验室为技术支撑源，打造‘基础研究、成果转移、产业孵化’三位一体的产学研协调创新模式，降低类脑智能技术门槛，并将其推向市场，吸引众多想从事该领域却无技术平台的小公司进入，从而提高人工智能和实体经济融合的效率。”

人工智能的发展，在推动技术进步的同时，也引发了众多的讨论。其中最具影响力的就是霍金的“人工智能可能毁灭人类”。刘海峰就此也表达了他的观点。他认为，任何新兴技术都是一把双刃剑，但就类脑智能而言，现在把它当作毁灭人类的风险还为时过早。因为类脑智能目前处于起步阶段，其功能仅仅具有工具属性。技术的发展，不能“因噎废食”，而应“克难攻坚”。但技术的应用，应该“规范管理”，而非“放任自流”。因此，从某种程度上讲，技术的发展既包括研发本身，还包含管理问题。类脑智能技术虽然处于起步阶段，但它的前景是广阔的，因此我们要做的，就是从技术和管理两方面不断优化，使之成为能真正服务人类、促进社会进步的成熟技术。

少年应有凌云志，脚踏实地使向之

从本科时期的“郭沫若奖学金”得主、众人羡慕的超级学霸，到如今的新生代企业家、类脑智能产业化的开拓者，刘海峰究竟走过了一段什么样的道路？是什么让他在学术生涯中萌生了创业的想法？接下来，他向笔者讲述了那一段心路历程。

放开眼光，志存高远

在微软亚洲研究院进行硕博联合培养期间，刘海峰就有过创业的念头，并且立刻付诸实践，参加了一个校友创办的团队，主要是关于人工智能在博弈方面的产业化应用。因为那时候创业于他只是一个模糊的概念，他并不了解真实的创业过程和创业环境。因此加入这个团队对他来说是一次宝贵的体验，见证一个创业团队从无到有的过程，让他有机会将创业这个模糊的概念逐渐形成具体的想法。

在这个团队里学习了半年之后，刘海峰回到中国科大进行博士毕业答辩，从身边的朋友那里得知合肥现在有很好的产业化机会，即使暂时还没有很清晰的路线和想法，在分析了中国科大和合肥的情况之后，他也在短时间内做出了决定：回到合肥自己创业。第一，从大环境来说，合肥目前正在推进产学研合作，依托中国科大这一卓越的平台，拥有全国领先的科研能力和为数众多的科研人才，在未来科研成果的转化上会是一片广阔的市场。在这个时候要勇于当“第一个吃螃蟹的人”，在一个很大的平台中发现机遇，挑战风险。第二，合肥的变化也需要看得清楚。对年轻人来说，北上广并不一定是最好的选择，因为作为最热门的一线城市，在很多领域，当地的市场已经趋于饱和。而合肥这样快速发展的城市，存在着蕴藏无数机遇的“蓝海”，并且当地政府在前期也会给予更多的关注和扶持。有中国科大雄厚的科研实力的支撑、政府政策和资源的支持以及社会对创业认可的提高，这些都让科技创业的潮流逐渐兴起，这就是人们常说的“天时、地利”。此时，年轻人即使身处一隅，也应该具备远见，这就是刘海峰提到的成功的最后一点——“人和”。他认为，要用放大的眼光看待事物，在大的方向上，你的格局有了，眼界和胸怀有了，你的选择就不会与你的目标出现大的偏差。

认清自己，把握机会

拥有了开阔的眼界，并不意味着一定能获得成功。刘海峰在交流的过程中提到，在选择创业的时候，正确地认识自己也同样重要。普遍来说，中国科大的学生给别人的总体印象是比较务实的，严谨朴素、潜心治学。而走上创业这条道路意味着要和社会上各界人士应酬，面向大众进行演讲、拉投资……这些事情可能会和中国科大“好学生”的标准背道而驰。这时候需要认真仔细地分析自己的优势和缺点，如果觉得自己对学术很有兴趣，也不太擅长社交，可能不适合创业，而是适合继续做研究。刘海峰就这样对自己进行了一次次发自内心的询问：我擅长什么？做学术的决心有多大？科研的生活真的适合自己吗？……针对这些问题，他在自我思考中得出了结论。读完了博士使他对技术有了一定的了解，学生时代当班长、举办公益活动的经历也锤炼了他社会交往的能力。他认为自己是一个“综合型”的人，可以尝试创业、当管理者，也更乐于带领团队，去做产业化相关的事情。除了个人性格和能力的分析，他也分析了周围的创业环境。信息技术和人工智能作为工科，其发展需要产业来带动，清华大学有清华园、中关村，里面有一大批孵化企业，形成产业园区，围绕在清华、北大周边，为有创业意向的学生提供了非常多的机会。对比之下，合肥的产业环境可能略逊一筹，但也不是毫无亮点的。合肥的地理位置和经济发展可能目前比不上一线城市，但是它可以为创业者提供一个相对安稳的环境，不会那么浮躁，给创业者留有一定的时间去思考和探索。并且，地方政府也正在积极支持高新科技创业，包括积极建设高新区产业园、为新创企业提供资金支持，以及中国科大本身的支持（主要提供产业化的科研成果，可以推向市场）。合肥的投资环境也在逐步改善，虽然还没有达到北上广的条件，但好的项目还是会得到关注，只是时间早晚的问题。

充满热情，无惧失败

采访中，刘海峰也提出了对同学们的期许。他希望同学们能跳出所面临的阶段性的迷茫、焦虑或者是高中时自带的光环，看向更广阔的世界。对于想做的事情要勇于尝试、充满热情。

刘海峰也提到，在创业过程中，风险是永远无法避免的。在带领一个团队进行创业的过程中，作为领头羊，必然承担着巨大的压力，因为个人的决策很可能会影响所有团队成员的努力乃至公司的成败。创业是一条只能摸索前进的道路，在摸索中会遇到很多问题，有时候会怀疑自我，有时候会有巨大的孤独感，有时候还会面临团队成员的不信任。刘海峰说，这个过程是痛苦的。甚至有时候当你认为自己已经走出了困境，突如其来的挫折也会让你功亏一篑。要克服这种痛苦，必须秉持一种成长的理念，学会用发展的眼光看问题。现在遇到这么多的困惑和艰难，从长远来看，其实是一次难得的历练。如果这次全力以赴应对但失败了，至少尝试了以不同的方法来解决问题。用不同的眼光来看待遇到的困难，当你没有被外部的压力击垮的时候，你就会变得更强大。因此，年轻人在精力充沛的时候，在试错代价还不算太大的时候，要多去尝试改变；当遇到困难时，不能只看到困难本身，应该看到困难的另一面——成长。成长才是人生最核心的主题。

2018 年恰逢中国科大 60 周年校庆，在展望辉煌未来的同时，我们也不禁回忆峥嵘往昔。刘海峰认为如今自己的选择，也带着中国科大老一辈学者们的精神烙印。中国科大是一个有故事的地方。一个大学，就像一个企业一样，遇到很多波折但依然生命力健壮。不管是现在敢为天下先的量子领域，还是之前的“两弹一星”功勋，背后都是一种坚定的创新精神。自由和民主，向往科学，追求真理……只言片语无法凝练中国科大的精神，作为中国科大人，骨子里首先要有一种不服输的冲劲。做出选择之后，坚持自我，总结经验，不断改善自己，最终总能有所收获。

缤纷科大 ▶▷

跑出来的精彩

——访2016黄山登山越野挑战赛中国科大代表队

文/唐丽佳　黄　红

2016年11月13日，第12届中国黄山国际登山大会暨2016年黄山登山越野挑战赛如期顺利举行，秀美的黄山风景区再次迎来了一批勇敢的挑战者，来自全世界17个国家的2000多名运动爱好者共赴黄山，展开4个组别的激烈角逐。聚焦10公里体验组赛道，由我校学生运动健将组成的中国科大代表队在高校团体赛中尽情展现了青春的朝气与活力，最终取得了第二名的好成绩。

中国科大代表队由领队曾文老师、教练吴成林老师和8名队员（吴婷欣、梁园、殷正茜、饶生龙、周道洋、李铭领、杨振、于德海）组成。经过艰苦卓绝的科学训练，队员们展现出中国科大人坚持不懈、勇攀高峰的优良品质，最终取得了胜利。带着一份好奇心，我们走近了这群跑步达人。

道阻且长，唯有坚持

按照越野赛赛制规定，10公里体验组的赛程起点为黄山南大门，中途需经揽胜桥抵达终点云谷寺。比赛当天下着小雨，雾蒙蒙的黄山刮着凉飕飕的冷风，队员们身着单薄的比赛服，望着延绵湿漉的赛道，每跑一步都觉得格外艰难。团队唯一的女队员吴婷欣描述道："这是我人生中第一次越野跑，因为没有经验再加上起跑比较混乱，当时没有反应过来，就自然比其他选手慢了一些。由于天气不是很好，起跑100米之后，我就气喘吁吁的，感觉手脚像绑着东西一样难受，无法轻松摆臂，也无法调整呼吸。"由于能见度低，面对望不到终点的赛道，要想赛出好成绩，队员们不仅要有较强的技巧和耐力来攀登崎岖的山路，更要具备较好的心理素质来克服内心的疲累。吴婷欣继续说："跑了几公里之后，我旁边也就只剩下两个男生选手了，当时特别累，对名次也没抱有过大的期望。虽然很想停下来一直走，但是沿途中还有其他登山者，他们为我们鼓劲，所以我还是坚持跑了下来。特别当看到终点的时候，整个人瞬间兴奋起来，便加速冲向终点，没想到最后还得了女生组第四名的成绩。"

谈及比赛感受，队员们用"非常累"来形容，因为大家都在不遗余力地跑，一方面是由于比赛名次的压力，另一方面是来自对手的压力。参赛队员周道洋同学解释道："这次获得团体第一名的高校派出的选手全是专业的体育生，跟他们相比，我们的实力确实不占优势，其他高校的实力也很强，没有获得第一还是有点遗憾。不过我们都成功坚持完成了这次比赛，能取得这样的成绩大家也都挺开心的，这是属于我们整个团队的荣誉，我们为团队感到骄傲，同时也非常感谢学校和老师对我们的支持。"

选才在“快”，重视积累

登山越野挑战赛可谓是跑步赛场上的实力较量。为了取得更好的成绩、展现我校别样的青春风采，在学校的大力支持和全面指导下，跑步协会认真组织赛前训练，意向种子选手们也丝毫不敢懈怠，积极为本次挑战赛做好赛前准备。

作为越野赛取胜的关键，参赛队员的选择则是重头戏，而队员的选择标准，更多的是通过平时的训练成绩加以考量，在后续不断训练的过程找到最佳的参赛人才。“快”是越野赛的核心要求。为了更好地适应登山赛的环境，除了40分钟跑完10公里的硬性训练内容之外，队员们还会去大蜀山进行每周两次的拉练。滴水穿石，非一日之功，要想上赛场，仅靠赛前突击是不可取的，日积月累坚持锻炼才是成功的真正秘诀。这群热爱运动的跑步达人平时都会自行跑步、自我训练，并借助蹬自行车练习腿部力量。

虽然本次越野赛的正式队员只有8名，但为了打造实力更强的参赛团队，挑选素质更为突出的参赛队员，还有不少意向队员加入了高强度的赛前训练，用努力和汗水不断挑战证明自己。虽然不能在越野赛上展现自我，但是作为候补队员的同学们表示遗憾中更多的感触是团结和感谢。在这场没有硝烟的较量中他们默默为参赛队友加油鼓劲，一同见证大家的付出和努力，也是一种幸福。

自我挑战，收获满满

当清晨6点，我们还徜徉在睡梦中时，有一群人结伴而行浩浩荡荡地奔向大蜀山；当我们刷着微博、玩着游戏时，还是那一群人，正在操场上挥汗如雨……他们就是黄山登山越野挑战赛的队员，同时也是中国科大跑步协会的成员，正如他们所言，他们是一群对跑步上瘾的人！

我们往往以时间不足、学业任务繁重为由，主动回避了许多参与运动的机会。可同样作为学生的队员们除了要完成日常学习任务之外，他们还要花费大量时间参加比赛、跑步和训练，跑步让他们认识了一群志同道合的人，大家相互鼓励并乐此不疲地坚持着。在他们眼里，学习与跑步并非完全对立，是可以相互促进的。奇妙的是，跑步提高了他们的睡眠质量和学习效率，让他们更有自信和能量去做其他的事。候补队员林健明打趣道：“比如说，我们周末约跑大蜀山，早上6点50学校北门集合，7点开跑，跑完后10点到校，而舍友还躺在床上。等我洗了个澡，精神抖擞地去图书馆上自习了，舍友还躺在床上。跑步确实会有一股正能量，让我们更加有能量去做事情。长期坚持下来，也是你意志力的一个锻炼。”

业精于勤，荒于嬉。人的惰性是与生俱来的，坚持跑步就是在和人的本性作斗争，这本来应该是一件痛苦的事，但是这些跑步达人信誓旦旦地告诉我们，你们去跑一跑就知道了，跑步真的会上瘾。参赛队员饶生龙风趣地发表着见解：“比如说，跑马拉松，30公里，跑完全程后大家都会龇牙咧嘴然后开始痛骂，‘什么破比赛，下次再也不来了，简直是花钱买罪受’，但是跑完几天之后大家都会开始思考，下次参加个什么比赛好呢?”因为他们热爱跑步，也乐于不断挑战自己，他们也更多地把参加比赛当成了生活的一部分，不是痛苦的一部分，而是享受的一部分。除此之外，对他们来说，去其他城市参加马拉松比赛相当于是一次难得的旅游机会。参赛队员于德海兴致勃勃地介绍自己的“跑马”心得：“很多地方会把当地的景点和马拉松结合起来，比如说参加黄山登山赛，交了报名费，很多四星级、五星级的景点，对你都是免门票的。100 块钱的马拉松报名费，但是你可以去五六个四级景点和五级景点，其实是很划算的。”

后记

预约采访时刚巧赶上这帮热爱运动的大男孩们举行定期聚餐，一屋子围坐着陌生却又热情的青春笑脸，渐渐驱散了我们作为外来人的紧张感。采访在愉悦的氛围中进行，大家你一言我一语地畅谈着对这次黄山登山越野赛的感悟和对跑步的看法。他们让我们更加深刻地感受到了跑步的魅力，正如候补队员王律钧同学所说：“先要尝试，从 0 开始，不要上来就说我要跑个 20 公里。两句话，第一，与其今天躺在床上想着我明天要去跑个 100 公里，不如立即下床跑个 1 公里。第二，你跑过的路永远不会背叛你。你每天跑 5 公里，最后你比赛就是你每天跑 5 公里的成绩。每天跑 10 公里，最后就是你日常 10 公里的成绩。”是的，成绩面前容不得半分虚假，这都是你平日努力程度的真实写照。临阵磨枪不可取，持之以恒才是真。与其每日志向高远不如从现在起脚踏实地，一圈一圈又一圈，使跑步成为我们生活的一部分。

跑步除了让他们学会了坚持，也让他们懂得了放弃。候补队员杨帆同学跟我们说起他一次受伤的经历：“2015 年的大连马拉松比赛，我在跑到 20 多公里的时候左腿肌肉拉伤，我强撑着走完了，走到终点 5 个多小时(比赛 5 个小时关门)，被关在了外面。左腿肌肉拉伤加重，我歇了 3 个多月。如果受过一次伤，那这个跑者基本上就学会放弃了。跑完一个马拉松需要毅力，但更要审时度势、量力而行。如果在中途的时候受伤了，你是再忍一忍，还是为顾及身体而退赛，这是一个抉择。热爱跑步的你要对此有清醒的判断。”

跑步让他们审视自身、正视生活。我们真诚地希望这群跑步达人能不忘初心，也希望更多学子能重视运动，在锻炼强健体魄的同时收获快乐，彰显青春魅力。

我们的长征

——访中国科大百里毅行者们

文/程 娟 张 昊

以“梦想、行动、坚持”为口号的百里毅行活动在合肥举行6届了，本届的毅行活动主题为“我们的长征”，是为纪念中国工农红军长征胜利80周年，用脚步传承长征精神。2017年伊始，万名行者踏上旅途，以徒步的方式，浩浩荡荡地开始了全新的篇章。正如这场活动的宣传语中所写，这是一条自由之路，也是一次挑战之行，更是一趟精神之旅。

此类富有挑战性的运动一向受到中国科大学子们的青睐。那些敢于挑战的学子们，向来不怕困难，不畏艰险，对于他们来说，参与即是勇气，走出便是决心，完成却是毅力。我们有幸采访到了三个走完50公里(毅行活动中常用公里计算)行程的中国科大团队，他们或是运动达人，满怀自信的走过；或是班级同学，留下毕业前的回忆；或是携手的情侣，实现对彼此的承诺……健康运动的需求，突破自我的精神，成功带来的喜悦，便是他们参加此次活动的最大动力与最终目的。

像阿甘一样跑下去

刘传彬，中国科大信息学院研二的理工男。除了科研，刘传彬平时的爱好有骑行、跑步、摄影。他的校园生活很简单，担任助教、参与团队的团队工作，空闲的时候看看美剧和电影《阿甘正传》。他看了20多遍《阿甘正传》，记得电影中的每个场景和每一句台词，喜欢阿甘那样的生活方式：做一个纯简的人，专心做一件事情。而他一生想做的那“一件事情”就体现在他喜欢的标语中：多读书，多走路！

刘传彬说：“人生是一个不断体验的过程，痛苦也好，快乐也好，都是这段体验的组成。古人云：‘读万卷书，行万里路。’确实是精妙无比的人生经验。在读书和走路的过程中，不但能够欣赏美景，也会收获成长。所以趁着年轻，多读书，多走路。”

刘传彬对此次毅行活动的关注源于之前参加的一个金秋骑行活动，两个活动同属于一个主办方，因此在当时的微信群里便收到了毅行活动的通知。当时刘传彬并没有立刻决定去参加，直到活动开始前两日，得知一个关系不错的师姐会去参加，想到在2017年的第一天能够陪着她一起走，倒是一个十分有意义的举动。为此，刘传彬买了他人转手的名额，便在元旦当日开始了一场漫长而满足的旅行。

除了师姐，同行的还有一位师妹，刘传彬是三人行小分队中唯一的男生，自然承担起了扛包提水的挑夫角色，而他一路上的功能不止于此。由于刘传彬有过骑行经历，对这次毅行的路程十分熟悉，因此为同行者提供了很多便捷。比如，参加毅行的人数众多，路上找洗手间便成了一个很大的困扰。队伍到达渡江战役纪念馆时,工作人员指引的洗手间小而脏,排队等待的人已经成了一条长龙。刘传彬因为之前来过纪念馆,知道不远处有个更大更干净卫生的洗手间,因此节约了排队等候时间。

三人行小分队的氛围一直是轻松而愉悦的。刘传彬长期运动,两位女生11月份也刚刚参加完合肥半马比赛,团队体能算得上毅行队伍中的佼佼者。因此,在超越一般人正常行走的25公里上限之后,很多人中途放弃,也有的人骑车、轮滑或者会搭车走一段。而他们三人,一路上聊着学校里的趣事,连互相鼓励、扶持的话都不用说,自始至终走得自信,走得泰然。最后的5公里是沿着巢湖畔而行,那时天色已晚,夜空笼罩。走在漫长的公路上,一边是水波荡漾的巢湖,一边是条块有矩的农田,天上挂着弯弯的月亮以及闪烁的星星,美景成了路上最好的伴侣。

到达50公里终点时,刘传彬最大的感触便是那碗白米粥带来的满足。虽然是最简单不过的食物,可对于步行11个小时没有进主食的他们来说,却成了人间难得的美味。习惯了平日在学校食堂里挑肥拣瘦,如今在超越极限,挑战自我之后,刘传彬深深体会到原来一碗白米粥竟能带来如此前所未有的满足感。

未知的因素会给人生的道路带来许多羁绊和阻碍,同时也会有惊讶和喜悦。对于那些在"做与不做"的门槛前徘徊不定的人,行动派的刘传彬幽默的想对他们说:"若在一项活动前犹豫不决,那先把钱交上,这样就不用纠结了。"风趣背后,却藏深意,既是对生活的感悟,也是对人生的追求。他说:"设定了活动会不会很危险,设定了时间会不会有冲突,设定了天气会不会不合适……这些,永远都是自欺欺人的借口而已。想做一件事就去做,不要还没有尝试,就先告诉自己办不到,那才是真正的失败。所以,人生的路,像阿甘一样跑下去吧!"

歌声伴我行

中华儿童曲库小分队是在歌声的陪伴中,一路踏着血和艰辛走到了终点的。他们是中国科大2014届法硕班的5位同学,即将面临毕业和工作。2017年的第一天,他们相聚在一起,走过了一条不一样的征途,给彼此留下了足以铭记一生的珍贵回忆。

与三人行小分队截然不同的是,这一小队属于运动业余组,平时偶尔运动一次,之前也没有参加过类似的长途远足活动。活动开始前的两周时间内,他们既没有进行体能上的强化训练,也没有在装备上进行充足的准备,类似登山手杖、护膝等保护身体、减缓疲惫的道具皆没有购置。一方面是经验不足,另一方面也没有想到道路会如此的漫长艰辛。用其中一位女队员李杨的话说:"原本抱着游山玩水的心态去参加,没想到最后走出了一条可怕的血路。"

30公里后,步行超过了人体极限,队员们纷纷出现了步姿变形、脚起水泡、血泡的现象,极度的疲惫和身体的疼痛销蚀着徒步者的意志力。李杨也不例外,在20公里后,她脚上磨出的血泡破裂,换了两次医用胶布之后仍然止不住出血的症状,袜子、鞋子,尽被染红。40公里后,疼痛转为麻木,已经感觉不到脚的存在,只能一味地向前跨出步伐。然而李杨天生拥有着乐观积极的心态,加上坚韧不拔的毅力,成了队伍中的精神支柱,也是中华儿童曲库小分队里的头号歌手。每当队员们因身体障碍产生精神上退缩的情绪时,李杨便会带头高歌一曲，或军歌，或童歌，或动画片歌曲，或《精忠报国》《倔强》之类的励志神曲。熟悉的旋律影响、冲击着整个小分队，甚至周围同行的徒步者们也禁不住一起应和起来，沉重的气氛转为欢愉，消极的情绪以及痛苦在歌声中逐渐驱散。大家手拉着手，相互扶持、相互鼓励着一步一步走向终点。

14 个小时的步行对于李杨来说，是从未有过的体验。生活中总是慢条斯理的她习惯养花种草的休闲生活，喜欢适宜的少量运动，但类似的极限运动，却从未尝试过。李杨之所以决定参加，首先是抱着挑战自我的心态，其次是同学情，最后是为了送给自己一份新年礼物。2017 年来临，毕业之后，她即将踏入新的旅途，如果能够坚持完成这个毅行活动，对于她来说，这已经不仅仅是一项运动，更是一个激励，一个鼓舞，一个毅力的证明！

幸运的是，和队友们一样，她做到了！强大的信念和团队的力量作为后盾，她在艰难面前激发出了意想不到的潜力。她说："当自己想要做成一件事情的时候，我就不断的告诉自己，只要坚定下去，成功的概率就会变大。每次坚持不下去的时候，我有一个独特的方法，就是不断的默念：我可以的！一直默念到 21 遍为止，退缩的想法也就消失了。"

走在爱情的路上

薄伽丘说过，真正的爱情能够鼓舞人，唤醒他内心沉睡的力量和潜藏的才能。中国科大物理学院的张宇和公共事务学院的刘迈克在 2017 年元旦这一日切身体会了这句名言中的内涵。

同很多情侣组合的想法一样，为了让彼此在爱情的道路上走得更有意义，张宇和刘迈克很久以前便开始计划着参加这次百里毅行的活动。他们在活动开放的第一天就报了名，共同定下了携手徒步 50 公里的"小目标"。

张宇是优质理科男，平时学习成绩好，喜欢跑步，经常参加马拉松比赛；刘迈克则是一名典型的文科女，喜欢在实验室看书学习，写写字，闲暇时间去操场跑几圈，定时去健身房锻炼。自从两人交往后，感情发展一直非常顺利。这次参加百里毅行活动是为了让彼此在困难和挑战面前可以一起努力，共同携手面对。爱情能够给予人莫大的勇气和信心，有了对方的陪伴，相信这一路不会那么辛苦。

然而现实的难题仍然没有因为携手的温馨而给他们格外的照顾。40 公里后，体能较差的迈克遇到了大多数徒步者都面临的困境和艰难，身体疲惫，脚部疼痛和膝盖拉伤，每走一步都变得异常艰难。而张宇虽然身体上并无大碍，可他看着迈克的难受，疼在心中。为了让迈克不再承受痛苦，张宇心生退出比赛的念头，并劝说着迈克。在他看来，能不能走到终点在此刻变得并不重要，重要的是迈克的身体。然而，面对张宇的退赛的劝说，迈克反而是咬紧牙关，即使因为疼痛而落泪，也毅然坚持着。在她看来，这是他们对彼此的承诺，是共同订下的目标，没有完成之前，决不能轻言放弃。在今后的道路上，他们可能还会遇到很多困难，会走比这更加艰难的道路，但她始终相信，只要他们继续坚持着，就一定能够战胜挑战。

张宇看到了迈克的信念，那是一种对爱情的信任，对他的信任！他十分感动，彻底打消了退赛的念头，一路搀扶着迈克，从回顾两人的相遇、相知、相爱，到畅想以后的相伴、相守，一直用轻松愉快的故事来转移迈克的注意力。暮光笼罩下，道路仿佛延伸到了天际，而路旁也开满了五颜六色的缤纷花朵，走在爱情道路上的两个人互相搀扶着，慢慢行走着，他们身后彼此相依的身影被夕阳拉得很长很长……

80年前的长征路，开创了新的国家和时代；而如今我们的长征路，开启了新的一年和未来。艰难的路途，因为信念，因为陪伴，因为执着，被踏上坚实的脚步。不管此刻的你正在走着什么样的道路，不管你是携手与共，还是孤身一人，都不要害怕、不要犹豫、不要退缩。多年之后，追忆曾经一起走过的路，只会记得路上的美好风光，一路的欢声笑语以及身旁温暖的问候。人生的路，我们一起走过！

二次元世界里的真性情

——访中国科大动漫社

文/尹俊玲　李南云

春华秋实，岁月更迭，探索二次元世界的脚步从未停歇。十六载春秋谱一曲青春礼赞，在幻想与现实间穿梭，演绎出别样情怀。在中国科大有这样一个另类社团，他们个个才华横溢，奇思妙想，动漫是他们情感的寄托、交流的纽带，他们用想象力开疆辟土，创造了属于他们的另一番天地。这期我们有幸采访了中国科大动漫社的社长及社员代表，借他们的视角走进中国科大动漫社，了解这个在中国科大活跃了16年的大社团。

杨郑宁，近代物理系大四本科生，即将毕业的他已经在动漫社待了3年，现担任动漫社社长一职。腼腆羞涩的大男孩，但是一提及动漫便能侃侃而谈，欣喜之情溢于言表。

万星皓云，生物专业研究生一年级，人如其名，笑容如星空般灿烂，如繁云般通透。从高中与动漫结识便情不自禁地爱上了这一切，研究生生涯继续延续这份热爱与执着。

射线的起点是喜欢和热爱的凝聚

提及中国科大动漫社便要追溯到千禧年的那个金秋。随着动漫渐渐风靡，爱好动漫的“漫友”人数也越来越多，而拥有共同爱好往往是一群人聚集的初衷，这是一个动漫社团的起点。

经过了大约4个月的精心筹备，中国科大动漫社正式于2001年2月成立。刚刚成立时人数寥寥，但是十六载后的今天，动漫社注册社员已高达500多人，俨然成为了中国科大的大社团之一。

社长杨郑宁告诉我们，社员们可享受很多的福利，社团在西区活动中心301设有活动室，那里便成为他们的动漫天堂，大家相互交流、一同欣赏，好不热闹。社员可以借阅喜欢的漫画和小说，并且每周在放映室安排放映会。放映会会放映一些老番，具体番剧的类型会根据负责人的喜好而有所改变。除此之外，动漫社还有一个独立的服务器，存有各种动漫资源，包括部分在网上已经很难找到的资源，这对喜爱动漫的社员来说如获至宝。

社长说：“动漫社是在中国科大所有社团中少有的以娱乐性质为主并且还具有这么大规模的社团，建立在社员对动漫深深的喜爱和追求之上。平时的活动，大家追求完美并乐在其中。这也是我们举办活动的最终目的，毕竟大家因爱而聚，更要尽兴而归。”

具有500多名注册社员的社团在中国科大屈指可数，据社长介绍，社团中研究生占“半壁江山”，其中许多社员从本科生到研究生阶段一直在社团发挥光热。能与志同道合的大家相聚在这样一个温馨的大家庭里，对他们来说是再幸运不过的事。

绽放的动漫之夜是社团在秋末的狂欢

11月7日是立冬，而在秋末，也就是11月5日晚，中国科大动漫社将会迎来一年一度的大狂欢——动漫之夜。中国科学技术大学、合肥工业大学和安徽大学等高校以及一些商业社团都会来参加表演，可谓是合肥地区最大的动漫汇演。它不仅是动漫社的传统活动之一，更是动漫社的代表活动。为了无愧于对这次演出抱有极大期望的观众们，动漫社做了很多的筹备和努力。

虽然时隔两个多月，但社长杨郑宁对动漫之夜的筹备过程仍旧记忆犹新："动漫之夜的节目从9月份开学就着手准备，在此之前虽然动漫社的剧本已经定好，但是选角和排练两个环节都还没有开始。一直到整个社团招新完成后，新晋社员才与老社员一起参加选角，一般会选一些时下比较火的角色，不过最终还是根据编剧给的剧本来决定。"

社长强调动漫社的选角是十分人性化的，注重社员对于参演角色的喜爱程度，在喜爱的基础上再考虑其是否与所选角色相匹配。有趣的是，选角要求具有明显的性别差异。社员万星皓云解释道，"因为中国科大男生比较多，可以供挑选的也就比较多，为了更好的舞台效果，不仅仅要求演员比较贴近表演的角色，而且还要求表现力，因为动漫表演对演员的表现力有较高要求，并且需要加入喜剧因子，所以男性角色一般选取的都是角色贴合、会搞笑、放得开、能表演的男生"。相较于男生而言，对女生或者女性角色的要求则没有那么严苛。据社长透露，"中国科大女生少，按照往年的经历来说女生都很难找齐，更别说对女生进行挑选。社团里有一位编剧一直希望出一台只由7个女生来参演的节目。今年，很多新进女性社员积极参加了表演，这位编剧的心愿总算得到了满足"。

动漫之夜的节目由各参演单位共同提供，压轴节目向来是中国科大动漫社编排的舞台剧。舞台剧的后台准备极为繁琐，包括服装、假发等其他表演需要的道具以及化妆。本次采访中，社长和代表社员细致的告诉了我们社团在这方面的准备。头套、道具等昂贵而不可或缺，鉴于此，校团委每年都会给动漫社提供活动专项经费支持；由于经费有限，服装一般由社员根据角色自主购买。最后是化妆。在彩妆社解散之前，化妆一般由其负责。彩妆社解散以后，化妆一般由社员自主完成，无外乎自个儿化或者相互化。社长告诉我们今年的活动很巧合也很幸运地获得了中兴公司的赞助，所以特地聘请了一位微博上的专业化妆博主负责演员化妆。

辛勤的付出终于得到同学们的认可。动漫之夜中，西区活动中心人气爆满、彩声不断。做着自己喜欢的事并且得到大家的认可，我想，世间最开心的事莫过于此了。

神秘的负责人是舞台狂欢的奠基者

演员的表演固然重要，但一个好节目绝对离不开一个好剧本。为此，我们有必要浓墨重彩地介绍动漫社的一位神秘负责人。他身兼编剧大师、微博负责人等多项要职，多才多艺，令人十分佩服。

动漫社的微信公众号上曾有这么一篇采访该神秘人的文章——《这个男人，承包了6年动漫之夜的舞台》，里面对此神秘人介绍道，"陪老板，性别为男，身高保密，体重未知"。据说"陪老板"是动漫社专用剧本作者，负责中国科大动漫之夜的压轴大戏舞台剧的剧本，并且也是官方微博的管理员。另据社长介绍，“陪老板”博四，中国科大“土著”，大二进社，目前进社已经7年了。

“动漫之夜的剧本需要在暑假期间或者之前准备好，剧本的创作主要由这位神秘的‘陪老板’进行，当然还会有一些社员参与剧本的编写，不过最后都需要编剧的同意。”社长和代表社员说，“‘陪老板’在整个合肥都很有名，是个名副其实的大神。其他学校排练时间多，女生数量也有优势。相较而言，科大能够取胜的便是剧本。”说到这里，大家都会心一笑，中国科大女生少确实是一个人所共知的槽点，在动漫社，这种感觉格外清晰。

“动漫之夜前期准备比较久，编剧写剧本要很长时间，一年中大概要花8个月选题。”除此之外，编剧还需要参与选角。

除了编剧，还有很多神秘人在幕后默默地付出着，他们或负责道具、或负责服装、或负责音乐、或负责灯光……可以说，每一位社员都是神秘人，每一个社员都是动漫之夜舞台狂欢的奠基者。

射线的前方是活力和期望的无止境

动漫社转眼间已经走过了16年，16年动漫社不会千变万化却也不会一成不变。社长杨郑宁说：“中国科大动漫社目前分为COS部、宅舞部、绘画部及幽灵部，相较以往，现下是中国科大动漫社部门最少的时候。动漫社以前有社刊，主要刊登漫画、最新动漫和漫评等。虽说上一期已是在10年前，然十年磨一剑，动漫社的10年纪念刊正在准备出刊，内容精良，值得期待。”

“传统活动我们一直保留至今。”社长告诉我们，每年的10月在美广会有一个宅舞快闪活动，参与者的服饰比较随便，可以穿西装也可以穿便服，这个活动主要由动漫社的宅舞部负责，也是动漫社的保留项目。

上学期未半，中国科大动漫社已剑指下学期，也就是2017年上半年。而在下半学期的众多活动中，最瞩目的要数学校的樱花节。樱花绽放的美好场景相信每一个人都不想错过，动漫社团在清明节前后，趁着樱花绽放的时间举办一个樱花祭，简而言之是一个小型动漫展，会有COS表演、小游戏、纪念品、美食等。另外，其他高校也会参演，这将是动漫社在下半学期最大的活动。

除了樱花祭，另一个焦点当属女仆咖啡厅了。“女仆咖啡厅将在四月天的某个周六，在西区的多功能厅举办，大家到时候可以去品尝美食，比如蛋包饭。”社员万星皓云向我们透露说，“到时候也可能会安排反串。跟我同届的一个非常可爱的学长就是我们的中意对象，虽然已经保研去了上海，但是我们仍旧会努力邀请他的。敬请期待吧！”

各种活动会随着动漫社的存在一直举办下去，这不仅是动漫社的传统，更加是动漫社里每一位社员热爱动漫这种感情的另一种表达。虽然每年人员在新旧交替，但是大家对动漫的热爱、对未来的期待从未改变。支撑动漫社走至今日的是每一届社员真挚而热忱的心。

溪水入江，江入大海，海水涌动，万物皆奔涌向前。动漫社就像是一条射线，射线的起点是喜欢和热爱的凝聚，射线的前方是活力和期望的无止境。

在此，我们期待动漫社活动圆满成功，也祝愿动漫社的发展越来越好！

2017，奋斗的青春如何安放

——访中国科大2017届毕业生

文/尹俊玲　马艳华

时光荏苒，岁月如梭。又到了一年毕业季，今年预计全国795万高校毕业生加入求职大军，身临其境的你还好吗？置身事外却又终将要经历的你恐惧了吗？回首过往，莘莘学子经过了高考的过关斩将、破釜沉舟，亲历了考研的夙兴夜寐、废寝忘食，而今又将金戈铁马、逐鹿九州，陷入人生的另一层角逐——就业。走不尽的流年，望不断的云烟，躲不掉的竞争。与在学术领域的竞争不同，就业领域的竞争更显残酷，不再是校园里的不瘟不火，暗流涌动，而是四面受敌，刀林剑雨。

2017，炎炎夏日，我们奋斗的青春该如何安放？前路渺茫似又有迹可循，作为时刻关注研究生发展动态的我们，决定通过对已成功就业同学的采访，给即将面临就业的同学们一些经验指导。他山之石可以攻玉，我们要多方面汲取经验才能尽量少走弯路。见贤思齐，择善而从。成长路上以梦为马，与前人共舞，我们并不孤单。

人物一：高学历高颜值的1米8大男孩

刘志康，模式识别与智能系统专业，博士研究生，动能球场挥洒，静能弹得吉他，是一位意气风发的阳光少年。

“博士”亦是“搏士”

身为博士的他，在求职路上似乎顺风顺水。据刘志康介绍，他并没有经历过太多的面试笔试，向几家中意的公司投了简历，经过面试均很快收到了录取通知。一番抉择后，最终他选择了华为，拿到了令人羡慕“嫉妒”的年薪。博士生应聘有自身的特色，一是博士都是单面，而且有些大公司，譬如华为，每个部门会单独进行招人，有时还会出现相互要价的情况；二是博士生经常可享受免笔试的福利，简直是羡煞旁人。刘志康说：“面试环节较为简单，一共分为两轮。首先，HR会根据你的简历了解一下基本情况。然后，会有一个或几个技术专家对你的能力做一个测评。整个过程不需要提供太多材料，仅需一份简历，所以如何利用简历突出自己的优势尤为重要。一份好的研究经历以及参与相关项目都可以作为自己的亮点。”

苦练基本功，提升“作战”力

没有良好的环境，很难塑造优质的人才；没有专业的指导，也许我们依旧在彷徨徘徊；没有艰辛的付出，无法收获丰硕的果实。顺利求职的背后是学校的严谨学风，导师的精心培养，自己的辛勤努力。作为中国科大的博士，毕业要求原本就很高，精益求精的导师又自立门槛，根据具体情况，对学生提出更高的希冀。刘志康说："导师平时对我们的学业要求很严苛，一直以高标准、高要求为准绳，这也磨练了我们的专业能力。"说到这时，对恩师的感激之情溢于言表，他继续说道："在这里我想特别感谢我的导师，是他将我带进了人工智能这个热门领域。老师目光锐利、高瞻远瞩，总能在我困惑之时给予我创新性的灵感，对我的每一篇论文他都认真的提出许多指导意见，我受益匪浅。我所有的成绩都离不开导师的耐心教导和支持。"

持续探索学习，把握行业前沿

近年来，人工智能市场十分活跃，在巨大的市场红利驱使下，极大渴求相关领域的专业人才，相关岗位的工资待遇也不断提升。他们现在可谓是市场上急缺的高端应用型技术人才。但是不容小觑的是，专业难度大、要求高、更新快，对从业者提出了更高的要求。刘志康说："我们要抱定持续学习的心态。特别是我们专业，技术更新非常快，如果你不实现知识的不断更新，很快就会落后于行业的发展。"诚然，当今社会瞬息万变，新事物、新思想层出不穷。学习已不是人生中某一阶段的事，而是一种社会化、制度化和终生化的行为，是现代社会每个人成长进步的客观需要。所以，对于别人的成功不要羡慕，苦练扎实的专业技能和学习能力才是制胜的关键。

人物二："一般般男"的另类抉择

郭少博，控制与科学工程专业，硕士研究生，对学业的要求如同对体型管理一样严格，是一个不折不扣的工程师加健身达人，不久前他成功签约北京的地平线机器人公司。

心理建树从微信开始。初识郭少博，便被他的微信昵称震撼到了。"21 世纪郭少加油"，这个昵称透露着对自己的期望和认可，在激励自己的同时，也感染着他人。性格爽朗又略带羞涩的大男孩，采访全程都面带微笑地侃侃而谈。

找准定位，理性选择

在毕业的十字路口，面临着多样的选择，我们如何选择适合自己的道路？是继续深造读博，是投入创业的大军，还是追求大众眼中的"铁饭碗"？当问及其毕业选择的心路历程时，郭少博思索了片刻说："首先我对创业没有很高的兴趣，没有思考过相关事宜；其次由于了解自己的性格，我认为公务员或者选调生并不适合我；再次我考虑读博后可能会有很大的毕业压力。综合以上的考虑，加之自己对本专业有浓厚的兴趣，而且所学专业在就业市场也比较受欢迎，所以我就决定直接走上工作岗位。"平淡的几句话却将纠结在应届生心头的抉择做了了结。"受个人喜好、理想追求、生活方式等因素影响，职业道路的规划要因人而异，不要随波逐流，要忠于自己的内心，最终做出理性的选择"，郭少博补充道。

在确定就业后，选择什么样企业也十分令人困扰。根据企业生命周期理论，可以将企业划分为初创型企业、成长型企业、稳定型企业和衰退型企业。区别于周围大多数同学选择成熟稳定的大公司，郭少博另辟蹊径选择了初创公司。郭少博说："我认为初创公司成长很快，自己能学到更多的东西。之所以选择地平线机器人公司，首先，地平线这个公司很贴合我感兴趣的专业方向。其次，地平线在这个领域比较具有代表性，行业新，时机好。再次，与大学生创业团队不同，地平线集结了来自百度、诺基亚、Facebook 的 4 位核心人物作为创始人。这些人物都是我神往已久的榜样，所以我对这个公司，对自己都很有信心。当然并不是每个初创公司都能给到你想要的平台，还需要同学们多加考量。”

面试达人的“面试经”

面试是拿到录用书的必经环节，面试中的经历对每个人来说都弥足珍贵。回首面试时光，虽已逝去半载，仍仿佛历历在目。在求职过程中，郭少博既面试过像地平线这样的初创型企业，也面试过像百度这样的大型企业，还面试过像虹软这样的外企，经验丰富，感慨良多。郭少博说，他大概投了七八家与专业十分契合的公司，虽说每家公司的面试风格各不相同，但大都设置了多轮测试，不断进行层层筛选，平均一家需要 4 轮面试，更有甚者能达到 6 轮。这对面试者的心理承受能力是个极大的考验，而我们唯有以不变应万变，坚持到底，才能守得云开见月明。

面试地平线的时候，郭少博是踏着星辰载着希冀出发的，从早上 8 点面试到下午 5 点，一天历经了 5 轮。第一轮侧重对专业基础理论的测试；第二轮着重谈一谈自己曾经做过的相关性项目；第三轮是压力面试，面试官会给你一些题，要求在很短的时间完成，还没完成时再来一波题，就这样反复几次，整个气氛都十分紧张，空气中还夹杂着面试官的催促声，可谓是对你生理和心理的双向打击。郭少博说，当时他一度觉得自己好像快不行了，但是坚持下来之后发现自己顺利地进入了第四轮；第四轮是无领导小组讨论，面试官会设定一个专业情景，然后观察面试者在团队中的表现；第五轮性格测试。回忆当初，郭少博坦然地说，当时他整个人的神经是紧绷着的，走向终面是他对自己定的小目标，没想到这个就是他最终的归属，缘分总是这么奇妙。

除此之外，百度面试也令他印象深刻。郭少博说：“百度面试时会给你一个网址，20 分钟写代码，40 分钟写算法。同一个模式，进行 4 轮，每一轮难度不断升级，好似玩游戏时打怪升级。”就这样，他成功进入了终面，然后就音讯全无，直到 10 月份才接到通知说可以给他留名额，但是那个时候他的三方已经寄出去了。郭少博说：“还是要谢谢百度的肯定，虽然有些遗憾，但是我很喜欢现在的公司。”在此，郭少博提醒各位即将就业的同学，相比于外企，现在国内一些大公司招聘的时间周期比较长，对于中意的公司你要权衡好可以等待的时间。

对于此次采访，郭少博打趣的说道：“觉得自己非常具有代表性，技术一般般，能力一般般，这样在就业选择时会更纠结，面临的形式更符合大众。真正的牛人，他们的就业倾向性以及接触到的就业形式是不一样的。”据郭少博说，很多公司会把中国科大作为一个很重要的生源地，所以我们要有充分的自信去展示自己，毕竟机会是靠自己去争取的，为什么不尽力一试呢？

人物三：幸福是你我相距 10 公里

杨东梅，管理学院金融专业，硕士研究生，笑起来那两个酒窝，仿佛可以融化一切烦恼。成功签约兴业银行总行直属机构，工作地点在上海。

名企实习为就业保驾护航

如果说一个人让你又爱又恨，那便是 HR 了。求职路上如何打动这些执掌“生杀大权”的 HR，是我们永恒追求的话题。对于这些阅人无数、经验丰富的职场高手，他们在筛选简历和面试时比较关注什么？杨东梅认为，HR 除了注重学历、名校学习经历、学习能力，还有个人的社会经验。的确，正如管理学之父彼得·德鲁克所说：“你的知识和你的经验都是你的新财富。”如果说知识可以用学历来体现，那经验对于应届生来说就是实习经历了。紧张的学业之余，杨东梅拥有了 3 份不错的实习经历在手，这在简历上可谓是精彩的一笔。

杨东梅说：“实习是有必要的，通过实习不仅将自己所学理论与实践相结合，了解目前自己所学专业的市场动态，还可以更清楚明确自己的就业定位，为以后的求职定好方向和打好基础。比如我之前在华普天健会计师事务所和广发证券实习过，一个是审计项目组，一个是投行事业部，短短的时间却让自己成熟了很多。但是这两份工作经常需要出差，所以实习结束之后，我的求职方向就没有放在这两个领域。除此之外，实习经历也是你面试问题的焦点。面试官往往会根据你原来的实习经历进行发问，譬如，之前做了哪些工作，工作取得了哪些成效。

拓展信息渠道，抢占一手资源

有效利用获取就业信息的渠道十分重要。杨东梅说：“现在大部分学生是通过网络或者校园招聘来获取就业信息，其实很多大公司都有内推的机会，如果有师兄师姐在的话，寻求个内推名额是一个不错的选择。譬如，我有一个师姐在宁波银行总行，在每年 7、8 月份的时候就可以内推，如果面试通过就可以省掉中间很多环节。据我所知，我们班有几位都是通过这种方式找到工作的。”

谈及面试的技巧和经历的时候，杨东梅道：“虽然我的面试经历比较少，但是我觉得比较重要的一点是不要紧张，对自己充满信心，和面试官在进行交流的时候，一定要逻辑清晰，在回答问题的时候尽可能有条理的列个 1、2、3 条。态度上尽量充满热情，保持微笑，营造一个良好的面试气氛。由于面试过程会对你的专业性进行一定的考量，所以要提前巩固基础知识并搜集一些前沿知识。而且面试时要非常熟悉简历上的内容，比如我在简历中提及担任挑战杯财务总监，就被问到相关财务知识等。”

换男友 or 换工作

杨东梅说：“我的第三份实习是安徽国厚金融资产管理有限公司，无论是公司的待遇还是发展前景都比较好，战略投资岗我也比较喜欢，最终公司也给了我录用通知。但是当时我男朋友签了上海的中兴集团，自己就突然被放置到是换工作还是换男朋友的境地。仔细想了想，觉得换工作总比换男朋友容易，毕竟找个自己情投意合的人十分难得，要懂得珍惜。后来我签了兴业银行，我们俩的工作地点都在浦东，很巧的是两公司之间相距不到 10 千米，也算是圆满了呢。”

采访之前我们就知道这应该是一个很温暖的故事，撇开就业经验分享不谈，她的爱情故事早已感动了所有人。谈起两人相识，那要追溯到前年的那个金秋。两人在一起为迎新晚会做准备，不料竟擦出了爱的火花。杨东梅说：“当时我就发现这个男生做事很认真，还主动帮忙，高高的个头，干净的着装，看着很舒服。但是真正的触电，是在他送给我第一个礼物的瞬间,估计他自己可能不记得了吧。晚会结束后,节目组给每位工作人员都准备了小礼物,但是发到我时已经没有U盘了,我就小声地嘟囔说'我也想要U盘',当时没有人回应,场面略显尴尬,但是他却走向前来说'没关系,我的给你'。"是的,一切的小情愫就在那一刻肆意蔓延开来。她绽放了个幸福的笑容继续说道:"他是个不折不扣的学霸,而我有时候略带慵散。每天他早上叫我起床,为我买早餐,督促我做学术,送我回寝室。非常感谢他包容我的小性子,在小论文和大论文上也给了我很多帮助。"语言中满是宠溺,爱情如酒,一闻就醉。也正是两人一起的经历与付出,使得双方在面临择业时,依然坚定要携手为未来而奋斗。

据透露,这对恩爱情侣已经有了在上海买房的打算,家人在首付上给些赞助,两人也达到了上海落户的积分要求,以后就准备在上海定居。访谈快结束的时候,杨东梅说:"作为一个过来人给师弟师妹一个建议就是,趁着在学校时间比较充分,还是要把本专业的含金量比较高的证书考了,我现在很后悔之前没有把注册会计师证考下来,工作之后再想考难度会更高。读研之前一定要想清楚自己是想读博还是就业。相对于计算机那种纯靠技术类专业来说,我们文科类专业还是需要一定的实习经历。"

人物四:不会摄影的科学家不是好工程师

何杰挺,自动化系,中国科大"土著",硕士研究生,实验室大神级人物。科研之余,喜欢用镜头去探索繁华世界,记录点滴生活,定格美好瞬间。成功签约网易的游戏研发岗,工作地点在杭州。

目标明确,少走弯路

在人生的各个阶段,何杰挺的目标都非常明确。填报志愿时,他意志坚定地说,"中国科大有没有工科专业,推荐几个",在保研的期间就和导师表明,"我不准备读博,如果你有3年的名额我就读研",就业的时候目标直接锁定长三角。何杰挺说,他当时比较中意华为、英特尔、网易游戏、虹软、TP-LINK等企业,因为家在浙江宁波的缘故,所以就业地域就选定在长三角地区。说着他掏出了手机,展示他的秋招日程表,上面密密麻麻标注了宣讲会和面试的时间。那一刻,我们体会到了一个男生的用心。

创业有风险,选择需谨慎

采访过了一段时间,何杰挺也放开了不少。他目光炯炯,直视远方,向我娓娓道来他的第一次创业经历。"那是本科快毕业的时候,当时的我处世未深,觉得只要创意够好,自己什么事情都能搞定。于是,由我牵线搭桥,把几名高中、本科志同道合的同学组织起来,成立了一个电子器械研发创业团队。我们主要研究领域是自平衡车,有单个轮子和双个轮子的,现在很流行了,但是当时还是十分罕见的。很遗憾,最终由于很多原因没有坚持下来。在你真正地着手的时候,才发现很多问题需要解决,做研发很辛苦,团队关系维护不容易,大家心理期待很高,一时间又很难打开局面,最后没能处理好团队关系,有些不欢而散。"谈及这些的时候何杰挺说的风轻云淡,但是背后的艰辛可想而知。他继续说道:"我有一个师兄,毕业后先去宝洁做了两年的管培生,后来自己创业做铁榔头机器人教育,现在也小有成绩。"创业不仅仅是一个好的想法,更需要好的资源,好的机会。全面考量,理性选择,才能走得更远。

对于择业标准何杰挺有着自己一套"古怪"理论,他说:"我喜欢有挑战性的工作。如果公司越看好我，我可能越不太愿意去。记得当时华为终端老大把我拟定为他们的第二号选手，和 HR 讲要不惜一切代价一定要拿下前五名选手。但是越是这样，我反而不喜欢。当我看到网易游戏最后招的人员名单，竞争者中清华、北大、上交的同学非常多，对此也很有压力，但是我的内心更想去尝试一下。手机游戏这行业迭代特别的快，每周都会有一个新的版本面世，而且是通过测试的稳定版，从开发到发布，中间要做很多工作，这都激起了我挑战的欲望。刚步入社会的我，希望在这个环境让自己尽快的成长。"

不忘初心，方得始终

找工作阶段，每个人的心态变化会比较大。我们一定要保持初心，要记住自己一份 offer 都没有时的心态，要记着在众多 offer 中挑选出自己最终归属的心情。正如何杰挺说的，做事不要太功利性，一切事情都要从长计议。保持清晰的目标，不盲目跟风热点。因为热点是会变的，你需要的就是对你学习的东西保持热情不变，等到就业热潮来临时才能有备无患。

每个人的人生道路各不相同，但有时却又惊人的相似。现在的我，也许就是未来的你。人类的聪慧之处，在于吸取前人的经验来发展自己。对于现在面临的些许困境，我们不妨美其名曰"渡劫"，使出"洪荒之力""成功渡劫"之后也许就"飞升上仙"了。

情缘至深，形“影”相“协”

——访中国科大电影协会

文/袁　玉

在新媒体高速发展的今天，许多传统媒体逐渐衰落，电影反倒借势突起，发展得越来越迅速。电影作为一种产业和文化，在人们的生活中占据的分量越来越重要。走进电影院，欣赏自己喜欢的电影，已经成为人们的一种生活方式，是繁忙生活中不可或缺的一种调味剂。在中国科大，就有这么一个年轻的社团，聚集了一批年轻的有思想的又酷爱电影的“文艺青年”，他们有着一个共同的名字——“中国科学技术大学学生电影协会”(以下简称“影协”)。

周周品经典，活动有新招

中国科学技术大学学生电影协会创办于2014年，虽刚过两载，但已小有成就，各项工作进行得都十分顺利，收获了一群热爱电影的协会成员以及校内师生的一片称赞。如今的影协已逐步发展成熟，放映部和宣传部争奇斗艳，骨干成员和固定成员迅速攀升。影协会长张宇驰向我们介绍道：“影协一共有两个部门，放映部主要是负责每周的例行放映工作，宣传部主要是负责校内宣传以及大型的活动承办工作，两个部门虽然分工明确，却未完全隔离。这样使协会成员可以接触和熟悉协会的每个工作环节，锻炼每个成员的工作能力的同时也便于协会工作的展开。”

放映活动成日常，经典作品共欣赏。影协每周播映两部优秀影片，让各位电影发烧友大饱眼福，也能让同学们从电影中学习到民俗、文化、科学等丰富的内容，以达到提升学生整体人文素质的目标。每周影片的选择也大有深意，主要满足两大基本要求，“第一是有良好口碑，综合各大专业评分平台的分值来选取，绝不能传播一些低俗、不文明、不健康的内容。第二是适合时宜，譬如在情人节期间，选取了一些温暖感人的爱情电影，如《怦然心动》；奥斯卡颁奖期间设置了奥斯卡专题，放映了《海边的曼彻斯特》《降临》等几部优秀电影。”

3月18日，影协在西区活动中心举办的一场露天电影——《霸王别姬》，就备受瞩目，好评如潮。活动现场人山人海，有通过关注影协而早早准备来观影重温的同学，也有路过被吸引而来的路人。为了提升露天观影的舒适度，影协贴心地为大家准备了小板凳，还有赠饮等服务。影片结束后，当大家还深深沉醉在这部经典之作的剧情中时，倏然响起如雷掌声。这份掌声，除了是对影片的欣赏、赞叹外，还是向永远的哥哥——张国荣致敬，更是对影协工作人员的付出的肯定和赞扬！

除了日常工作之外，特色活动推陈出新。影协拍摄过两部微电影，分别为《消失的时间》和《神奇T恤》，获得了广泛认可；曾参与过两次大型电影艺术活动，在第15届北京电影学院国际学生影视作品展中国科大分会场活动中表现完美；承担了张嘉佳主演的《摆渡人》中国科大站路演活动，联合合肥其他高校负责活动的全程事宜。

据了解，目前，影协正在筹备一项“大招”，即与文学社、树之社和摄影协会联合举办一个剧本写作大赛，并在后期挑选出优秀的作品进行拍摄。正如会长张宇驰说：“影协人的工作目标十分清晰，那就是做好一切和电影文化相关的传播活动。”在百花齐放的中国科大校园社团之中，影协的“出人头地”，少不了一群辛苦耕耘的影协人的付出。

观影重体验，心驰神往之

王小波说：“一个人只拥有此生此世是不够的，他还该拥有诗意的世界。”这也是电影以其独特的文化魅力而能够在人类文化宝库占有重要的一席之地的原因。在 3 月 3 日的一次观影活动中，小编现场采访了几位观众。一位大二的女生说：“影协选播的电影我都蛮喜欢的，观影环境也很好，有点像坐在 VIP 厅呢！而且我算是‘回头客’了，上学期也多次参加过影协举办的观影活动。”另一位研一的女生万小兰也说道：“影协的这个放映活动真的超人性化，每周在繁重的学习任务之后，看电影是非常好的放松方式，在学校就可以体验到去电影院的感觉，还省去了纠结看哪部电影的烦恼。放映人员也非常体贴周到，整个观看过程很舒心。”放映部工作人员向小编介绍道：“每次放映工作都需要提前布置好场地，协调好相关设施设备，确保能顺利放映。做到让大家满意是我们的第一原则，当然这也是我们传播影协口碑的重要途径。观影之余，我们偶尔也会向观众们征集意见或者直接挑选具有加入协会意向的同学。”看得出来每一位成员都非常享受分享电影的愉悦，也都真诚地希望能使影协变得更加美好。谈及每周影片放映的工作，张宇驰说保障后勤服务是最影响观众观影体验和感受的一环，他们也尽量做到每个细节的尽善尽美。

说起影协当然要谈谈一个充满传奇色彩的人物，他就是第一任影协会长，即影协创始人之一——赵嘉奇。他对电影有着难以割舍的情怀，正因为这一份热爱，他号召一群志同道合的人成立了影协，个中艰辛唯有他们自己知道。而今他虽已离开学校，但他的心还在这里，聊天群里他还是那个与大家其乐融融的“大哥”，在影协的微信公众号里也一如既往地分享着自己对电影的深刻精辟的见解，字里行间流露出无尽热爱。现今的影协会长张宇驰，副会长倪戈子，还有每一个成员无一不深深地热爱着影协这一大家庭。大家集思广益，积极为影协的发展出谋划策。“说得高点就是传播电影文化，分享电影精神，说得接地气点就是让观众看得满意，而我们乐在其中。”张宇驰一脸诚恳。

满腔盈暖意，蜗壳共时光

电影发明这 100 年来，从默片到有声，从黑白到彩色，从平面到多维，但人类的情感依然不变。当我们爱上看电影的时候，很多时候是为了体会自己经历不到的生活，去幻想各种自己存在的方式。张宇驰说：“影协是一个心灵的家园，我们可以在这里畅谈自己对电影的看法、想法，也可以轻松地聊日常、打闹逗趣，像一个亲密无间的大家庭，而这个家庭里只有兄弟姐妹，没有父母长辈。长时间的电影艺术积累，让我们更懂得文明、学会善良、学会分享，好像是内心见识了一番外面的世界，而漠视了眼前生活琐碎而恼人的点滴。有一句话说得好，演戏的人是“疯子”，看戏的人是“傻子”。通过欣赏、讨论、感悟一部优秀电影，一方面可以从整体上感悟电影的艺术特色和文化内涵，从而思考生活，思考人生；另一方面可以从电影之中了解电影的时代背景、文化背景，拓展知识领域；亦可以通过电影放松心情、娱乐身心、增加生活情趣。此外，我们协会推出的一系列活动，都是希望大家能在欣赏电影之余，更加热爱电影艺术，感悟生活。”

在影协里度过的时光，是他最美丽的记忆，张宇驰会长如是说：“在这里，你可以指点江山，激扬文字；也可以和同事在电影的世界里，或捧腹大笑，或痛哭流涕；你可以体验将最精华的电影分享给全校同学的成就感和幸福感，也可以努力为电影文化的传播做出一份小小的努力。”电影将人的生命延长3倍，但是，在影协，除了电影，更宝贵的是拥有这么一群可爱的善于分享的人儿吧！

没有哪一场电影可以永不散场，但我们可以一场接着一场。

音符上的春天

文/刘　华　唐丽佳

春天是"几处早莺争暖树，谁家新燕啄春泥"的热闹非凡，是"等闲识得东风面，万紫千红总是春"的绚丽多姿，是"轻衫细马春年少，十字津头一字行"的生机盎然。春天伴随着和煦的阳光，温暖的春风，悄悄地走进了我们，走向了校园。当嫩芽点缀于枝桠，当樱花雀跃于枝头，一年一度的春季音乐会也奏响了艺术的篇章。

随着一阵缓缓悠扬的小提琴声，中国科大2017春季音乐会在西区活动中心礼堂正式拉开序幕。从德沃夏克《G大调小提琴奏鸣曲》到巴赫《C小调前奏曲与赋格》，从钢琴四手联弹到吉他小提琴合奏，我们聆听着不同乐器带给我们的美好体验，跟随着作曲家的思绪，演奏者的情感，沉醉在这个诗意的夜晚。

起承转合，千回百折：从西洋乐团到爱乐协会

中国科大爱乐协会成立于2012年，由一群热爱古典音乐的学生们发起，依托学校西洋乐团发展而来，是一个包括协会会员、工作组和钢琴与室内乐俱乐部的学生社团，是中国科大最大的古典音乐社团。其中最重要的组织机构是钢琴与室内乐俱乐部，主要工作是钢琴的交流和室内乐排练，是不同层次的古典乐器演奏者互相学习的地方。爱乐协会举办过丰富多彩的社团活动，例如，世界名家名曲演奏的音乐欣赏会，形式多样的爱乐讲座，春、秋季音乐会等，给校内的古典音乐爱好者提供了学习乐理知识，分享音乐资源，交流欣赏心得的平台，也丰富了中国科大同学们的业余生活，陶冶了他们的艺术情操。音乐会的演奏者不仅有中国科大的学生，还有来自合肥地区其他高校的古典音乐爱好者，大家在一起合作交流学习。去年的秋季音乐会上，他们还邀请到南京大学的同学们，共同为我们演绎了一场美妙绝伦的音乐盛会。

看似恢弘震撼的音乐会，背后也有鲜有人知的小插曲。春季和秋季音乐会是爱乐协会最重要的品牌活动。在演出方面，尊重每一个演奏者的喜好，让他们自己选择演出的曲目，但同时也会尽可能拓宽视野，尝试探索广阔音乐世界的惊鸿一曲。每次音乐会前，会长都会因为担心最终表演曲目不够而增加候选曲目，但实际情况往往是音乐会超时，由此可见会员们对音乐会表演的积极性。同时，作为完美主义者的袁会长对宣传稿活动时间的确认、音乐会音频链接的正确性这些小细节也不放过，消灭各种错误的可能性，保证音乐会的顺利进行。

宫商角徵羽:一群热爱音乐的小伙伴们

在爱乐协会里,有广阔音乐视野的同学,音乐素养与专业人员相媲美;有超高弹奏技巧的同学,表演过程十分具有表现力;有海报做得很好的同学,曾得到广大同学的赞扬。现任会长袁靖程是爱乐协会的第5届会长,是2014级少年班的学生。谈到进入爱乐协会的初衷,他表示是一个偶然的机会,因为曾经学过钢琴,就抱着好奇的心态加入了西洋乐团,最终在爱乐协会找到了存在感。从大一上加入爱乐协会,到大一下被意外选作副会长,直到今天成为协会一把手,他见证了爱乐协会从一个不起眼的学生社团一步步发展壮大,成为中国科大一个极具影响力的音乐爱好者聚集地。面对协会发展过程中出现的问题,他会主动去想一些应对措施,作为一名合格的会长,他深知一切要以大局为重,不管谁对谁错,该做的事决不能含糊。

陈也同学是安全工程专业2014级本科生,从小学习钢琴,演奏水平很高。进入爱乐协会之后,通过学习独奏之外的各种音乐形式,欣赏各个时期的古典音乐,他发现自己渐渐被音乐无穷无尽的魅力所吸引。跨入爱乐这扇大门,他仿佛闯入了哈利波特的九又四分之三月台,发现了一个全新的世界。更重要的是,在这里他交到了很多志趣相投的朋友,找到了自我的存在感,收获了友谊与快乐。李笑宇同学是2015级数学学院本科生,他在初中的时候因为喜爱吉他并开始学习,在学习的过程中慢慢发现自己对古典音乐的兴趣。进入大学后,在老师的指导下他比较系统地接受了乐器方面的训练,参与到爱乐协会的社团活动中,与其他会员相互交流指正,从而使自己的业余生活更加生动有趣。在爱乐协会,大家因为热爱音乐而相聚,又因为音乐收获了更多的爱与快乐,或许这正是爱乐一词真正的意义所在。袁会长认为从小对乐器的学习或许更多强调的是弹奏的技法,机械性的乐谱练习并不能对音乐有深入了解,缺乏对音乐的鉴赏能力。而在爱乐协会的氛围的中,他收获了许多,也成长了许多。他有了一次与古典音乐重新相识的机会,更锻炼了与不同人相处的能力。

岳冠骅从2009年进入中国科大物理学院学习,现在已经是博士二年级了。他从加入西洋乐团到现今的爱乐协会,见证了这个协会从雏形到慢慢壮大的过程,也看着曾经创会的元老们从本科生到研究生,如今也都毕业离校。虽然从本科就加入,但是真正喜欢上西洋古典音乐却是在研究生阶段。因为一位会长在汇报时生动有趣的演讲,激发了他对古典音乐的兴趣。他开始主动去学习基础乐理知识,找一些CD一点一点听,慢慢去琢磨,听到特别好听的就记录下来。在协会里与兴趣相投的同学们的交流使他拓展了音乐知识,了解了更广阔的音乐范围,并且懂得了如何去欣赏音乐。虽然他并不会弹奏西洋乐器,但是烦躁和焦虑的时候,无论是贝多芬,还是马勒,音乐总能给他带来振奋人心的力量。在去年本科生军训时,他也准备了半周的时间,在古典音乐入门讲座上为刚刚入学的学弟学妹们讲解了巴洛克时期的古典音乐。

在爱乐协会,大家私下里的关系都非常好,经常聚会,聊一些很有趣的事情,有时会相约一起去听喜爱作曲家的音乐会。正是音乐的魅力吸引了这么一批有趣可爱又各有所长的同学,组成了爱乐协会这个大家庭。

阳春白雪，余音绕梁：用心感受音乐之美

在采访的过程中，我们感受到袁会长是一个十分严谨、沉稳的人。谈到最欣赏的音乐家，他表示非巴赫、莫扎特、贝多芬莫属，而对于喜欢的曲目，则不计其数。正如萝卜青菜各有所爱，每个音乐家给欣赏者带来的感受不同，音乐的好坏可以从专业的角度去评判，但是对音乐的喜爱则因个人的品味与人生经历而异。清明节的时候，他自己出去徒步旅行，途中，他的腿不幸拉伤，恰好在那个时刻，耳机里响起了马勒的第二交响曲，瞬间精神为之一震。之后再听，再也找不到当时的那种震撼感。心随境转，境由心生，音乐的价值往往体现于人的情感共鸣。

对于广大的中国科大音乐爱好者，袁靖程的建议是不要给自己设立要达到多高音乐鉴赏层次的门槛，而是用心听，弹给自己听，在偶然间发现与音乐共震的感觉。他希望每一个会员能够成为一个音乐爱好者，而不是一个乐器爱好者。西洋乐团仅仅是一个演奏团体，而爱乐协会提供的是一个平台。很多的演奏者从小为了练琴而练琴，而不知其中深意，这对于美好的音乐来说是一种遗憾。爱乐协会这个平台弥补了应试音乐教育的短板和不足，希望演奏者是因为对某支曲子的欣赏和喜爱才去练习，是主动的挖掘与创造。照本宣科的演奏往往平淡无味，有情感投入和思考体会的演奏才是有生命力的音乐。

音乐不仅仅是五线谱上复杂单调的音符，也不仅仅是钢琴的键、吉他的弦，它是一种语言，一种无形的力量，如春风化雨，如雪霁天晴。它可以是与自我灵魂的对话，就像海上钢琴师，沉浸在自己的世界里，用沉默回应外界的纷扰；它可以是与作曲者演奏者的情感共鸣，正如我们在《命运交响曲》里听到了生命的呐喊，在《春天奏鸣曲》里听到鸟语花香。听一首好曲子，犹如进行了一趟心灵的旅行，这不仅仅是一次欢愉的享受，更是放飞自我、无限遐想的过程。

爱乐协会将阳春白雪的高雅艺术带进了中国科大校园，传播了西洋古典音乐的文化，举办的音乐会受到了广大师生的喜爱和好评，场场爆满，座无虚席。此次的春季音乐会结束时，潮水般的掌声久久不能停息，更是被观众强烈要求返场，另外加演了 4 场曲目。随着行云流水般旋律的终止，大家依依不舍地离开了，春天里的我们也翘首盼望着秋天里的那一场音乐会，希望依旧给我们带来不一样的欢乐与惊喜。

同舟共济扬帆起 乘风破浪万里航

——访中国科大龙舟队

文/李芹娜 刘春能

"桃儿红，杏儿黄，五月初五是端阳；粽子香，包五粮，剥个粽子裹上糖；龙舟赛，赛龙舟，看看哪个好儿郎。"这首经久传唱的儿谣，道出了端午节最重要的一项看点——龙舟赛。龙舟赛是端午节的传统民俗活动，本为纪念忠君爱国的楚人屈原，历经千年发展，现在其内涵和外延不断拓展，逐渐成为现代体育竞技和娱乐项目，风靡亚洲，走向世界。在国内，赛龙舟悄悄"飞入平常百姓家"，成为人们喜闻乐见的比赛项目。在中国高校，龙舟队团体或社团也拔地而起，成为高校学生学习之余钟爱的社团活动之一。

在刚刚结束的安徽省第4届全民健身运动会龙舟比赛暨2016年安徽省第3届龙舟公开赛(高校组)中，中国科大力压其他10所高校，斩获一等奖，实现了3次蝉联安徽省龙舟竞技赛(高校组)一等奖。除此之外，中国科大龙舟队自2012年成立以来，曾连续4年获得杭州C9高校龙舟竞技赛一等奖以及其他比赛的奖项。好成绩的取得与队员的艰苦训练、教练的科学指导密不可分，笔者采访了中国科大龙舟队的教练司友志老师和现任队长刘一鸣同学，听一听他们荣耀背后的故事。

三十而立龙舟队

俗话说一个成功男人的背后一定有一个伟大的女人，那么一个成功队伍的背后一定有一个伟大的教练。在中国科大东区操场，我们采访了中国科大龙舟队的教练司友志老师。2012年学校决定创办自己的龙舟队，这个重任落到了司友志老师肩上，当时他刚刚过了而立之年。司老师在创建龙舟队伊始，条件可谓是"一穷二白"，一无技术，二无设备，三无经验，四无队员。在这样的情况下，司友志老师在校领导的支持和关怀下，"白手起家"，筚路蓝缕建设中国科大龙舟队，赤手空拳在众多高校龙舟队中打下一片天。在接手龙舟队之前，司老师是专攻羽毛球的体育老师，从未接触过赛龙舟项目。司老师一切从零开始，摸着石头过河，招募新成员，拜访专业的龙舟老师，自学龙舟赛的技术和理论知识，并从外面请来经验丰富的龙舟教练。功夫不负有心人，中国科大龙舟队组建后第一次参加C9高校龙舟对抗赛、在杭州高校龙舟赛、名校名企对抗赛，就脱颖而出，成为黑马，与浙江大学共同获得一等奖，一炮打响了在高校龙舟队圈内的名声。为应战第一次比赛，中国科大龙舟队连续一个半月，每个周末都去三河拉练。并且为了适应赛场上高强度的比赛，他们在训练中自加难度，正式比赛是10人的小船，训练则用20人标准的大船；比赛的赛程是500米，训练就按1000米的标准来回冲刺。这正印证了那句老话——你必须非常努力，才能看起来毫不费力。正是坚持这种“特别能吃苦、特别能战斗、特别能奉献”的精神，中国科大龙舟队在之后的比赛中才取得了累累硕果。

四年三迁，训练场选址一波三折。龙舟队刚刚成立时，选择合适的训练水域成为一大难题。考虑到三河古镇曾经举办过龙舟赛，于是初步将训练场地定在三河古镇。但是三河古镇离中国科大校区较远，来回的途中浪费了大量的时间，使得本来就紧巴巴的训练时间严重缩水。综合考虑之下，龙舟队将训练场地迁至合肥黑池坝。但好景不长，当地政府顾虑到安全等问题，婉言拒绝了中国科大龙舟队长期在此训练的要求。最终，通过实地考察和与合肥市政府部门的协商，历经波折，将训练场地定在合肥市肥西县紫蓬山境内。即便将训练场地定在紫蓬山，路途还是较为遥远，并且司老师在每次水上实训前都要做大量的准备工作，约场地，租车辆，购买训练的物资等。“真希望我们能在校内尽快拥有自己的训练场地”，司老师对此表达了强烈的希冀。其实目前中国科大南校区已经正在筹建龙舟队训练场地，在不久的将来，中国科大龙舟队将不用来回奔波，足不出校就可以进行训练。

发挥优势，比赛场上做常胜将军。与其他高校相比，中国科大没有体育特长生，并且组建的时间短，身为一支年轻的队伍，却能在高手如云的高校龙舟赛中屡屡获胜，这其中到底有什么秘诀？“我们之所以能取得这些成绩，在于我们善于取长补短，并充分发挥优势。我校龙舟队有以下特点：一是在中国科大优良的校风和学风的熏陶下，中国科大龙舟队队员做事认真踏实，不骄不躁。而且队员们还将爱钻研、爱思考、爱提问的科研精神用在了划龙舟上，主动研究赛龙舟的技巧，用科学的方法不断提高比赛成绩。因为赛龙舟是一项体力与智力相结合的运动，不能只靠蛮力，还要有技巧。只有这样才能事半功倍，达到四两拨千金的效果；二是中国科大龙舟队队员具有‘冬练三九，夏练三伏’的吃苦耐劳精神。无论是寒冬还是酷夏，中国科大龙舟队队员都坚持训练，攻坚克难，敢于担当；三是中国科大龙舟队队员拥有珍惜时间的美德。作为学生，每位队员都肩负一定的学业压力，需要充分的协调学习与课外活动的时间。而且合肥的气候冷得早，热得晚，一年中适合训练的时间就只有三四个月。队员们时刻谨记时间的紧迫，把每一次外出的实训都当成比赛，不留余力。”

亦师亦友，师徒场上场下心连心。在采访中，队员们在谈及司友志老师时，用了“平易近人”“大哥哥”“认真负责”和“无话不谈”等词语。当问及司老师与队员相处之道时，司老师说道：“人与人相处要心交心，我在和队员相处时不带有任何私心。在平时的训练和比赛时，安全问题是我最关心的。因为河里的水势复杂，有时天气又非常恶劣，一不小心就会发生坠水意外。虽然队员们身上穿了救生服，周围也有相应的救援船只和人员，但是我依旧不放心。所以我一直强调安全第一，比赛第二。我和队员们的关系是亦师亦友。首先，在训练时，作为老师，我有严格的纪律要求。比如我很强调时间观念，团队租车去水上实训时，都是准时发车。队员如果迟到，就得自己打车或者骑车到训练场地。其次，在平时的生活中，我是他们的朋友。虽然我比队员们大十几岁，但是沟通没有代沟，而且我很愿意和他们聊天，他们都是有趣和有思想的人。最后，在比赛场上，我和队员们融为一体。虽然我不能上船比赛，但是我会在岸边紧跟队伍的船只，为他们加油鼓劲，和他们一起战斗。在这 4 年中，我和队员们相互支持和依靠，他们做的很多事情感动和温暖着我。比如有一名叫杨凯婷的女生，在比赛发力时，木桨的木刺扎进了她的指甲里，十指连心，可想当时她有多么疼痛，但是她还是坚持完成了比赛，直到比赛结束之后才告诉我实情。”

展望明天，谋划未来发展新蓝图。谈到中国科大龙舟队未来发展规划时，司老师眼神中充满憧憬。“首先，未来我希望可以组建一支中国科大女子龙舟队，在比赛中展现中国科大女性的魅力和风采——上得学堂，出得厅堂；拿得起钢笔，也划得了木桨。其次我希望以龙舟项目为基点，利用已经积累的经验，大力发展其他水上项目，如皮划艇和帆船等。最后我希望可以解决现存的问题，如缺乏训练场地和器械不足等问题。”

3 年龙舟梦

刘一鸣是中国科大生命科学学院细胞生物学专业研二的学生，现任中国科大龙舟队队长。刘一鸣与中国科大龙舟队的渊源要追溯到 2014 年，当时他还是一名大三的学生，从学校的 BBS 上获知中国科大龙舟队招新的消息，就毅然决然地报了名。当问及其原因，他说：“我酷爱运动，平时会经常打篮球、乒乓球和踢足球等。我精力旺盛，感觉这些运动‘不过瘾’，自己身上还有很多力气没处使。龙舟赛是一种考验爆发力、耐力、团队凝聚力的运动，我喜欢那种酣畅漓淋，拼尽全力，团体作战的感觉。”从外形上看，刘一鸣是个高高瘦瘦的男生，完全不符合原先我们对龙舟队队员满身肌肉的幻想，“我是穿衣显瘦，脱衣有肉”，刘一鸣打趣道，“其实，龙舟队选拔队员的标准不仅仅是强壮有力，也要求身体协调。我之前参加过很多运动，身体协调性强”。

从刘一鸣队长的叙述中，我们了解到很多关于赛龙舟的知识和幕后的艰辛。“我们平时的训练分为体能训练和水上实训，体能训练的地点在我校的健身房和操场，主要的训练项目是举铁和跑步，锻炼队员的爆发力、体力和耐力。水上实训则是模拟比赛，地点目前在紫蓬山。我们在赛前会根据不同的比赛项目进行分类练习，比如针对短距离的比赛，如 500 米或者 200 米，我们采用‘先快中长后快’的训练模式。这里的快是指快桨，顾名思义，快桨就是桨频要快，在入水的一瞬间就发力。长是指长桨，划长桨是指在入水 1 米左右的时候发足全力。‘先快中长后快’是指队员要先使用快桨发动船只并提速，在中间部分利用长桨保持速度，最后再利用快桨进行最后的冲刺。”

说到划龙舟的艰辛，刘一鸣说：“台上一分钟，台下十年功，比赛的成功都是队员们平时用汗水浇灌出来的。划龙舟不是一朝一夕可以练成的，需要日常大量重复的体能训练和技巧培训，其中的艰辛不表自明。任何一项比赛项目都有受伤的危险，划龙舟也不例外。划龙舟要求队员在一定时间内集聚发力，稍有不慎会出现抽筋和脱臼等突发状况。从我自身来讲，在一次比赛中，由于发力过猛，出现强直收缩，手指完全没法伸直或者弯曲。”回忆起往日的艰苦，刘一鸣不禁皱了皱眉头，但眼神中却透露了一股坚毅。“虽说训练和比赛都很艰辛，但是我们从来不叫苦。一是因为划龙舟是我们的兴趣爱好；二是因为中国科大龙舟队是一个充满温暖的大家庭，我们时时刻刻都能体会来自学校、教练和队员的关爱。比如龙舟队的创建和维持少不了学校和校友在政策和财政上的大力支持。司教练从来不要求我们拿名次，总是叮嘱我们注意安全。队友们在比赛和训练时，一起挥汗如雨，获得成功时，一起欢呼呐喊，建立了深厚的‘革命友谊’。这都使们同更坚定，要对得起学校的支持，对得起教练的教诲，对得起队友的信任，对得起自己的付出的信念，这是我们攻坚克难的法宝，前进的动力。所以相比之下，训练和比赛的辛苦根本不算什么。”

作为队长，刘一鸣提出了对队伍未来发展的想法。“我希望有更多的同学了解划龙舟。目前划龙舟不管是在校内，还是校外，普及度都不高，当然这与划龙舟对场地的高要求有关。但是我还是希望赛龙舟可以摘掉‘高大上’的帽子，变得更加接地气。我校已经开设了关于龙舟的选修课，但是课程只是停留在理论层面。为了让更多的中国科大同学真正地了解和接触龙舟，传承中华民族的传统文化，我建议每次龙舟队去水上实训前，通过网络发布报名信息，采取先到先得的方式，给予全校师生一定的名额，让他们一起参加训练。表现优秀的同学可以正式成为龙舟队的一员。这样既有利于让更多的人了解龙舟，扩大龙舟队的影响，也可以为龙舟队选拔队员开辟新的途径。并且我希望以后有机会参加更多高水平的比赛，与高手过招，才能成为高手。”

中国科大龙舟队的老师和队员们彰显了男儿本色，挥洒了巾帼风采。他们一起在赛场上，赛出成绩，赛出队魂，赛出校风。我们也相信中国科大龙舟队将在以后的岁月中不断书写新的传奇！

探秘科学岛大科学装置

——先进实验超导托卡马克(EAST)

文/付佳玮

现代化的生活给予了我们无限的便捷。我们每天的上网、工作、休闲娱乐，乃至衣食住行林林总总，这一切的背后，都离不开最本质的两个字——“能源”。从茹毛饮血时代燃烧的干燥草木，到石油、煤炭的发现和利用，再到工业革命至今出现的种种新能源，可以说，人类发展的历史本质上就是对能源利用和发展的历史。

进入21世纪以来，能源问题越发成为人类社会的核心矛盾。化石能源的应用导致全球气候变暖、空气污染等一系列亟待解决问题的产生，且其本身的储量也已经面临枯竭；水能、风能、潮汐能、地热能、太阳能、生物质能等则因为地理环境限制、资源分布不均或数量不足而无法大规模利用；而曾经让人们看到希望的核裂变能，随着三哩岛、切尔诺贝利、福岛等核事故的发酵，已经在人们心中形成了“谈之色变”的负面印象。能源问题，与随之产生的国际地缘政治问题，已经日益成为悬在人类头顶的达摩克利斯之剑。

而当我第一次听说这种名为“聚变能”的能源——不会产生核废料污染、原料容易获得、总量足以供人类使用数十亿年之久的时候，在难以置信之余，也产生了强烈的兴趣。在查阅了相关资料之后，我了解到这种被戏称为“距离大规模应用永远只差50年”的能源所面临的种种无法攻克的技术难题。但是，在这看似遥遥无期的追梦路上，格外明亮的是我们中国科学家的身影：就在合肥市西北郊风景秀丽的科学岛上，有着我国科学家自主建成运行、拥有完全知识产权的世界上第一个非圆截面全超导托卡马克核聚变实验装置“东方超环”(EAST)，并屡次实现全球首创的科研突破，使得我国的核聚变研究在国际上处于领先地位。也正因此，2017年3月25日，时任国务院副总理刘延东到安徽考察时，特地前往中科院等离子体物理研究所EAST装置大厅视察，并对EAST装置的建成与运行给予高度肯定。这一期，我们特别采访了该所EAST团队的鄢容副研究员，请她为我们介绍这一大科学装置背后的故事。

科大研教：鄢老师，您能为我们介绍一下EAST装置吗？

鄢容：EAST装置的全称叫作“先进实验超导托卡马克”(Experimental Advanced Superconducting Tokamak，简称EAST)，是中科院等离子体物理研究所自主设计建造的世界上首个非圆截面全超导托卡马克核聚变实验装置。这个装置的概念早在1998年就提出了，2000年立项实施，并在2006年建成。如今已经运行了11年之久，创造了多项世界纪录，最近的一项是在2016年10月18日，在纯射频波加热、钨偏滤器等类似“国际热核聚变实验堆”(International Thermonuclear Experimental Reactor，简称ITER)未来运行条件下，获得超过60秒的完全非感应电流驱动稳态高约束模等离子体，成为世界首个实现稳态高约束模运行持续时间达到分钟量级的托卡马克核聚变实验装置。而中国正是依托EAST加入了ITER项目，因为EAST装置和ITER装置相比而言是“具体而微”，具备相近的位形，可以作为物理上的参考，这是其他托卡马克装置所不具备的优点。

科大研教：咱们中国科大的学生都知道，中国科大也有自己的托卡马克装置“科大一环”，请问这个装置和EAST装置有什么区别呢？

鄢容：其实中国科大的那个装置并不是托卡马克。“科大一环”的全称是“反场箍缩磁约束聚变实验装置”(Keda Torus eXperiment，简称KTX)，而EAST装置是“先进实验超导托卡马克”，两者的原理不同，属于不同类型的磁约束聚变装置。

托卡马克这个名字来源于环形、真空室、磁、线圈这几个单词的缩写，也就是说，托卡马克的中央是一个环形的真空室，外面缠绕着线圈。在通电的时候，托卡马克的内部会产生巨大的螺旋型磁场来约束等离子体，并通过微波加热、中性束加热等方法将其中的等离子体加热到很高的温度，以达到核聚变的目的。而反场箍缩装置和托卡马克结构类似，区别在于它的结构设计会自然产生一种反场位形的磁场，故此得名。这个设计的好处是边缘处有更强的磁场来稳定磁流体不稳定性，而且从理论计算来看，这种类型装置只凭欧姆加热和铜线圈就可以实现点火。但是这个设计也有自身的缺陷，那就是它的试验结果的能量约束时间依然落后于同一代的托卡马克装置，并且还存在稳态下驱动电流的技术问题。除此之外，托卡马克出现的时间较早，相关的设计和建造技术较为成熟，技术人才储备也比较多，目前处于规划中的全球最大的科研合作项目计划ITER就是一个超导托卡马克装置。而反场箍缩装置的优点在于它的结构较为简单，设计建造难度稍低，便于调整、改造和实现装置小型化。可以理解为，EAST装置的目的是为了核聚变的“实现”，而反场箍缩装置更侧重于为了核聚变实现之后的小型化、实用化而做的一个尝试。

科大研教：听了您的介绍，感觉核聚变实验装置的设计和制造真的很复杂。而且我们也都听说过，核聚变能被戏称为“距离大规模应用永远只差50年”，请问相比于人类目前轻易可得的其他能源，为什么核聚变能源的获取如此困难呢？

鄢容：这里我想要介绍一下核聚变物理研究中的一个核心概念：劳逊判据。这个概念涉及3个物理量的乘积，分别是等离子体的密度、温度，以及约束时间。等离子体的原子核带正电，想要使其接近到足以发生聚变反应的程度需要足够多的原子核带有非常大的动能，也就是温度，并保持一定的时长。而这个温度通常需要高达上亿度才够。劳逊判据说明，只有这三者的乘积大于某个值的时候才能让等离子体接近到足以发生聚变反应的程度。在宇宙中恒星可以利用其足够巨大的体积所产生的巨大引力保持高的等离子体密度，进而发生聚变反应，而在地球上要想实现这一点就比较困难了，常规技术无法使上亿度的等离子体维持一个很高的密度，并长时间稳态运行。为了解决这个问题人们提出了两个不同的解决思路：第一种叫惯性约束聚变，就是利用大功率激光击打制成靶丸的核聚变燃料形成等离子体，在这些等离子体粒子由于自身惯性作用还来不及向四周飞散的极短时间内，通过向心爆聚压缩到高温、高密度状态，从而发生核聚变反应。这个原理和氢弹爆炸比较接近，但是要想持续稳定的输出能量仍然有很多技术难题难以克服。第二种思路就是磁约束聚变，就是利用磁场的洛伦兹力来约束带电的高温等离子体，使之可以维持足够的密度。这个思路的难点在于磁场的形状，因为高温带电的等离子体在磁场作用下会产生种种不可约束的失稳行为，而导致装置无法稳定运行。为了克服这一不稳定行为，人们设计了多种结构复杂的装置，比较具备可行性的有托卡马克装置、仿星器装置，也包括刚刚提到的反场箍缩装置，等等。这其中,托卡马克装置是最被人们寄予厚望的,但也只能称为一个比较可能成功的设计,仍然面临诸多挑战。

科大研教:说到挑战,您能否给我们讲讲在EAST装置的建造中都面临哪些挑战?

鄢容:面临的挑战就太多了,我举几个例子就可见一斑:首先,约束高能等离子体的强磁场需要高达上万安培的电流,因此需要高效的超导装置,这个复杂的超导装置的设计建造也需要考虑多方面的因素,例如,配合精密的低温制冷系统、失超保护等等子系统。EAST装置为了产生高达3.5特斯拉的约束磁场,线圈中通过的电流强度高达14000安培,所使用的低温超导装置也降低到了4.5开(约零下268摄氏度)。这个数字已经是工程领域的极限水平了。其次,等离子体中也有少量不带电中性粒子是不受磁场约束的,因此要在装置内部形成超高真空来避免形成对流,极端条件下合格的真空装置的设计制造也是突破了巨大的阻碍。此外,诸如中性束注入、等离子诊断、尾气排出等都涉及大量的工程学难题。总之,EAST装置是一个涉及各学科的大系统工程,而且可以说,达到了众多学科的极限水准。也正因此,EAST装置诞生11年依然是全球唯一的此类装置,并成功创造多项世界纪录。

科大研教:自从福岛核事故以来,人们对于核电容易产生一种恐慌的情绪,而尤其是面对EAST这样的实验装置,其中高达5000万度的高温,会让人们感到更加惶恐。请问,EAST团队是如何保证EAST装置的安全运行的,而到了未来聚变堆真的实现应用的那一天,人们是否还需要像担心裂变堆核安全那样去担心聚变堆的安全?

鄢容:现在我们都知道了,只有当各个苛刻条件都满足的时候,核聚变才能真的发生。而核聚变之所以可以被认为是一种很安全的能源,就是因为当任何一个条件失衡的时候,它的反应就会停止,那么就不会发生核反应或是核爆炸的问题。从我们装置的角度来说,EAST是一个高真空度的装置,真空度高达10^{-6}~10^{-7}帕斯卡,可以想见,即使任何一个条件失衡,它也不会像其他高压装置那样有发生爆炸的风险。其次,核聚变的原料是从海水中提取的氘和氚,唯一具有放射性的产物是氚衰变产生的氦3,半衰期是12.5年,也就是说,即使考虑最恶劣的情况,一座聚变电站也仅对环境产生几十年的危害。而一座裂变电站在发生重大核事故的时候,对于环境的影响是上千年的。因此,核聚变是一种相对来说很安全的能源。

科大研教:请问您能否透露一下,EAST装置近期还有哪些发展计划?

鄢容:先说EAST装置的内部材料。装置的上偏滤器是采用了和ITER装置类似的钨偏滤器,这样一方面可以承受更高的温度,另一方面也可以开展一些ITER-like的相关问题的研究。然后EAST的壁采用的是金属钼,也是从之前的石墨壁更换过来的。而下偏滤器目前还是石墨制的,这个在计划中也会更换为与ITER装置类似的金属偏滤器。之所以要向ITER装置靠拢,是因为ITER装置被视为一个具有里程碑意义的项目,可以看做是实验托卡马克装置和未来的原型聚变堆的一个桥梁,所以很多物理问题就是来研究ITER-like的问题。而ITER装置是采用的全金属壁,因此下一步EAST装置的下偏滤器也会过渡为金属的钨偏滤器。随着装置结构的升级,我们也希望实现更高的等离子体温度和更长的稳定时间,达到更好的约束条件。EAST装置目前已经实现5000万度等离子体稳定运行103秒,而终极目标是实现1亿度稳定运行1000秒,接下来就要朝着这个"小目标"不断自我超越了。

在和鄢容老师深入交流后,我受邀走进EAST装置所在的大厅,看到了正在紧张工作的科研人员,不禁对他们心生敬佩,他们用自己的无限热情和创造力,将我国聚变研究水平提升到世界前列。我们希望通过这次专访，能够让更多人了解这个科学岛上的科研圣地，了解这个大科学装置背后的艰辛。核聚变能被誉为“人造太阳”，因其实现所意味的人类的永恒能源而成为能源科学研究领域皇冠上的明珠。而这梦想实现的道路也自然是充满艰辛的，不论等离子体物理研究所的一枝独秀，亦或是 ITER 装置的众志成城，都将是人类终极梦想的漫漫征程上的永恒丰碑。希望等离子体所的科研人员们在追逐太阳力量的时候，可以像夸父一样，顽强不息坚持不懈。让我们为我国的核能事业点赞。

本次采访得到中科院合肥物质科学研究院常昱红老师、中科院等离子体物理研究所叶华龙老师的大力协助，在此一并表示真挚的感谢。

和我在中国科大的美食广场走一走

——走进2017年中国科大美食文化节

文/方沁怡

“中国科学技术大学美食文化节”起源于中国科学技术大学的品牌学生活动——“校园食神大赛”，2014年在“校园食神大赛”10周年之际改名为“美食文化节”。一直以来都是由校团委和饮食服务集团主办，校研究生会、后勤团总支承办。这10余年来，美食文化节活动始终以“健康，节俭，文化”为宗旨，通过在校园内举办寓教于乐的美食类活动，丰富中国科大学子的文化生活，宣传健康的饮食习惯，弘扬节约粮食的精神，传承中华民族博大精深的美食文化，展现中国科大学子“上得书堂，下得厨房”的精神面貌，同时也建立师生与学校食堂间沟通的桥梁，在展现食堂美食功底的同时，更好地反映了中国科大学子的饮食需求，体现饮食服务集团“服务师生，追求卓越”的精神品质。

2017年4月，在这个春暖花开的日子里，中国科大学子迎来了第4届美食文化节，此次美食文化节主要分成四大部分，分别是“早安蜗壳”“博学的美食家”“川食代”以及“我和川菜有个约会”。本届美食文化节的主题——川菜，是后勤主管和团委老师实地调研四川部分高校，经过反复讨论后敲定的。它与上一届主题——徽菜一脉相承，并打算将按照菜系的这个路子传承下去。

此次美食节活动收获了师生们的诸多赞誉，这与主办人员的努力息息相关。在4月9日活动结束后，笔者对此次美食节系列活动的总负责人，即来自化学与材料科学学院的谢兼同学（硕士研究生一年级）和管理学院的李志同学（赞助组，硕士研究生一年级）进行了深度采访，让我们一起听听美食节幕后的故事吧。

笑看学子美食秀，广场醉了谢家娘

谢兼同学在校研会是女神级的人物，长相清秀温婉，做事细心认真。谢兼作为校研会研一新人，就被选作美食节这样大的校级活动的负责人，其综合能力可见一斑。接受采访的过程中，她思路清晰，条理分明，充分展现作为一个统筹者必备的思维逻辑。谢兼与我们分享了历时一个多月的美食节备战心路历程，“得知自己竞选负责人成功的时候，心情自然十分激动，之后就静下心来紧锣密鼓地筹备。因为组长们都很负责，帮我分担了不少重担，所以在筹备过程中我的心态相对比较平和，一切都是按照计划一步一个脚印进行。起伏也是有的。有段时间，筹备工作和繁重的学业、琐碎的日常交织在一起，让我倍感煎熬，就期望美食节赶紧结束。临近活动日期时，我既激动，又紧张，甚至有些失眠。毕竟那是检验成果的最后一步，我希望项目组成员的努力可以被同学、老师认可。现在活动结束了，整个人放松了以后，反而有些怀念那段和小伙伴一起奋斗的时光。”

当被问及作为一个手下有不少号人的“小领导”，是怎么进行人事统筹的，她笑得很淡定：“这得益于校研会合理的制度安排。从启动会到今天，历时 35 天，研会抽调骨干力量，专门成立了美食文化节项目组，下分策划、宣传、外联、赞助 4 个职能小组。项目共有两个负责人，我分管策划组和赞助组。4 个小组关系密切，联系频繁，比如赞助要根据策划来筛选商家，策划要根据赞助进展调整活动安排，宣传要对整个策划有所了解，而外联是配合其他 3 个组的需求进行赞助商选择，所以 4 个组交流密切，配合度高。而且在活动的筹备期间，无论是从人员的招募、策划的拟定及后期现场的指导等方面，项目组都得到了研会各个部门的大力支持。”

“做活动肯定不会一帆风顺，我们在筹备过程中也遇到不少突发事件。由于下雨，美食广场一楼游戏区中的表演区和展示区的活动无法正常进行。虽然我们之前我们已经借了帐篷，做了应急准备。但到了 8 号晚上再次确认帐篷的到位情况时，我发现帐篷被另外一个团委老师借给了别的活动组，并被告知帐篷要到 9 号上午 10 点才能归还。当时我非常着急，多次联系沟通，最后商量的结果是在 10 点我们能够拿到帐篷。即便如此，活动当天一楼的布置也还是比预计的晚了一个多小时，对活动的效果有一定影响。”

在聊到筹备活动的过程中有没有印象深刻的事情时，谢兼眼里闪烁着不一样的光彩，跟我们介绍说：“这真的太多了，但细微的小事更打动我。当我在食堂的电视上看到我们项目组制作的视频时，激动得顾不上吃饭，后来知道原来是项目组的成员为了加大宣传力度，每天定点去那里调的遥控器，希望更多的同学能够注意到这个活动，而且视频拍摄真的花费了很多心思，不管是随机选取的路人，还是采用的食物拼图，都能展现我们策划组的良苦用心。还有一期线上活动——‘忆童年美食’引起了师生的关注和讨论，微信文章浏览数接近 5000，收到许多同学的回复和留言。”

首次“挑大梁”组织这样一场盛大的活动，谢兼对活动的收效和自身的成长十分满意，“活动不仅达到了让同学们在活动当天吃得安全、吃得开心的基本预期，而且有力地传播了中华美食文化和健康的饮食理念。总的来说，这是一次非常难忘的经历，上有校研会常委、团委老师、后勤工作人员，下有 50 人的团队，还要和另外一位负责人协调配合，我深深地感受到作为一位活动负责人的责任之重。通过此次活动，我不仅提高了包括人际沟通、组织协调和时间安排等在内的综合素质，还认识了很多很有才华的同学。活动结束的时候，我收到了大家为我精心准备的生日惊喜，真的是很有爱的项目组呢。我很珍惜以及很感谢能够拥有这样一个机会，去办一场让大家吃得开心玩得开心的美食文化节”。

“当然，本届美食节还有一些需要改进的地方，比如在强调文化的同时，应该让大家吃得更加开心，不能顾此失彼；美食文化节不应该是特定的某一天，应该延长些时间，扩大下受众范围；同时可以多增加些中国传统文化的元素，比如特色表演等。”谈及关于下一届美食文化节的设想，作为湖南长沙人的谢兼尤其推荐湘菜，她觉得川菜更注重“麻”，而湘菜更注重“辣”，“今年是从四川请的厨师，也是与四川的高校首度开展合作，明年可以邀请其他学校的学生组织或者领导过来参加，让他们参与到我们的美食文化节中，也为今后的校际合作做铺垫”。

丈夫皆有志，赞助立功勋

干净利落的短发、黑色边框的眼镜、不温不火的谈吐，这是校研会“小鲜肉”、赞助组骨干李志同学给人的第一印象。他向我们介绍说，现在的大学校园中，赞助商是举办大中型活动的重要资金保障。本届美食节与往届相比增加了许多创新点和趣味性，比如在活动当天的展示区，提供多种多样的菜品供师生品尝；大厨们展示拉面、调酒、雕刻等技能；开幕式现场，有四川大厨教做川菜，有技艺精湛的咖啡拉花和安静优雅的茶艺表演；还播放了拍摄的视频——《川菜来了》。这些极具吸引力的活动都需要赞助商的大力支持。

李志同学向我们介绍了一些成功拉赞助的方法。第一步就是尽快与商家取得联系。主要有以下 3 种方法：直接登门拜访、通过部内积攒的信息资源中心或是身边同学提供的信息主动与店家。第二步是提供完美的策划方案。每次接手一个活动，活动部门的部长都会提供一份精心撰写的商业策划，但活动部门给出的只是一个总体的策划，且很多细节做得不一定十分周密恰当，所以需要外联部的成员根据自己联系的每个商家做对口的修改。原则是：策划应从由商家寻找信息到为每个商家量身定做转变，这一步的努力可以大幅减少后边的工作及与商家会面的次数。修改策划就是要让策划中商家在意的信息一目了然，同时做到用语规范，整齐美观，也为我们之后的谈判做足准备。第三步则是进行谈判。为了最大程度的展示我们的优势和诚意，需要赞助组成员事前悉心准备。寻求赞助虽说是一种商业合作行为，但只有展示诚意，双方才会有更好的交流，从而达到共赢的效果。

有着商科背景的李志同学，平时除了做科研，偶尔也会跟着导师去企业调研，但没有参与过赞助项目，对他而言既是一个挑战，也是一次锻炼。在被问到与本次活动的赞助商家沟通过程中有何收获时，他说在拉赞助的过程中，直接的面对面谈判不仅可以提升自己的口才，同时也能见识到这类小企业创业者的经营思维，使得自己对于商业运营有一些比较深刻的理解。这次拉赞助的经历有成功也有失误，但从中学到很多东西。比如，他最初已经快要谈拢一家铁板烧餐厅的赞助，具体的物资以及资金都已到位，但是在向老师汇报以后发现，这家铁板烧店的文化和我们本次美食文化节的传扬中华川菜美食的文化主旨不太相符，因此与这个赞助商的合作不得已终止。总结失误的原因是自己之前没有和相关负责的老师沟通好，从而对于寻找赞助商家的方向没有很好地把握。

本届美食节众多名厨亲制川菜美食，给广大学子予视觉上的冲击；师生一朝尝遍食堂美味，又获得了心灵上的震撼。在遨游于美食的海洋的同时，我们也要培养合理膳食的健康生活习惯，如此才不辜负学校展美食、传美味的良苦用心。

双创平台，梦想启航

文/蔡文鋆

创客，源于英文单词“maker”，已经成为当代年轻群体广泛关注的热词之一。“创”指创造，“客”指从事某种活动的人。不管是在网络媒体还是现实中，越来越多的高校学生不甘于平静的校园生活，纷纷投身创新创业的潮流中，在团队合作中迸发出创造的火花，在高新科技领域推出创新的产品或服务，造就了一批具有时代意义和社会意义的新创企业，为中国高速发展的经济注入新的活力。“大众创业，万众创新”，从创新走向创业，高校的创客们尽管拥有过人的创新能力，但是在社会经验和人脉上还有所缺欠，在创新创业的道路上，他们需要的不仅是鼓励和赞扬，更需要切实的引导。今天，我们将走近中国科学技术大学创客中心，了解中心是如何为中国科大的创客们搭建起梦想的舞台，帮助他们走上创新创业的道路。

中国科大创客中心：为梦想搭起桥梁

中国科学技术大学创客中心（以下简称“创客中心”）是学校积极响应“大众创业，万众创新”的时代号召，贯彻落实习近平总书记视察中国科学技术大学，特别是中国科学技术大学先进技术院时的重要讲话精神，为鼓励大学生创新创业、培养具有创新意识和创新能力人才而创建的一个综合性服务平台。创客中心于2016年5月正式揭牌成立，实体空间位于先研院未来中心，占地570平方米，内设接待区、成果展示区、洽谈交流区、轻操区、重操区5大功能区域。中国科大及先研院先后启动校基本科研业务费青年创新基金项目遴选，购置了光纤激光切割机、3D打印机、3D扫描仪等设备及实验工具，累计投入研发和设备费用近千万元。创客中心以“人才培养”和“项目培育”为抓手，搭建了“创客团”“顾问团”“导师团”等沟通交流的桥梁，为中国科大在校师生和校友提供一个优质的创新创业环境。

2016年5月至今，创客中心先后组织学生创业团队在日内瓦国际发明展、“创青春”创业计划大赛、大学生创新创业大赛、“互联网＋”创新创业大赛、“中科创赛”等国内外创新创业大赛取得了优异成绩，获得了国际、国家及省级以上奖项10余项。组织开展“创新创业大讲堂”“创新创业沙龙”“创客训练营”等各类主题活动近30场，累计近千人次参加活动。秉承着“开放交流，合作共享”的宗旨，创客中心接待参观调研累计5000余人次。对于在校学生而言，创新成果向市场产品转化是一道难以跨越的鸿沟，而创客中心能够为他们搭建起这样一座桥梁，为创业团队提供产品市场化的机会以及专业化、个性化的指导和帮扶。创客中心为推动中国科大师生、校友创新创业工作做出了重要的贡献。

创客中心优秀团队:梦想在现实中启航

为了更加深入的了解创客中心,笔者采访了驻扎在创客中心的两个优秀团队,从他们的故事中学习创客精神,以及如何探索创新创业的道路。

团队一:"一种可穿戴式发电微系统的设计、制造及性能分析"团队

中国科大工程科学学院热科学和能源技术系博士研究生吕松是"一种可穿戴式发电微系统的设计、制造及性能分析"项目的负责人,主要从事热能转换技术和热电技术的研究,他的研究成果"Smart Ride新生代自发电智能指示头盔"曾获安徽省青年创新大赛一等奖,第45届日内瓦国际发明大赛金奖。这种智能头盔可以吸收人体头部产生的多余热量,发电供应给内部的感应器和指示灯,实现骑行者在左右转向和提速减速过程中的警示作用,同时提高佩戴者头部的热舒适性。吕松师兄带领的团队是最早进驻创客中心的团队之一,可以说,他见证了创客中心的成长。他的团队成员主要集中在我校工程科学学院的"热科学和能源工程系中科院光热中心"实验室,此外和管理学院的学生也有合作。

在采访过程中,我们首先谈到的是对"创客"一词的理解。吕松师兄认为,"创客"的重点在于第一个字"创",即创新,指的是凭借自己的技术做出一些能改善人民生活的产品或者服务,推动科技发展,凭借自身技术优势来打开市场。而"客"是指这样一批想用自己的技术改变生活的人。近年来,创客活动在全国各地开展得如火如荼,尤其是在一些经济领先、高新技术发展迅速的沿海地区,许多年轻人通过网络、社区等方式集结起来,积极投身创客活动,形成了一股创业热潮。在校园这样的特殊环境下,创客这一身份也有着不同的特点。吕松师兄认为拥有学生的身份能够使我们得到更多的鼓励和帮助,大家会允许我们犯错,失败之后付出的代价也会比社会上一些真正创业的人少很多。但是学生也有自己的局限性,校园相对安逸的环境使我们对社会上创业者经历过的真实困难缺乏认识,也会造成一些后劲不足的问题。总体来说,校园环境和学生身份对于创客活动还是起到了积极向上的推动作用。

作为最早进驻创客中心的一批学生,吕松师兄对创客中心有着很深的情感。他认为创客中心建立的主要目的是把中国科大拥有的一些先进技术与实际生活相结合,希望让学生不局限于发文章毕业,更能把科技应用到生活中,为社会做一点实事。从这个目的出发,学校设置了一些基金和活动,鼓励学生参加。他的团队开始参加创客中心,也是想获得一些资助,把项目做得更好,不仅让团队成员能提高论文的发表质量,同样也能把科技转换成市场成果,在一定程度上改善人们的生活。

谈到创客中心对学生创业的支持,吕松师兄表示,中国科大学生比较注重技术,但是在创业方面还存在经验不足的问题,而创客中心能够提供平台,弥补学生在创业中遇到的问题。"创新创业大讲堂"和"创新创业沙龙"这些活动就是为创业团队提供与校外人士进行交流的机会。创客中心会请一些专家来开展讲座,对学生进行创业相关辅导。这些专家包括社会上的企业家、投资人、律师事务所的法律顾问等,他们会教授学生如何做市场分析,如何进入市场,如何获得资金、进行融资,以及如何把技术形成的产品推向市场。除了知识、技能方面,在企业家精神方面,师兄也表示获益良多:"在交流中我们遇到的很多企业家都是中国科大校友,他们也经历过从科研工作转向创业的过程,因此能为我们未来的职业选择提供另外一种思路,我们不仅仅是做科研,也可以选择做一些其他有益于社会和生活的事。"此外,

创客中心还提供了设备方面的支持，主要体现在“创业训练营”的开展，对学生进行设备的操作培训，比如让学生学习如何使用激光切割机和3D打印机。另外，创客中心还会不定期组织开展一些户外素质拓展活动，增强团队的凝聚力。

在采访的后半段，谈到创客中心未来的发展，师兄认为，创客中心由于刚刚起步，目前还存在一些不足，例如，创客中心和学校的联系还需要加强，先研院距离学校较远，中心刚成立经验少，在学校师生中的宣传力度也不够等，但是随着经验的累积，创客中心以后肯定会越做越好。总体来说，中国科大的科研导向环境对于学生开展创新活动是有利的，创客中心的成立也能为学生从事创新创业活动起到鼓励和推动作用。吕松师兄也表示，未来他打算是先毕业，做好本职工作，然后在学有余力的时候把创业工作继续向前推进。采访的最后，师兄向有志投入创新创业事业的同学们提出三点建议：一是多关注创新创业方面的信息。目前不管是国家、社会还是学校，都出台了很多创新创业相关的鼓励政策。如果有这方面的想法，同学们可以去参观国家级、省级或者合肥市当地的创客中心，及时与他们沟通，了解各级创客中心为学生创业提供的一些优惠措施和法律援助。二是提高自身技术实力。创客需要有一项核心的创新技术，才能将其推向创业层面。要树立技术壁垒，做出来的创新产品或服务要能够打动人心，为大家切实解决问题，才能进入市场、服务大家，拥有期望的市场影响力。三是注重团队的沟通和合作。一个成功的创业团队不仅需要技术人员，也需要管理人才的配合。要加强技术和管理双方面的交流合作，在分歧产生的时候通过沟通交流和大家的共同努力来解决问题。

团队二：“基于微流控技术细胞低温保护剂清除微系统研发”团队

“基于微流控技术细胞低温保护剂清除微系统研发”项目的负责人博士研究生邹丽丽来自中国科学技术大学生物医学工程中心，该项目团队主要依托于我校丁卫平老师的生物微机电系统实验室和片上器官实验室，团队主要成员包括3名硕士和3名博士，集成了生物技术、工程技术、生物医学等领域，团队成员专业分工到位，人员搭配有致，优势互补。该团队的主要成果是基于“微透析法”和“梯度稀释-分步过滤法”两种理念，设计两款不同的细胞低温保护剂清除微系统，设计的低温保护剂清除微系统能快速、安全、有效地去除低温保存的珍贵微量细胞悬浮液中的低温保护剂，可广泛用于临床输血、干/免疫细胞诊疗、生物技术、组织工程、芯片实验室等领域。邹丽丽师姐也是创客中心的常客，带领团队成员参加过创客中心举办的一系列活动。

对邹丽丽师姐来说，“创客”这个词意味着以创新为理念，热衷于项目团队产品的创新、设计和制造。她认为参加创客中心的活动能培养团队内部的创新合作意识，激励团队成员之间的学习实践互动，提升学生跨学科的技术与创意交流，加强团队与企业间交流与合作。师姐带领团队成员参加过“创新创业大讲堂”“创新创业沙龙”“户外拓展训练营”等活动。她认为，创客中心开展的这些活动，有助于培养项目团队成员的创新创业意识以及团队和集体意识，激发团队成员创新创业的潜力，加强团队成员与企业之间的交流和合作，锻炼团队成员的产品开发和推广能力，“在与校外的顾问专家交流的过程中，我们了解到本团队在与企业交流合作方面有一定的欠缺，我们在进行基础研究的同时应加强与企业的技术交流”。

邹丽丽师姐认为，我校浓厚的科研氛围有利于激发同学们的创新活动，但是因为对创业了解有限，同学们面临的科研压力也不小，可能会导致创业活动受到一定的限制。我校和创客中心为项目团队提供了资金、知识技术培训、产品研发平台、企业交流和合作机会等方面的支持,能在一定程度上减轻学生从事创业活动的限制。在未来,她希望创客中心能加强不同专业、学科背景的创客团队间及其与企业间的合作交流。最后,邹丽丽师姐也对其他有兴趣进行创客活动的同学提出了一些建议。她认为对创客活动有兴趣的同学要主动、针对性地学习和探索各自研究方向,协同学习其他技术和知识,同时开阔视野,走出校园,加强与业界企业的交流学习和合作。

尽管中国科学技术大学创客中心刚刚走过一载,但它已经成为学校创新创业教育中不可缺失的一环。创客中心为富有创造能力和创新精神的年轻人提供了展示的舞台和多方位的支持,为学生创新创业梦想的实现搭建起一座桥梁。在这片孕育创意的沃土上,创新创业的梦想不再遥不可及,当梦想照进现实,它们会变成我们密不可分的一部分,照亮我们的生命。

“笔墨纸砚出书画，落笔成花造双馨”之双馨书画协会

文/刘　华　黄　红

在中国上下五千年的历史长河中，书画作为人类思想与情感表达的载体，绝妙的作品层出不穷，艺术的瑰宝熠熠生辉。从象形会意的甲骨文，到细劲雄健的碑文；从“行笔放体，雨疾风驰；绮靡婉婉，纵横流离”的行书，到“婉若银钩，飘若惊鸾”的草书；从“庄严则清庙明堂，沉着则万钧九鼎”的颜楷，到王羲之的“飘如游云，矫若惊龙”，书法文化源远流长。林语堂曾说过：“书法艺术给美学欣赏提供了一整套术语。”同时，中国古典绘画也是异彩纷呈，精妙绝伦。无论是“清水出芙蓉”的夏日荷塘，还是枝干遒劲的翠竹苍松，高山流水，亭台楼阁，飞禽走兽，每一笔的勾画渲染都体现着画者妙笔生花的高超技艺与创作时的胸怀心境。

“笔迹者，界也；流美者，人也。”在中国科大，有着这样一个历史悠久却焕然一新的学生社团——双馨书画协会，它将笔墨丹青的高雅艺术带进校园，将儒雅谦和的文化气息带进校园，以笔墨纸砚为载体，为我们书写了中国古典传统的韵味与多姿。

社团重建——百废待兴

书画协会成立于1998年，历经二十载，曾经有无数书画爱好者在此学习成长，一起欣赏国画的人物、山水和花鸟，探讨技法的具象和写意，交流大篆、小篆、隶书、行书和草书的特点和渊源，他们在书画中感受艺术的魅力，在书画中感悟自然、历史、社会和哲学，他们的内心在书画中获得了宁静，他们中也有人在此收获了友情、邂逅了爱情。可以说，书画协会为中国科大书画爱好者提供了一个学习交友和展示自我的平台。

现任会长侯虎旺同学因为对书画和历史感兴趣，进入大学后，选修了书法课，在与书法课的同学的交流中了解到中国科大书画协会的QQ群，于是便加入了该群，与书画协会的缘分就此开始。侯会长说书画协会的QQ群于2012年建立，群里有书画协会以前的会长。书画协会2015年停办，老会长感到非常惋惜，于是在群里招募有志之士重建书画协会。侯会长说，当时自己就在心里问自己，我会是那个有志之士吗？心动之余，内心难免诸多顾忌。如何重建一个社团，如果没有人响应怎么办，如果自己的能力不够让大家失望怎么办？这些问题当时都实实在在横在侯虎旺同学面前，但是不知道是出于对书画的热爱，还是凭着一腔热血，侯虎旺同学选择做那个有志之士。

2016年秋冬之际，侯虎旺同学开始准备社团重建的工作。他说，当时从准备重建社团的资料到答辩不到一个星期的时间，开始时一无所知，于是与蜗壳画室的会长进行交流，开始找指导老师，编制社团章程，招募社团会员，短短几天，从一开始的10个人到最后正式答辩时70多人，不到一个星期的时间就通过了中国科大社团管理指导委员会的答辩。书画协

会于 2016 年 12 月 20 日正式成立，人心所向，那个当初对自己能否重建社团不甚自信的同学成了现在书画协会的会长。

路漫漫其修远兮。重建社团之后，百废待兴。侯会长说了一句十分打动我的话，他说，毕竟她（书画协会）曾经那么辉煌过，她曾经是一个五星社团，我希望尽我之力让她越来越好。

社团活动——异彩纷呈

重建社团之后，秉承着“弘扬祖国传统文化，丰富校园文化生活”的宗旨，侯会长与协会会员策划筹备了一系列活动向中国科大师生宣传中国书画，让大家在参与活动中体会书画之美，在观摩中感悟中华历史文化的博大精深。

2017 年 4 月 3 日，双馨书画协会在学校东区活动中心广场举办了“墨染春韵”清明书画游园会，设书画展览、有奖问答、书画体验、盖章体验、现场演示等诸多展位，吸引了大量校内外游客。同年 4 月，在“溯风”传统文化月开幕式上，双馨书画协会与历史文化协会联合演绎了富有古典气息的节目《洛神赋》诗歌朗诵和书画创作，台下观众反响热烈。

在 6 月 7 日举办的中俄两河流域文化论坛上，双馨书画协会参与节目《南有嘉鱼》，进行书法演示，并在互动环节设书画展览、书法体验、国画体验、盖印章体验等展位，向俄罗斯青年及江西和安徽的青年代表们展示了中国传统书画艺术，为他们提供了体验书画创作的机会。

除了以上的校园活动，在母亲节当天，书画协会还组织会员去合肥当地的一所小学进行书画教学活动，受到了小朋友们的欢迎。

社团经历——仰取俯拾

会员们都表示在书画协会这短短半年多的时间里，收获了许多。侯会长说，他曾经是一个内向的学生，在书画协会创建与发展的过程中，他逐渐敞开心扉，与各位同学交流，以包容的心态听取不同人的意见。并且现在的他不仅仅是一位书法历史的爱好者，还是一个爱好者团队的领导者，在这一过程中，他拓展了自己的视野，实现了角色的转变。本科生平时的课程任务很重，临期末的时候考试也很多，他一手抓学习，一手搞社团，在举办活动的忙碌过程中学会了取舍，更学会了如何指导放权、协调管理。这不仅是社团的管理，也是自我时间的掌控。

林楠同学是计算机学院研一学生，担任过外联部部长一职，主要职责是在书画培训活动中担任毛笔书法指导。他从小练习，技巧水平十分高超，但是进入书画协会，他才慢慢发现书法的有趣之处。授课的过程是与人交流的过程，他从不求甚解到开始自己着手去查找资料，自学文字学、历史学等相关知识，从图书馆借阅相关书籍或是上网，从古人的字画中琢磨笔法的差别，感悟其中的精妙。这种知其然并知其所以然的经历更加丰富了自己对书法字体的历史发展、名家之作的来龙去脉的了解，而这些都是从小枯燥单调的练习所不能给予的。刘慧敏同学是生命科学学院硕士一年级研究生，她从小热爱书法，高中的时候就喜欢课后练一练。但是，那时的练习本着对行云流水、笔走龙蛇书法艺术的向往，并没有经过系统专业的培训与练习。在书画协会周末的兴趣班上，协会免费提供笔墨纸砚及其他文房用具，让会员们能够自由地施展自己的才华。在兴趣班上，刘同学认识到自己曾经的书写整体框架尚可，但笔势力道的讲究不够，通过学习用笔、握笔，她的书法技艺飞涨。在书画协会，她认识了许多书法绘画方面造诣极高的“大牛”同学，与他们的交流，为她开启了深入了解书画艺术的大门。另外，练书法的过程也是陶冶情操的过程，在一笔一捺的书写中，整个人都会慢慢安静下来，抛弃烦恼，心如止水。

书画者，言情，言志。书画不仅是表达信息的载体，更是一种艺术，是灵魂之间的碰撞和表达。在书画协会里，大家犹如古时的文人墨客，谈天说地，高山流水，在氤氲墨色中找到了一片自由精神的天地，感受着中国古典文化的深厚底蕴，学到了知识，也交到了朋友。书画协会坚持立德树人的基本导向，致力于校园精神文明建设，不仅举办缤纷多彩的活动，将传统书画之风带进美丽校园，更是向外界展现了中国科大这所理工科大学学生的艺术素养与人文情怀。

在采访的最后，侯会长说，刚考完试，这两天他计划和同学一起去巢湖骑行，等到暑假还要出去实习。让人不禁感慨，优秀的人总是将日子过得忙碌而充实，一直在向前奔跑。希望在侯会长的带领下，在各位会员齐心协力的努力下，双馨书画协会能够越来越壮大，活动办得越来越好，不仅仅达到她昔日的辉煌，更能青出于蓝而胜于蓝，成为一个真正意义上书画并行、德艺双馨的优秀社团。我们拭目以待！

球拍挥舞激战处　球中妙趣情飞扬

——访中国科大羽毛球代表队

文/方沁怡

有这样一支朝气蓬勃的队伍，他们不畏艰难，满腔热血，为学校的荣誉而奋战拼搏，在我校的体育竞技史中留下浓墨重彩的一笔，他们就是校羽毛球代表队。在2017年5月21日—26日举办的安徽省大学生羽毛球比赛中，各个高校代表队的队员们可谓是“八仙过海，各显神通”。经过一番激烈的角逐，中国科大羽毛球队突出重围，创造了辉煌战绩，在6个项目比赛中，获得5金1银，书写了我校乃至我省大学生羽毛球竞赛史上的一段传奇。今天就让我们走进校羽毛球队，领略他们的风采。

轻轻羽球，深深热爱

出于锻炼身体的初衷，来自近代力学系理论与应用力学专业的肖振宁同学从中学时期就开始打羽毛球，不知不觉就将这个兴趣坚持到现在。虽然不是专业的运动员，但他一直接受羽毛球老师的指导，基本功非常扎实，所以一进中国科大就被羽毛球队的老师选中，作为主力队员培养。今年是他担任羽毛球队队长的第三年，年中的这场安徽省大学生羽毛球比赛对他个人来说意义重大，因为这是他毕业之前的收官之赛，并且获得了男团冠军和男双冠军。

据了解，中国科大的羽毛球整体水平在安徽省高校中名列前茅，这与羽毛球队严苛的选拔新队员和训练标准是分不开的。每年开学招募的新队员作为球队的“新鲜血液”，关系着球队的活力和发展，因此球队管理者格外重视此环节。招新的标准和数量方面，一般由队长和指导老师决定，男生每年会招两个，女生每年招一个。在招新测试方面，笔者原以为需要在报名的同学之间举办一场比赛来检验下水平，肖同学解释说：“其实不用那么复杂，懂羽毛球的人一般通过几个动作就能看出来他是不是这块料。我们很注重队员的体力、爆发力、反应速度和抗压能力，当然新人具有基本意识和熟悉基本动作是最基础的标准。”日常训练的频率是一周两次，主要专注于队员们的基本功训练和战术训练，只有在有大型比赛前会举行集训，有助于在较短时间帮助队员调整到最佳状态。

羽毛球运动不仅是一项体力运动，更是一项智力运动，需要有效的技巧与方法。笔者代表广大羽毛球爱好者和初学者向肖队长“取经”。首先，他建议大家可以通过看一些专业的教学视频来学习规范性的动作，特别是对羽毛球初学者来说，应养成使用规范性动作的习惯，比如握拍、步伐的发力部位的选择不要过度依赖某个关节，尽量减少受伤的可能性；其次，羽毛球是“七分脚下、三分手上”的运动，步伐的连贯性会影响场上速度，平时要注重步伐的训练；再次，羽毛球是一种高消耗体力的运动，大家平时可以通过跑步、健身增强耐力；最后，在真正比赛的时候，打球者不能畏手畏脚，要做到“敢抓敢攻”，即敢于去抓对手回球的点，太保守就容易被对手得分，等到对方出手之后就晚了，越被动回球位置就越有限。

赛场如战场，输赢会影响选手的心态，心态又会影响选手的状态。比赛时，当比分暂时落后时，应该如何调整自己的心态呢？肖队长如是说：“比赛时候的气势很重要，面对‘气势汹汹’的对手，一般心理素质较差的选手很容易被影响。我在比赛中会先擦汗冷静一下，换个球给自己心理安慰，并通过喊出声音来给自己加油打气，同时镇住对手。在本次比赛中，第一天是我们与其他学校的小组赛，分差比较小，不可避免地有一定的心理压力，但我们的吴成林教练很专业，并且有丰富的比赛经验。吴教练通过观察，帮我们分析战术和对方弱点，队员们发挥了自己的长处，扳回了比分，后来状态调整得越来越好，决赛的时候我们占据了明显的比分优势。”

在肖队长的记忆里，可不止那些让人热血沸腾的比赛，队里的趣事和难事他也如数家珍。说起球队中的趣事时，肖队长提到平时除了和伙伴一起打球，每次在各类大型赛事开始之前，他们会相约一起看球，并赌哪位选手会赢。当比赛正式开始，运动员在赛场上挥洒汗水时，他们在电视机前也同样非常紧张。“赌注”就是一根羽毛球线，输的每人出一根由赢的人平分。像这样小而有趣的事有很多，其中的快乐足以消除所有的辛苦。作为老队长，除了平时的正常训练以外，还有很多繁琐的事情需要他用细心和耐心去解决，比如组织队员体检、预约场地、奔波于各个部门盖章，报销参加比赛的费用，等等。肖队长说：“虽然这些都不是什么难以解决的问题，但过程有些曲折。还好队员们也非常配合，能够理解我的工作。”

当被问及自己最想感谢的人时，肖队长的音调明显降了下来，“对我指导最多帮助最大的肯定是金老师，他是我大二时期的校队主教练，他是羽毛球专业出身，是校体育部唯一的正教授，年纪虽大，但是整个人的精神气十足，很遗憾的是他因病去世了，但我永远记得他对我的指导，他真是个非常令人敬佩的好老师。”

最后在被问到连续当了 3 年队长是什么体验时，他推了推眼镜，思索了一会，沉稳答道：“最大的感受就是深刻理解了责任和权力并重的含义，风光的背后必然有不为人知的汗水和琐碎。队长要统一安排组织，无论是训练，还是比赛，都要保证过程井然有序。作为领队，凡事都要上下思量，综合考虑，最后做出对全队最有利的决定。包括在对下一任队长的选择方面，我们也是几经思考。自己这 3 年学会了如何与队友相处，如何最大限度地发挥自己的作用，变得愈发成熟。最让我感动的就是前几天整个队的队员在我毕业离校之前，最后一次自发聚齐了打了一场球，这也是队里送我的很有纪念意义的毕业礼物。虽然我即将离开校园，离开羽毛球队这个大家庭，但未来我还会持续关注中国科大羽毛球队的动态。”

研途“羽”你，更加精彩

与肖振宁搭档以 2∶0 比分在男双决赛中夺冠的另一位同学就是现任队长张宇翔，一个来自地球与空间科学学院大气科学专业硕士一年级的阳光大男孩。

在被问及羽毛球对他而言的意义时，他腼腆地笑了：“与其他队友相比我接触羽毛球的时间较晚，大二下学期才开始打球，大学毕业才进入校队。对我而言，羽毛球不只是一项能锻炼身体增强体质的运动项目，更重要的是我能从紧张又忙碌的科研生活之外找到快乐，找到在赛场上拼搏的激情，特别是双打让我懂得羽毛球不是个人炫技的舞台，而是团队合作的场地，在队里我懂得了什么叫责任，什么叫配合。”

谈起自己的羽毛球队，张宇翔的脸上有着掩饰不住的开心和骄傲：“这次获得的团体总冠军不止是对我们中国科大羽毛球队水平的肯定，也是对我们协作默契的认可。之前的比赛都是在校内或者受到校外俱乐部以及一些高校的邀请赛，所以在球场上结识了一群有着共同爱好的球友，这让我们的训练生活并不枯燥无味，而且跟高手过招是可以提升自己技术的。在队里的这一年我的成长是有目共睹的，这离不开队友的支持和老师的鼓励，我最大的成长就是心态的变化。刚开始的时候我性格比较急躁，比赛时心态不能放平，但慢慢发现紧张过度会让自己增加比赛中出现失误的次数，后来经过一些大型比赛的锻炼，我的心态逐渐变得平和，这个改变对我平时的为人处事也有很大帮助，我很喜欢也越来越适应这个状态。”

在被问到如何在比赛中保持最佳状态时，张宇翔提到了一个词——专注。“在比赛中遇到困难或者碰到比自己强大的对手时，专注能使你的头脑保持清醒的状态，能随时洞悉战术的变化，在不利于自己的情况下能随时调整自我认识。如果没有一个专注的思想，就没有一个清晰的头脑来思考。当然，过多的自我压力不利于维持思路清晰，需要在二者之间寻找平衡。善于用自己的优势去比赛，善于学习，赛后善于总结，找出自己的不足，通过训练与自我批判来弥补自己的缺点。这是羽毛球运动者不可缺少的成长过程，也有利于自身竞技水平的提高。”

对张宇翔来说这次获奖最感谢的人是老师和搭档。“领队老师给我们的赛场指导很重要，后勤老师悉心的照顾让我没有后顾之忧，特别是搭档对我的包容以及积极配合更是夺冠的重要原因。因为我是双打选手，搭档对我的鼓励以及信任都给了我极大的信心，让我没有多余的心理负担，更轻松地应战。”说起双打，他还提到奥运冠军傅海峰，这是他很喜欢的球员，因为人品和球技都很棒，曾经风头一时无二的风云组合为什么时至今日依然受人敬仰，因为他们有一种挑战精神，有着一种勇于向强者挑战的拼劲，切实给弱者尊重的精神，不管是在羽毛球的练习上，还是在研究生的学习中，这种精神一直激励着张宇翔。

与“羽”结缘，因球相识

获得本次比赛女单冠军的李文倩是来自生命科学院硕士一年级的学生，同时她也是肖振宁队长的女朋友。这段美好的校园恋情因羽毛球而起。李文倩在大四的时候跟随导师来到中国科大做毕业设计，当时得知校羽毛球队在招人，从小学六年级就开始练球的文倩就踊跃报名了。当时恰巧是与队长肖振宁联系，初次见面两人互相暗生好感，接下来相约一起打球的时间越来越多，对彼此的了解也逐渐加深，不断发现更多的共同话题，两个人日常愉快的聊天是感情升温的催化剂，一段因羽毛球而结缘的美好恋情就这样开始了。

作为女子团体组的实力队员，文倩参加过众多大大小小的比赛，也会遇到双方在赛场上实力相当、相持不下的情形。“这种情况对体能、心态都是一个极大的考验，如何能分配好体能，调整好心态就显得尤为重要了。我的应对战略就是专心打好每一个球，在体能下降的时候，不要盲目地追求回球质量，要更有耐心，千万不能求胜心切。落后的时候一定要冷静，多观察对手，发现对手的弱点。最重要的是尽量降低自己的失误。在领先的时候也不能骄傲，赛场上每一分都要好好把握。”听完文倩的叙述，笔者抑制不住一颗八卦心，提了一个问题：“那你和男朋友打比赛的话，谁会赢呢?”文倩顿时甜甜地笑起来：“当然是他赢，因为他是男生啊，我打不过他的，当然他有时也会故意让球给我，输的太明显，哈哈哈……”羽球情侣的甜蜜日常也是校园里美丽的风景。

理工科的研究生科研任务重，成绩优异的李文倩大多数时间都是泡在实验室做实验，但这并不影响她参加羽毛球队的训练。她说只要在平时多做一点、效率提高一点，总能挤出时间来打球。羽毛球这项运动不仅增强了自己的体质，还丰富了课余生活，结交到了很多朋友，还意外地收获了爱情。文倩说因为羽毛球，自己的生活方式和生活态度都有了很大转变，感觉每天像打了“鸡血”，这样的自己也会对身边的人产生积极的影响。

对于想要学习打羽毛球的女生，文倩根据自己的经历，给出了以下建议：“刚开始学习羽毛球的时候尽量不要着急打球，固定动作很重要，没事可以练练挥拍，等到动作固定了，就可以开始慢慢打球了。打球要循序渐进，从高远球开始，再慢慢地去学习吊球、杀球等，并根据自己的体力量力而行，避免受伤。打球过程中安全第一，运动前一定要做好充分的准备活动，另外在明显接不到球或者明显感觉到体力不支的时候，千万不要强迫自己。”

拍起拍落，球去球又来。岁月静悄悄的流逝，不管是球场上行色匆匆的球友，还是马路上擦肩而过的路人，拼搏过，胜利过，失败过，努力过，滴落的汗水与泪水汇成了人生酸甜苦辣的滋味，其中的五味杂陈恐怕只有自己才真正懂得。都说羽毛球一旦拿起来，就不会轻易放下。深爱不是浅尝辄止，更不会享受距离。而对羽毛球的热爱，只有将它融入到血液的人，才能体会。

把茶求索人生路,“茗”扬世界度春秋

——访中国科大“一带一路”国际茶友协会

文/马艳华　刘晓楠　刘禹希

尹俊玲,中国科大公共事务学院硕士研究生,中国科学技术大学“一带一路”国际茶友协会会长。能力卓著,文采不凡。曾获第3届中国“互联网+”大学生创新创业大赛安徽省铜奖、中国科学技术大学优秀团员、优秀团干部、第10届全国大学生文学作品大赛一等奖。源于健康,始于情怀,立足“一带一路”宏伟战略,响应习总书记“文化自信”号召,在其导师宋伟教授的悉心指导下,她创办了“一带一路”国际茶友协会。今天我们将走进茶友协会,感受“国际范儿”……

“茶”不知所起,一往而深

“少年时不知茶滋味,只知道爸爸喝、爷爷喝,我也要喝,那鲜爽甘醇又带着板栗香味是对我童年的记忆。”尹会长如是说。作为河南信阳人,信阳毛尖对这个瘦小女孩影响颇深,受家人的影响及品牌的感染,茶在她的心中留下了深刻的印象。踏入中国科大求学,了解到安徽有很多著名的茶叶品牌,但在中国科大很少有茶文化的影子。这一现象深深触动了她的“茶”心。

无独有偶,她的指导老师宋伟教授近年来对茶也是因“爱”生“情”,颇有研究,对传播茶文化高度支持和赞誉。2016年4月,巧遇习近平总书记访中国科大,强调文化自信。宋教授认为面向世界传播茶文化就是文化自信的重要表现。于是在宋教授的倾心帮助和指导下,尹会长开始酝酿成立一个茶文化社团,这不仅是因为兴趣所在,更重要的是为了从实践层面响应国家“一带一路”倡议,弘扬中国优秀文化,另外其所在学院——公共事务学院留学生数量较多,于是在安徽省人民政府外事办公室、中国科学技术大学校团委、中国科学技术大学国际合作与交流部以及中国科学技术大学公共事务学院等的精心指导和大力支持下,这个具有“国际范儿”的社团——中国科学技术大学学生“一带一路”国际茶友协会(以下简称“茶协”)诞生了。尹会长特别强调,协会名称是其指导老师宋伟教授的智慧结晶。

“绩”远超所想,一鸣惊人

茶协自成立之初就受到众多师生的关注,据尹会长介绍,截至目前,已有来自“一带一路”沿线30多个国家留学生以及热爱茶文化的中国学生加入协会。据初步了解,该协会是国内高校首个围绕“一带一路”与茶文化开展活动的协会。

茶协以“服务、协调、互助、自律”为宗旨，旨在弘扬博大精深的中华茶文化，学习、吸收“一带一路”国家优秀茶文化，以茶文化的交流互动为抓手，促进国际交流的合作。茶协同时本着“以茶会友、品茶悟道、传承创新”的原则，积极组织会员户外实践与参观、举办“一带一路”茶文化移动课堂、开设中国红茶固定课堂、举办茶文化相关的品鉴与观赏等活动，这些活动在丰富校园生活的同时，更是搭建了中外文化友好交流的一个新桥梁，一方面搭载着中国优秀而丰富的茶文化走向世界舞台，另一方面又能够吸收引进国外优秀的茶文化，共同推进世界茶业发展，谱写茶产业和茶文化发展新篇章。

茶协成立之初，恰逢由中华人民共和国外交部主办，中共安徽省委教育工委、安徽省教育厅、黄山市人民政府承办的第 4 届中俄“长江一伏尔加河”流域青年论坛在安徽开幕，中国科学技术大学是本次论坛的一个重要承办方。借中俄“两河流域”青年论坛的契机，茶协以茶为纽带，通过举办茶艺表演、沙画表演讲述中国茶沿着“一带一路”走出国门、飘香世界的历史。以茶会友，品茗思情，茶协在本次论坛中崭露头角，获得一致好评。

茶友协会虽成立短短数月，却取得了惊人的成绩，获得中国科学院国际合作局，中国茶叶流通协会，安徽省商务厅，安徽省人民政府外事办公室，合肥人民政府市外来办公室，中国科大校团委、校国际合作部、管指委以及兄弟协会的高度好评。尹会长表示，茶协取得的好成绩离不开各单位、组织、老师及广大会员的大力支持，特在此对大家表示衷心的感谢。

“路”不知所终，砥砺前行

尹会长说：茶协会的第一步已然飒爽迈出，但是未来的路还有很远，需要一如既往，砥砺前行。同时，茶协的发展定位不应仅局限于简单的学生社团，而是要在更广阔的层面积极响应国家的“一带一路”倡议和传播中国优秀茶文化。秉承习主席发展茶产业、壮大茶品牌、传承茶文化的理念，拥护“一片叶子，成就了一个产业，富裕了一方百姓”的发展思维，我们一定按照习主席的指示精神，打造特色、提升水平、把协会办成品牌。在满足中外同学兴趣爱好，丰富科大莘莘学子课余生活的同时，加强与各大茶叶组织、知名茶企、农业高校开展合作，同时注重协会日常活动的升级，积极组织有关“茶”的征文、视频创意大赛、茶知识讲座、中外“斗茶”大会等内涵与趣味并存的活动，不问前路，不忘初心，矢志前行，方得始终。

聆听心声

当谈到作为如此大规模的协会会长，如何平衡协会和学习之间的关系时，尹会长坦言：每个人的身上都有着多重身份，不同角色有着不同权利和义务。作为学生，第一要务就要好好学习，但是学习不仅要学好“有字之书”，更要学好“无字之书”和“人字之书”。协会无论是对她个人来说，还是对大家来说，都是一个学习交流的平台，可谓是第二课堂，在这里可以开拓视野，汲取力量，厚积薄发。

俊俏、坚强、心怀远方，这是对尹会长最中肯的评价。最后，她再次对在协会成长过程中给予指导、支持和帮助的相关组织、老师及同学们致以诚挚的谢意：“一群志同道合的人，为了一个目标，一起共同努力的样子最美，愿温情、友情、情怀在这里生长、蔓延……”

“一带一路”,茶叶上路。希望“一带一路”国际茶友协会在今后的发展中如鱼得水,通过不懈努力,让中外友人以茶会友,品茗思情,架起友谊桥,打好文化牌,唱好经贸戏,让茶文化内化于心、外化于行,让文化在这里传播,让情感在这里交融,让茶产业走向市场、飘香世界。

探索的脚步不停歇

——2017年中国科大科考协会暑期探访西藏之旅

文/黄 红 袁 玉

提起西藏，人们最先想到的是雪域高原上纯净的蓝天白云，是大昭寺前虔诚跪拜诵经的信徒，是淳朴善良的藏民。一直以来这片遥远而神秘的土地吸引着无数的朝圣者向她靠近。有人是为了一睹西藏的美景，有人是为了获得心灵的洗礼。中国科大科考协会以“科考·探险·环保”为活动宗旨，成功组织了多次大型野外科学考察探险活动，这次他们将目光投向了遥远的西藏。2017年暑假，科考协会的10位同学在老师的带领下进行了为期两周的“重温长征精神，探访西藏东南”科考活动，而他们进藏的初心则缘起于306省道旁3棵被砍伐的百年古树。

磨砺以须启林芝

2017年7月28日下午，在柴松老师的带领和随队医生戴翔的陪同下，中国科大科考协会的10名队员踏上了开往西藏的列车，奔赴西藏林芝及周边地区开展科考活动。在近6个月锲而不舍的准备和付出之后，在前方等待他们的是雪山、草原、湖泊、古树和藏羚羊，是未知、是神秘，此时此刻，种种情绪交织在一起，安定又激动，紧张又期待。

印度洋暖流与北方寒流在念青唐古拉山脉东段一带会合驻留，导致热带、亚热带、温带及寒带气候在林芝并存，形成了特殊的气候带。随着西藏地区旅游热度的不断升温，以及迅速而粗暴的建设活动，这些在西藏安静生活了千百年的古树的命运也岌岌可危。生命学院的邸智勇老师在林芝地区考察时偶然发现306省道旁3棵百年古树被人拦腰砍断，场面触目惊心。在邸老师的提议下，科考协会确定了以“重温长征精神，探访西藏东南”为主题的科考活动，主要目的在于对林芝地区及周边的古树生存状况进行调研，并在当地小学开展弘扬社会主义价值观和科学普及活动。

会长王瑞标谈起此次的西藏之行，感慨良多。“身体是革命的本钱”，保证每一位队员的安全是头等大事，为此科考协会进行了严格的队员甄选和充分的训练。王瑞标说，这次西藏之行最大的惊喜就是，每个队员的身体状况都很好，没有人出现高原反应，能够如此顺利是因为前期的准备工作做得十分充分。从5月到8月，队员们一直在合肥集训。3个多月的时间里，队员们每天早上6点开始10公里跑步训练，晚上游泳或攀岩训练心肺功能，上午和下午讨论西藏之行的方案，学习相关的医学知识。今年夏天合肥异常炎热，地表曾一度接近70摄氏度，在这种酷暑天气下，人们常戏称“是空调给了我生命”。但对准备奔赴西藏的科考队员们来说，高温和烈日并不能让他们就此躲进房间享受阴凉。喝口水，擦擦汗，他们一圈又一圈地跑，一点一滴的坚持，只要想起在那遥远的地方，还有一个未完成的梦想，此时此刻的辛苦付出就是值得的。

王瑞标说，自从决定暑期去西藏进行科考，中间他也有过想要放弃的念头，从5、6月份他就期盼着8月11号从西藏回来的那一天。每一天都是煎熬，每一天都在后悔为什么选择了去西藏。可是无论这准备的过程多么煎熬，为了不辜负所有人的付出，也为了306省道旁的3棵古树和更多亟待保护的古树，科考人坚持了下来。

初心不负践使命

作为此次活动的缘起，古树生存状况的调研是最为重要的一部分。期间，队员们对拉萨市罗布林卡公园、山南市101省道沿途、朗县冲康村千年核桃园、林芝市306省道沿途、林芝世界柏树王庄园，318国道沿途等地20余棵被破坏古树开展科学考察。队员们实地勘测了古树高度、胸围、树冠面积、生长状态、被破坏情况等，并在必要时使用生长锥法测量古树大致年龄。经过调研及实地考察，队员们在公路旁发现多棵古树遭到破坏，除自然灾害外，他们判断出主要原因还是人为破坏。

此次西藏科考之行另一部分内容是在林芝市广东实验小学开展弘扬社会主义价值观和科学普及活动。首先，队员们为小朋友精心准备了长征知识讲座和长征知识有奖问答环节，旨在普及红军长征知识，开展革命传统教育和理想信念教育。接着，队员们带领小朋友们共同观看爱国主义教育动画片《那年那兔那些事儿》，重温新中国的成立和发展历程，学习先辈们伟大的爱国事迹，在一幕幕感人泪下的镜头中，引领藏区小朋友积极培育和践行社会主义核心价值观。

在科普活动接下来的环节中，队员们通过带领小朋友们制作叶脉书签以及绘画心中的古树，引导小朋友讲述关于古树的故事，用以小见大的方法，让小朋友们在实际操作中学习环保和古树保护的知识。接着，队员们通过问答和介绍自己家乡等互动方式，向同学们了解、学习西藏的相关知识，包括当地风俗习惯，语言文化等，同时还向同学们普及青藏高原之外的情况，并列举当地有关援藏工程的道路桥梁建设情况，用生动形象的方式向同学们讲述党中央是如何重视并发展西藏经济建设的，以此鼓励同学们努力学习，长大以后建设美丽家乡、美丽西藏。此外，科考队员们还带领同学们进行飞盘、篮球、折纸、摄影等活动，为小朋友带来快乐和兴趣，打开新世界的大门。

为丰富此次行程，科考活动的第三部分内容是对高原牧场牛粪中粪金龟物种多样性和生活习性的考察。队员们掀开牛粪，寻找一只只“可爱”的粪金龟，拍照并用镊子将其夹至酒精瓶中保存。这次活动，培养了队员们对于自然的热爱和对科学考察的兴趣，而这正是当代大学生需要培养的品质。

一分心血，一分回报。活动结束后，科考协会将此次西藏东南科学考察的报告通过邮件发给中国科学院青藏高原研究所，陈发虎副所长充分肯定了此次考察的意义和价值；本次西藏东南“三下乡”社会实践以领先优势荣获“校级一等奖”，并由学校统一申报参加全省大中专学生志愿者暑期“三下乡”社会实践活动评优；此次活动还得到了林芝市教育局、林芝市电视台、中国青年网、合肥晚报、万家热线等各方媒体的报道和宣传。科考队员们近半年来的努力和坚持没有白费，他们用行动阐释着“不忘初心，砥砺前行”。

薪火相传科考人

“从来没有永远的侥幸，只有充分的准备”。带队的柴松老师一直带领队员们进行全面强化训练，同时十分强调安全意识。在本次西藏东南科学考察主题拟定之初，由于活动持续时间之长、跨越省份之多、高原地形变化之大、路况曲折险峻，尤其是边境情况不确定，又加上地震和泥石流等因素，几乎没有老师乐意接手这个“烫手山芋”。当队长王瑞标怀着忐忑的心情找到柴松老师时，柴老师未经犹豫，豪爽地应承下来。柴松老师是中国科学技术大学体育部副教授，执教长达32年，曾多次率领科考协会外出考察，他的自信来自于丰富的带队经验和野外生存技能。柴松老师时刻注意对于活动主旨的把控，并且通过精心安排的训练全面提高科考队员的团队意识、科研意识、环保意识、安全意识。

读万卷书，行万里路。领队王瑞标把此次藏东南之行喻为“无字之书”，激励着他朝着“六有大学生”迈进，践行社会主义核心价值观。作为一个已经在协会工作3年的骨干，王瑞标在科考协会每届300名成员中脱颖而出，成为此次暑期活动的负责人。王瑞标说：“我知道前路将会很坎坷。但说实话，现实要比预想坎坷的多。”从2月开始筹划到8月出发，再到活动结束后的一系列工作，他无数次受到质疑，无数次被否认，无数次面临新的问题时想要放弃，是前任会长的鼓励支撑着他不断向前，不断克服困难。繁重的课业压力和紧张的活动筹备不能两全，王瑞标退掉了部分课，代价是下一年要多修二十几分的课程；面对高额的经费和毫无进展的赞助，想到身后老师的殷切期盼和队员的艰苦训练，只能昂首坚持；当付出无数心血和精力之后，依然遭受来自队员的不理解时，他曾经委屈地掉下眼泪来。“最困难的是，在即将出发的时候，西藏自治区外部环境变化带来的压力和高原地区无法避免的不安全因素，那一段日子里，每一天都担心活动可能被取消，但每一天，都在努力争取。”王瑞标说道，“支撑着我这几个月以来面对的种种困难，是我曾偶然听到的5个字：兴趣、责任、爱。我一直以此为信念，在协会的活动中满足兴趣，承担责任，收获爱。”事实证明，王瑞标的身体力行是对这5个字最美的阐释。

最美的风景永远在路上。长老级会员吴俣一谈到科考活动就神色飞扬：“我从小就对大自然充满了热爱，每一次的拉练尽管辛苦，但都非常值得。”在加入科考协会的几年时间里，他参加了不下10次的拉练活动，与科考协会建立了深厚的感情，并为之注入了大量精力。尽管研究生期间学术压力繁重，没能参加此次西藏之行，吴俣也为前期工作操了不少心。一次他听到我校生命学院的邸智勇老师随口说起林芝的古树生存现状，就立刻想到了科考协会的暑期实践，并立即与会长王瑞标展开可行性讨论，并在前期帮忙做了大量准备工作。吴俣说：“这些事情我都是发自肺腑地想要尽自己的一小份力量，科考协会就像是我们共同的家，因为每次科考的活动，除了能见到不一样的风景，结识不一样的人外，最重要的是，队员们几天的时间全都在一起并肩作战，感情都变得异常纯粹和坚固。就像是协会的口号一样，‘无兄弟，不科考’。”从指导老师到历任会长，再到每一个会员，科考协会的队伍始终葆有坚韧细致的品格，饱含着蓬勃的生命力和对生活的无限热爱。

尽管西藏之行已经结束，但是科考人的探索之旅永远在路上。他们永远保持着好奇心，也永远怀揣着探索欲，以及心中燃起的生生不息的希望，坚持着他们无比热爱的科考事业。不求闻达，不矜不伐，这群自强不息的科考人用行动或深或浅地影响着这个世界。

荣光竞渡　破浪领航

——访中国科大龙舟队

文/侯　丽　张书琴

大江以南，凡是有河流可通船舶处，无论大城小市，端午必照例举行赛船。

——沈从文语

龙舟，承继着中国悠久的历史文化，镌刻着中华民族独特的文明印迹。2012 年，受邀参加 C9 高校龙舟赛，中国科学技术大学龙舟队正式组建，成员为 11 名中国科大在读学生。这支新生队伍首次亮相便拔得头筹，并在接下来的比赛中展现了中国科大龙舟队不凡的实力。建队以来，中国科大龙舟队发扬竞渡体育精神，多次为梦想启航，为荣誉而战。

龙舟竞水留波澜，健儿弄潮傲群芳

自 2012 年建队以来，中国科大龙舟队不断在各大竞渡赛事上斩获荣誉：

2012—2017 年连续卫冕西溪湿地 C9 龙舟竞渡赛冠军；

2014—2016 年蝉联安徽省龙舟公开赛高校组一等奖；

2017 年斩获合肥市端午龙舟赛冠军；

2017 年勇夺大荔世界名校龙舟赛 200 米直道、500 米直道两项冠军等。

在刚刚过去的 10 月，第 4 届安徽省高校龙舟公开赛，中国科学技术大学龙舟队派出两支队伍参赛，一队捍卫了“科大龙”的冠军传统，获得总成绩第一、500 米第一、200 米第二的好成绩，再一次展现了“科大龙”的非凡实力；同时男女混队的二队也崭露头角，在 200 米和 500 米的比赛中突出重围进入决赛，并最终夺得 500 米二等奖和 200 米三等奖。龙舟队队员用勤劳与汗水书写着他们的传奇，创造着中国科大龙舟队辉煌的战绩。

“台上一分钟，台下十年功。”骄人成绩的背后又有哪些故事呢？第 4 届安徽省高校龙舟公开赛比赛前两天，桨手张士龙因旧伤复发不得不放弃比赛进行手术治疗。作为龙舟队主力队员，他的缺席给大家带来很大的心理压力。无独有偶，另一名队员邹梓成在赛前集训过程中也意外受伤，只能由桨手位置临时替换为舵手，以便继续与队员并肩作战。看着队伍因为主力队员受伤而气氛一片低迷，领队曾文老师和教练司友志老师以及新任队长刘睿立即重新部署了比赛战术，积极为队员鼓劲打气。很快，笼罩在队里的阴霾烟消云散。最终，中国科大龙舟队不负众望，夺得大满贯！

伴随着无数次桨叶的飞击和耐力的突破，“科大龙”，连同它的信仰者们都在平凡生活中坚持着英雄梦想。每一个中国科大龙舟人都有挑战自我的勇气和挥斥方遒的精神，他们青春昂扬，奋力进取。

博观而约取，厚积而薄发

在被问到中国科大龙舟队能够取得如此骄人的成绩原因时，队长刘睿挠了挠脑门，打趣地说："这可是个秘密。"

龙舟队的训练强度一直很大。队员们除了平时健身房和操场的体能训练之外，每周末还会组织去紫蓬山水上中心集训。夏天四下无人的官亭湖边，烈日下只见一排后背黝黑的汉子，顶着40多度的高温合着号子跑着步，一阵阵热浪袭来，队员们擦擦额头的汗，默默地咬牙坚持着。除了集训，龙舟队每人每周都必须保持至少3—4次的划船训练，原本安排的时间是一次一个半小时，但大家经常主动加训，这让队长刘睿感到既心疼又欣慰。晨练跑步，男生16圈起，女生12圈起，问到大家能跑这么多吗，刘睿一脸轻松："当然了，so easy！"他们也常去健身房做各种体能训练，比如举铁、深蹲和高位下拉等，因为坚持训练，大家的身材都非常好，据说男队员如果没有几块腹肌是不好意思光膀子的。

除了训练强度，科学的方法也很关键。中国科大龙舟队经常和外面的龙舟队切磋，单单在划桨方式上一年就换了3次，不断地摸索改进，模拟实战试验效果。谈到方法的科学性，刘睿说："甚至有时候大家一起聊着天，就有人找来一篇论文大家一起啃，仔细研读究竟怎么训练才更科学，效果更好。"不愧是"学霸龙舟队"，这些平日里泡在实验室、图书馆的学霸们，划起龙舟来一样睿智。龙舟队去年向学校申请到了一只船，刘睿说这给训练效果带来了质的提升，以往大家都只能靠坐在石岸上模拟船上划行，屁股磨破起茧是常有的事儿。新船的到来，大家都特别珍惜，前队长林高华还给它取了个好听的名字叫"耘遥"，谐音划船术语"运腰"。耘遥现在就定居在中国科大西区的也西湖。

大家心往一块想，力往一处使，龙舟队已经成了队员们离不开的一个家。在这个大家庭里，每个人都是不可缺少的一份子，紧紧地连在一起。谈到加入龙舟队，大家都认为是件自豪又幸福的事，不管遇到什么困难，都没有后悔更没放弃过。正是有大家这样深厚的感情，中国科大龙舟队才能团结一心，屡创佳绩。

同舟共济，继往开来

刘睿，现任中国科大龙舟队队长，也是建队以来第一位女队长，入队的一年里，她以开朗的性格、坚毅的品格和不屈不挠的精神获得了队员和教练的信任。

言及训练，刘睿说："训练生活比我想象的还要苦。到底有多苦？下水开桨就是三四十公里，跑步一跑就是10多公里，没有教练在场时，奋力划船的同时还要盯着整队的桨频，及时纠正队员的错误动作并调整他们的状态。"说着刘睿就给我们示范了标准动作，插桨60度，肘部控制方向，腰部发力，以达到四两拨千斤的效果。诚如教练所言，龙舟运动，最核心的插桨和拔桨要均匀发力，干净利落，整体行云流水，用者省力，观者舒适，才能具有极高的美感和力量感。日常训练，作为队长，刘睿每天都要监督队友跑操、做耐力训练；对新队员的每一个动作要领、每一项技术战术都不厌其烦地讲解；比赛前，她鼓舞士气，给队友注入一针强心剂；比赛中，她掌控全局，随机应变，稳定军心。

对于龙舟队未来的发展，刘睿提出了自己的期望，希望龙舟队越来越壮大，未来可以组建一支中国科大女子龙舟队和外国留学生龙舟队。龙舟队现在已有 7 名女队员，队长刘睿期望更多的人关注“科大龙”，关注龙舟运动，并加入龙舟队。对于未来外国留学生龙舟队的组建，刘睿十分欣喜。在最近的比赛中已经有中国科大留学生参与，他们划起龙舟来也是热情高涨，毫不怠慢。刘睿说，“龙舟队欢迎更多外国小伙伴们的加入，一起来感受中国丰富多彩的龙舟文化。”中国科大龙舟队每学期都会开展招新活动，目前龙舟队除了公众号招新外，还会在健身房招新，队员吴婷欣、王亚倩和徐志超都是在健身房时被挖掘的龙舟新星。

说到健身房招新，当时龙舟队在健身房训练时，队长刘睿因为经常看到一个女生轻松地做引体向上便跑过去沟通，就这样机缘巧合，生物学院的博士生吴婷欣加入了龙舟队，在后来的训练中也划得特别好，甚至比一般男生都厉害。而在化学学院读研的王亚倩，坦言做梦都没想到会和这样一群肌肉男成为朝夕相处的队友，并和龙舟结下了不解之缘。同样，徐志超也是在健身房训练时被挖掘的，已经参加过很多比赛。龙舟队很感谢这些缘分，而吴婷欣他们也非常开心能遇到这群可爱的人。

谈及龙舟，每个人都有很多话想要说。“一群人一起划一艘船听起来很好玩”，王亚倩开玩笑说是队长怂恿她加入了龙舟队。当时龙舟队苦于 C9 高校赛正缺女队员，赶上那时课业不多的她便欣然接受邀请。但后来高强度的训练计划一出台，就必须实打实地去练真本事：蝴蝶机，屈肘，提踵。对健身发力知识一无所知的她悄悄打起了退堂鼓，“一开始内心是抗拒的”。每次训练都浑身湿透，腰酸背痛，可正是这群努力的人让她萌生了坚持的念头：“相处下来你会发现人因真实而可爱。”科研之余，龙舟队是一个释放压力，放松心情的好去处。和队里耿直的汉子、爽朗的妹子一起吃饭，训练和比赛已经成为她研究生生涯里最美好的记忆。每个中国科大龙舟人都对龙舟队有着同样的情愫，他们感谢龙舟将他们连接在一起。喜欢划龙舟大家一齐拼的冲劲，喜欢划龙舟大家一起高声歌唱的畅快，喜欢划龙舟大家一起泼水嬉戏的欢乐。

也西湖每天傍晚的风景很独特，教学楼旁熙熙攘攘的人群赶着去食堂，湖边老人牵着孩童遛弯儿，而龙舟队的训练则是另一番别致的风景，钹鼓声按时响起，岸边也随之雀跃。小孩惊奇地发出尖叫声，指引着大人望向这片神秘的湖水；路过的人纷纷驻足，毫不吝啬地为这场盛大的表演献上掌声与欢呼，原本平静的湖面被拨开一道道涟漪。

耘遥在也西湖醒来，承载着拼搏的健儿，在他们无数次整齐划一的摆臂和呼号声中往返于两岸。夕阳的余热一点点散去，人群也慢慢离开，只留下湖面上金色的波纹，一圈圈荡漾开去。这片湖是中国科大龙舟人的表演地，也是他们的战场。就是这样一群热爱运动、喜欢较真的年轻人，迎接着永恒的东风，载着华夏千年龙舟传统，向着下一个冠军启航。

祝愿这条“科大龙”在未来乘风破浪，创造更加灿烂的辉煌！

邂逅中国科大 · 缘定一生

——记中国科大首届校友集体婚礼背后的故事

文/许凯斐

5 月 20 日，是一个特殊而又甜蜜的日子，因为“520”谐音“我爱你”，逐渐成为现代的情人节和表白日。每逢该日有无数对情侣登记结婚、隆重举办婚宴，而 2018 年的 5 月 20 日对于每一个中国科大人来说，更是极为不同。2018 年是中国科大甲子华诞年，“红专并进一甲子，科教报国六十年”，为了更好地迎接校庆的到来，学校开展了“学术、文化、亲情、发展”的校庆主旨系列活动，首届校友集体婚礼也应运而生，并定于 2018 年 5 月 20 日举行。

活动当天风和日丽，现场温馨浪漫，60 对眷侣回到中国科大这个让爱情生根发芽的地方，在观众的祝福声中许下一生爱的诺言，成功让他们的爱情开花结果。白首齐眉鸳鸯比翼，青阳启瑞桃李同心，60 对校友伉俪重返中国科大校园，重温青葱岁月，共聚东区操场，共证美丽爱情，与全体中国科大人一齐为母校诞辰献礼。而我作为中国科大学子中的一份子，非常有幸组织并经历了这个意义非凡的活动。

从零开始，编织浪漫

2018 年 3 月 28 日，是这一切开始的日子。

一切发生的格外突然，下午 2 点半接到电话，3 点钟在校友总会办公室开会，作为校研究生会的部长，我应邀出席。我们被召集在办公室后，校友总会的老师向我们大致说明了关于这个活动的想法，并表示，“领导们非常重视这次活动，我们非常相信你们，就全权交给你们去做了”。就这样，由校友总会、校团委主办，校研究生会承办的首届校友集体婚礼项目确定了下来。我还处在云里雾里的阶段，就已经被任命为项目的负责人。

距离 5 月 20 日，还剩不到两个月的时间，事发突然，整个项目组除了负责人，什么都没有，没有人手，没有经验，此时一切都是零。在接下来的几天，经过动员说服，我们终于召齐了成员，组成了 15 人的精英团队，共同为举办首届校友集体婚礼献出自己的力量，赶在清明前开了第一次集体会议，讨论了两个多小时，确定了主题、时间和之后的分工，这才真的有了项目开始的感觉。这不是一个人在战斗，而是一群人竭尽全力，想把这个项目做到尽善尽美。

一切都有序进行，可马上就出现了第一个问题——活动报名和嘉宾筛选。嘉宾报名仅接受网站报名，可在最开始 10 天，网站故障频发，很多人报名不成功，只能联系负责人进行报名。那几天我的手机铃声好像就没停下来过，从早到晚都是各种电话，上课不能安心学习，甚至晚上 11 点还有人打电话过来。刚开始我还担心报不满，现在看着几何般上涨的报名人数，又开始担心报名人数太多怎么筛选。于是我们紧急推出新的方案，重新规定了报名条件和筛选方法，和之前的方案有很大出入。由情侣可以报名变为只有领证校友才能报名，由依照时间先后选取变为按条件择优录取。就在我们决定筛选嘉宾前夕，又出现了一个意外事故。网站方的公司私下联系了一些校友，将一些报名的校友的爱情故事在其公众号分享。虽然我们紧急制止，但被宣传的嘉宾都以为已经入选。我们赶在5月1日前给嘉宾一个个打电话，确认能否参加活动，十几个人打了3个多小时，确认各种信息，与那些由于方案改变和特殊宣传得到错误信息的嘉宾反复协商。有两组嘉宾在沟通上出现了一些问题，我们来回打了十几个电话，所有工作人员都筋疲力尽，连晚饭都顾不上吃，终于在晚上10点确定好了人选。

同时出现的第二个问题是活动流程如何确定。我们对这个活动都没有任何经验，在最初确定策划初稿时，大家搜索了长达十几页的婚礼创意，结合校园特色和之前举办过的大型活动，挨个筛选能用的信息并提出新的想法，一周加紧开3次会议确定策划形式和内容，每次至少讨论两个小时。虽然很累，但是大家对集体婚礼充满激情，想法不断碰撞，营造了愉快的讨论氛围。在确定初稿和老师沟通的过程中，老师们为了更好地完善项目，不断提出新的想法，今天需要加入这个，明天要减去那个，活动策划只能一改再改。那些天，策划组成员全体都绷紧了神经，随时等待老师提出新的意见，及时修改。幸好，在选主持人时，婚庆公司有一位有经验的老师来指导，他接触过很多次集体婚礼。在看了我们的策划后，提出了一些切实可行的意见。我们结合老师的想法和学校特色，对流程进行了大幅删改，由原来的3小时精简到1小时左右，确定了流程最终版本。

“明天就是五一了，大家劳累了一个月，好好休息一下吧。”我决定给大家放个短假，人员和策划已经定下来，现在只要好好思考后续的事情。想到5月20日的集体婚礼，仿佛一切已在掌控之中，整个人都放松了下来。

迫在眉睫，寝食难安

五一过去，眼看离5月20日只有两周了，本以为把最麻烦的事情确定下来，之后就不会有很大的问题了，可在接下去的工作进展中才发现，我们的想法太简单。

我们将组员重新进行了分工，分别对接嘉宾、老师、婚庆公司和主持人。两位主持人都非常有经验，与他们的交流十分顺畅。但我们万万没想到，与嘉宾、老师们和婚庆公司的沟通出现了问题。

由于是首届，老师们有很多顾虑和想法，我们与他们商定的事情一再变化。最初的时候，老师将舞台方面全交给婚庆公司，我们将一些基本需求和他们沟通即可，但是婚庆公司提供的第一版设计方案不尽如人意。第一版设计方案按照一般集体婚礼的装扮，太过铺张，没有考虑到学校的朴实和学术氛围，老师们一口否决了。老师们看到我们的努力，为了达到更好的效果，将舞台设计的权力下放给我们，让我们结合校庆重新设计。在我们与婚庆公司反复沟通一周多的时间后，经项目组、婚庆公司和老师三方共同确认后，舞台设计终于确定下来，此时离活动仅有一周，很多东西都需要重新购置，只能立即下单，并通知赞助商加紧赶制，直到5月19日，才将所有的用具和伴手礼全部备齐。

婚庆公司则是比较拖沓，很多东西一周前交付给他们，到约定日期依然没有安排制作。当时已是5月19日，暖场视频和照片墙还在制作中。婚庆公司从下午开始布置操场，400张观礼椅和舞台一搭起来，终于有集体婚礼的实感。晚上10点，操场区域已经全部备好，舞台还差一部分，师傅一直组装到夜里12点才回去，凌晨5点又匆忙赶回来赶工，舞美音响都装好后，项目组成员一起帮着打气球绑在椅背后，终于在5月20日早上7点完成了所有的布置。

最难的是与嘉宾的沟通，经历了选人事件后，我们与嘉宾的沟通格外谨慎，但在安排位置的时候，意外发生了“C位之争”。在我们发布了60对嘉宾的站位后，有一对嘉宾因为怀孕的原因，要求调整，部分嘉宾往旁边移动了一个，其中有两对觉得自己的站位变得不好，影响拍照，与我们在电话里沟通了一个多小时，依然没有解决问题。在那天下午，我们特地预定了一个实验室，和这两对嘉宾单独沟通，从下午2点到5点，3个小时的面谈，终于解决了他们的疑虑。我们也紧急出台了新的方案，让有特殊需求的人尽量站在前排，第三次排位终于让所有人都满意下来。5月19日下午4点，细雨蒙蒙，即将参加婚礼的新人到操场进行彩排，显得格外激动又紧张，对现场布置和自己的位置都很满意，期待着明天早日到来。这也是我们全体项目组成员的愿望。

终于到了20日，这半个月来，项目组成员没有一天不关注天气的变化。预测从艳阳高照到大雨倾盆，再到现在的小雨转多云，每有变化，所有人都跟着一起紧张。幸好，我们足够幸运，仿佛是我们的努力感动了上苍，天公作美，天高气爽。

早上8点，所有工作人员全部就位，穿着统一服装，安排各自的区域。时间一点点流逝，亲友陆续进场，却还有好几对新人没到，急坏了现场所有的人，焦急地一遍又一遍打电话，清点到场嘉宾。眼看着已经9点了，操场上满是等候的亲友，还有一对新人没到，所有人的心都提到了嗓子眼，终于，新娘和新郎飞奔而来，在候场区列队站好，事情尘埃落定。8分钟后，中国科大首届集体婚礼正式开始。

雕刻时间，执手向前

2018年5月20日上午9点08分，伴随着主持人的庄严宣告，2018年“邂逅科大·缘定一生”首届校友集体婚礼正式开始。

在观众们的鼓掌与欢呼声中，60对新人依次走红毯，尽展幸福甜蜜笑颜，时而彼此相望，时而向两旁的亲友们打着招呼，紧紧牵着另一半的手，款款走上舞台。在浪漫氛围中，他们集体宣誓并交换戒指，向对方许下一生的诺言。现场观众随着主持人的倒计时，共同放飞寓意幸福的气球，将婚礼的气氛推向了高潮。

一对特殊的“新人”站起身，他们是中国科大原副校长、58级首届校友韩荣典老师与他的“学妹”范扬眉老师。2018年不仅是甲子校庆年，也是二老的金婚年，他们在此相识、相知、相许，见证了中国科大的六十载荣光。二老作为特邀校友参加这次集体婚礼，并作为校友代表发言，不仅作为两位睿智的长者向新人们传授着婚姻的秘诀，同时作为中国科大学子，二老也鼓励所有新人将科大的优秀文化和精神发扬光大，助力母校早日建成世界一流大学，不断创造新的科学高峰。

听着他们的故事，看着他们的幸福，很多人都流出了感动的眼泪，而对于项目组成员，一滴泪珠包含的不仅是感动，有太多的复杂情绪，或担心，或激动，或委屈，或不舍。伴随着校歌旋律响起，全体人员齐唱校歌《永恒的东风》，祝福新人幸福永久，祝愿母校生日快乐。校歌结束，新人将象征幸福的捧花和喜糖抛向观众席，将喜悦与甜蜜共享，首届校友集体婚礼在欢笑与喝彩中结束。

校领导都一致表达了对首届集体婚礼的高度赞扬，项目组全体成员感到这两个月的努力终于没有白费，开心地聚在一起拍着各种照片。我看着在场所有人的笑颜，感受到作为负责人特有的情绪，能为大家呈现出一场精彩的活动，十分欣慰；同时也不由感叹时间过得真快，太多的感动和不舍还没来得及抒发，一切都结束了。

当我再回忆起这一切时，和组员们一起奋斗的日子仿佛仍在昨天，那些欢笑、心酸、争吵、坚持，历历在目。只愿日后能有幸再次参与，不再是以组织者而是以嘉宾身份，让我重温当初举办的艰辛和感动，让中国科大见证我走向人生的下一阶段。结婚，是漫漫人生路的一个拐角，是余生两人同行的方式呈现。集体婚礼成就真爱，见证真情，在师生和校友共庆母校华诞的美好日子，刻下爱的印记，夫妻同心，共同走向未来。

执子之手，与子偕老。愿所有的感动都能珍藏，愿所有的祝福都能传递，愿所有的真爱都能恒久。衷心祝愿所有中国科大人都能寻一良人，相伴一生，永远幸福。

化成天下 ▶▷

小众的选择，别样的征程

——访中国科大选调生

文/刘春能　李芹娜

象牙塔的生活总是那么匆匆，曾几何时，我们还好奇地打量着身边陌生的面孔，慢慢地适应着全新的校园环境，默默地许下对未来的豪言壮语。转眼已是几个春秋，如今，我们就要收拾行囊离开了。毕业的时刻总会来临，毕业后何去何从，我们会面临多个选择，就业、考公务员、继续深造、留学甚至创业等。其中有这样一种选择，它虽是公务员的一种，但又与普通公务员有着不小的区别，这就是选调生。或许不少人对这个名词有所耳闻，但对其实质内涵可能知之甚少。选调生就是各省党委组织部门有计划地从高等院校选调品学兼优的应届大学本科及以上毕业生到基层工作，作为党政领导干部后备人选和县级以上党政机关高素质的工作人员人选进行重点培养的群体的简称。

中国科大虽然是一所以培养科学家为立校初衷的理工类院校，然而在社会经济发展日新月异的今天，培养出的人才发挥自身价值，为国效力的方式也越来越多样。在中国科大有一部分学子就将选调生纳入了自己的选择范围，他们精心准备，通过层层选拔，最终实现了自己的目标。前人的成功经验能够为后来人提供参考，接下来将讲述两位已经成功考上选调生的中国科大应届毕业生。

一

朱策，男，中共党员，信息科学技术学院控制工程专业2014级硕士研究生，在校期间曾多次获得研究生学业奖学金，并担任班级班委等学生干部职务。现已考取上海市审计局选调生。

人生，不只一个选择

临近毕业时，朱策一开始并没有准备要考选调生，而是打算进入企业工作。他结合自己的专业特点和个人兴趣，在研三上学期伊始，就相继面试了一些计算机类和网络类的企业，如上海远景能源、海康威视上海分公司、华为上海分公司及几家游戏类公司，且基本上都收到了录用通知，最终权衡之下选择了海康威视。所以研三上学期，朱策基本上就已经确定了工作。但是2016年10月份，上海市组织部来我校召开定向高校选调生宣讲会，听完宣讲会之后，手握企业录用信的朱策内心颇不宁静。不安于现状的他并没有坐等毕业后去海康威视工作，而是想着尽量给人生更多选择。思虑一番后，他开始着手准备报考上海选调生。作为一个安徽安庆人，为什么找工作和考选调生都选择上海这个城市？朱策坦言，自己选择上海的主要原因是另一半在上海工作。原来，朱策已经有了人生伴侣，为了方便照顾在上海工作的爱人，他把上海定为了自己工作的首选城市。有时候，奋斗的源泉就是爱情，另一半的支持与鼓励就是获取成功的最大动力。当然，除了爱情，朱策说，另一方面也是因为上海是一个国际性大都市，平台高，发展前景好，更容易实现自己的抱负与理想。在朱策眼中，理想与爱情，一个都不能落下。

选调生，价值认同很重要

关于上海市的选调生，朱策介绍，2017 年上海市主要面向北京大学、清华大学、中国人民大学、中国科学技术大学、南京大学、浙江大学等国内部分 985 高校和上海市本地高校选调应届优秀大学毕业生 100 名。选调职位为上海市市级机关和区级机关选调生职位，具体分为综合管理类、政法类、经济管理类、财务管理类、信息管理类、城市建设管理类六大方向。报考上海市选调生，只有职位的大类而没有具体职位，需要考试通过并被录用之后才能再分配。

公务员虽然是一个热门选择，但对于一个 985 高校的硕士毕业生来说，在薪酬方面，行政或事业单位与企业还是有很大差距。选择上海这样的大城市，消费和物价水平高，更要面临巨大的经济压力。但在朱策看来，“既然选择走‘选调生’这条路，首先就要在价值观念上认同它，愿意为自己的选择付出时间与精力，热爱这一职业。其次，职业的选择不能仅仅关注收入这一个因素，工作的好坏也不是单一的工资水平所能决定的”。对于朱策而言，做出考选调生这一决定，主要是因为自己对公务员价值的认同，并相信自己能够在公务员的职位上发挥应有的作用，既能够服务人民，也能够提升自我。

笔试与面试，缺一不可

朱策介绍，选调生考试对报考对象的限制条件更多，其中定向高校选调生考试只有少量的 985 高校应届毕业生才可以报考，这就严格限制了报考对象范围。所以选调生考试相对国家公务员考试来说，考试人数较少，但竞争非常激烈，需要认真备考。选调生考试分为笔试和面试，有的职位还加试专业科目。关于如何准备选调生考试，朱策有他自己的一套方法。在笔试方面，选调生笔试与普通公务员笔试一样，分为行测和申论。在朱策看来，“行测最重要的是合理分配时间，先易后难，先把自己擅长的、容易得分的题做完，然后再来做那些自己不太擅长、有一定难度的题，且不能留有空白题，并给自己预留充分的涂答题卡时间。至于申论，则要认真审题，答题必须得紧密结合材料，避免答非所问，造成偏题、跑题。”对于自己的笔试成绩，朱策坦言：“由于我之前参加过公务员国考和省考，积累了一定的笔试知识和经验，再加上考前的复习，所以取得了不错的成绩。”在面试方面，朱策认为面试的功夫应该在日常生活中练就，“平时就得注意关注一些时政信息，参加一些社团活动或比赛时可以多总结一些经验。”好多考生面试前可能会选择报培训班，学习面试答题技巧，增加面试通过率。但朱策认为，对于定向高校选调生来说，报面试培训班其实没有多大必要，只要自己平时多注意积累，考试时自信地展示便可。

二

原向勇，男，中共党员，火灾科学国家重点实验室安全科学与工程专业2014级博士研究生。从2012年9月进入中国科大求学至今，参与国家自然科学基金、国家“十二五”科技支撑计划和国家重点基础研究发展计划(973计划)等多个项目的研究工作，发表2篇SCI二区论文，1篇EI论文。曾担任火灾科学国家重点实验室2014级博士班班长和科普中心副主席等学生干部职务；荣获实验室科普中心“突出贡献奖”、校“优秀学生干部”、校“优秀团干部”、校“优秀毕业生”和安徽省普通高校“品学兼优毕业生”等称号。现已被陕西省录用为选调生。

工作不只是眼前的薪资，还有理想和夙愿

在就业的十字路口，很多人犹豫不决。身为博士，毕业时已近而立之年，会考虑结婚、买房等现实问题。另外，这么多年专业知识的学习，许多毕业生会有“专业情怀”，倾向于从事与所学专业相关的职业。原向勇在择业时又是如何考虑的呢?

关于为什么选择陕西的选调生，原向勇解释道：“选调生作为党政领导干部后备人选和县级以上党政机关高素质的工作人员人选，得到了党和政府越来越多的重视，我选择考陕西省的选调生并不是一时冲动，而是经过深思熟虑的，但也存在一定的巧合。其实早在大学的时候，我对公务员就比较感兴趣，参加过相关的讲座和模拟考试。去年，陕西省为加强党政干部队伍源头建设，进一步优化干部队伍结构，面向中国科大选调优秀毕业生，我抓住了这个机会。我选择去陕西做选调生，综合考虑了以下五方面因素：一是个人兴趣和爱好，受家庭和成长环境的影响，从小就有一个梦想，希望能够成为一名国家公务员；二是陕西作为我国中西部地区，和经济发达的东部沿海地区相比，经济发展相对落后，需要大批青年人才；三是国家实行‘一带一路’倡议，陕西作为古丝绸之路的起点，逐渐受到国际社会的广泛关注，后期发展力十足；四是我是河南人，河南和陕西是近邻，生活习俗和人文环境都比较接近，我能很快适应；五是家人给了我很大的支持和动力。”爱好、情怀、工作前景、生活环境、家人态度，全方位地周密思虑，造就了原向勇现在的这份坦然。

对于工作的薪资问题，原向勇说，有公司主动联系他，甚至向他抛出40万元以上年薪的橄榄枝，但是为了理想和追求，他还是选择了成为一名选调生。曾经也有人对他的选择提出质疑，有人问过他，“作为一个理工科的博士生，学习了多年的专业知识，选择成为一名选调生到基层工作，你觉得亏不亏?”他认为这不能用“亏”或者“不亏”来形容。在新的工作岗位上，也许读博期间学习的专业知识可能用到的并不多，但是在中国科大这5年学习到的看问题的角度、思考问题的方式、解决问题的能力和领悟到的中国科大精神和理念，他都将带到工作之中。他表示选择一个工作不能简单地用金钱来衡量，更重要的是实现自己的价值。全面建成小康社会和实现中华民族伟大复兴的中国梦，最困难的地方在基层。如果自己能够加入到这个队伍，到祖国最需要的地方，通过自己的学识和能力，为所在地方的发展和进步做出一点点贡献，这个价值是无法用金钱来衡量的。既然选择了选调生这条路，就要脚踏实地、勤勤恳恳地工作，去为全面建成小康社会和实现中华民族伟大复兴的中国梦贡献自己的青春和汗水。

标准答案就在平时的生活和学习之中

在激烈的选调生考试竞争中，如何脱颖而出？原向勇向我们详细地讲述了他的经验。

笔试是考生准备的第一步，选调生笔试考试分为行测和申论。在行测方面，考试时间紧，题量大，每道题的平均作答时间几乎不到一分钟。备考时，首先要对行测的题型有整体的认知，了解薄弱环节，然后有针对性地加强训练。考生要有“自知之明”，即了解自己的强项和弱项，做到有舍有得，有的放矢。在申论方面，要认真阅读材料，针对论述的问题，可以按照“是什么”“为什么”和“怎么办”的思路进行回答。申论考试的材料，大部分都是关于社会热点问题的，考生平时就要多关注热点新闻和新事物，比如共享单车。除此之外，考生还应该了解所考省份的省情，这样遇到相关问题，才能胸有成竹，从宏观到微观，有条不紊地作答。

笔试过后就是面试了，那么选调生的面试到底是什么样的？原向勇向我们描述了他的亲身经历以及他对面试技巧的见解。面试一般采用结构化面试，主要考察考生的综合分析能力、组织沟通协调能力、人际交往能力和技巧以及应变能力等。首先，要注意着装，以整洁美观、庄重大方为原则；其次，要思路清晰，层次分明地回答问题。关于面试技巧，他觉得技巧的确是成功的一部分，但是不管是笔试，还是面试，答案其实就在我们平时的生活和学习之中。他在面试过程中，遇到的一些问题，恰恰都有过类似的经历，所以在回答时，首先他会讲述他遇到的类似问题的处理方式，然后再针对考试问题，进行详细的阐述。结合自己的经历回答问题，有理有据，更有信服力。他认为经历很重要，在中国科大这 5 年，导师对他的培养和教育、学生干部的经历，使他得到了很多历练的机会，成长了很多。所以，我们平时应该多经历，多思考，抓住每一次锻炼和表现的机会，使自己尽快成长起来。比如，可以通过参与学生活动和课题组的公共事务，锻炼自己思考问题和解决问题的能力。无论毕业以后选择继续科研还是到企事业单位工作，养成乐于思考、勤于思考和善于思考的习惯，都会让你受益匪浅。

后记

两位毕业生即将离开母校，让我们一起来听听他们的毕业感言。

学习上，中国科大浓厚的学习氛围，良好的学习条件，老师们钻研求实的科研精神都给我留下了深刻的印象，自己也受到很大的激励和影响。生活上，中国科大对学生无微不至的关怀，同学间和谐友善的相处氛围，让我度过了愉快的 3 年。离开中国科大，虽然满满的不舍，但我立志以“红专并进，理实交融”的校训鞭策、勉励自己，在新的工作岗位上努力奋斗，做好人民的公仆。最后，也非常感谢母校对我的培养，感谢老师和同学们对我的教导与帮助，衷心祝愿母校中国科大越办越好，再创辉煌！

——朱策

非常感谢中国科大给我们提供了如此优越的学习环境和舒适的生活环境。在学习方面，先进的实验器材和设备，为开展科学研究提供了便利的条件；举办各种学术讲座，邀请国内外知名专家学者前来讲学与交流，让我们与学术牛人面对面交流，及时接触到国际学术前沿成果。不仅如此，我校求真务实、刻苦钻研、低调创新、学术自由的氛围，也潜移默化地影响着每一个中国科大学子。在生活方面，学生宿舍都安装了暖气和空调，学校免费的健身房和校车，让我们感受到了实实在在的福利，感受到了身为中国科大学子的幸福与骄傲。在中国科大学习的5年，我不仅学习到了专业知识，也学习到了很多为人处世的道理。我将始终铭记中国科大"红专并进，理实交融"的校训，坚持"从群众中来，到群众中去"的工作思路和"一切为了群众，一切依靠群众"的工作理念，更好地为党和人民服务。最后，衷心祝愿老师们身体健康，工作顺利，生活愉快！衷心祝愿母校中国科大越办越好，培养出越来越多的国际一流人才，创造出越来越多的国际一流成果！

——原向勇

我在西藏做公益

文/任萍萍

如果说一生必须要去的地方，非西藏莫属，那里有着一股神秘的力量；

如果说一生必须要去的地方，非日喀则莫属，那是离太阳最近的地方；

如果说一生必须要去的地方，非萨迦莫属，那是远离尘嚣的净土。

我曾在脑海中无数次遐想，会以怎样一种契机来到西藏，没曾想是教育公益计划。在中国科大学习时，我就深受学校热心社会公益的氛围影响。“用一年的时间，做一件终身难忘的事”，19 年来，中国科学技术大学开展面向西部支教的公益活动从未间断，没有辜负李克强总理对中国科大支教队“志愿服务，报效社会”的殷切期盼。西部支教体现了志愿服务精神和中国科大的校风，这种精神薪火相传、创新卓越。

2017 年 3 月，杰出校友刘庆峰宣布科大讯飞将投入 1000 万资金支持教育公益计划，帮助偏远落后地区的学校建设智慧课堂，这是中国科大人的一分责任与担当。在西藏萨迦县的捐赠拉开了整个教育公益计划的序幕。为期 3 天的西藏行，有着太多的感动与艰辛。

这是一次爱心之旅

4 月 11 日清晨，我们登上了飞往日喀则的航班。因为没有直达航班，我们需要在成都转机，当晚只休息了 2 个小时。飞机降落那一刻，我们甚至还没缓过神。直到走出机舱，灼热的阳光照得人睁不开眼，我才意识到，真的到了日喀则，那个离太阳最近的地方。

去往市区的路上，经过雅鲁藏布江，在阳光照射下泛出点点星光。天空湛蓝，江水澄澈，偶见牦牛信步道旁，眼前的美景让人暂时忘却旅途的疲惫。可紧随而来的高原反应让人猝不及防。办理完入住，我的嘴唇便开始发白，呼吸不畅还伴有呕吐。当地援藏干部给我送来了葡萄糖和氧气瓶，插上氧气管，顾不上休息，我们便开始商讨工作行程及捐赠细节。

萨迦县地处喜马拉雅山和冈底斯山之间，平均海拔近 5000 米。3 天的行程，我们走访捐赠了萨迦中学、扯休乡中心小学等 6 所学校，为孩子们送去了价值 52 万元的教育产品。所到之处，我们受到了当地高规格的礼遇。

虽然和这些孩子素昧平生，却总感觉一见如故。常年经受风沙的侵袭，孩子们的脸蛋早早便留下岁月的痕迹，那些明亮清澈的眼神看得让人心疼。他们把我围拢起来，教我说藏语。我问“好好学习”怎么说，他们翻译成藏语教了我 3 遍。我说，你们一定要好好学习，将来考上大学。短暂相处，便已情谊难分，他们抱住我不让我走，我的心里很不是滋味。艰难地爬上了吉普车，孩子们仍然追着车子久久不愿离去。我看着他们，忍心转过头，眼角已不知不觉湿润。

这是一次成长之旅

从日喀则到萨迦有3个小时车程，途中要翻越一座海拔5000米的高山，高原反应愈发严重，插上随车的氧气管，我和上海援藏干部苏小超聊起了援藏经历。苏小超是我的校友，也是这次活动的对接人。他告诉我，2014年他带领上海市企业家来萨迦做捐赠，深深被这片神奇的土地吸引。没想到两年后，就真的作为上海市第八批对口援藏干部一员来到了萨迦。他说援藏真的很辛苦，但也非常光荣，以前不觉得，真的到了这个地方，感触会非常深。这一年多，他跑遍了萨迦各个村庄，行程超过10万公里。

“我觉得对得起组织、对得起藏区同胞，唯一对不起的是家人。我和我女儿每周打一个电话，每次问我什么时候回去，我都不知道怎么回答。”苏小超说，“我还要在这个地方待3年，要为萨迦建现代观光农业园，还有好多事要做。”

我问他最难忘的经历是什么，他笑着说被狼群攻击算不算，他没继续往下说，倒是接下来这件事情说的很动情。有一次走访农家，看到一个小男孩写作业，就问他为什么不去上学。苏小超转过头让我猜，我疑惑地摇摇头。“那个小男孩说家里只有一双鞋，那天他哥哥穿着鞋上学去了。”我心里不禁咯噔一下，我不忍心继续问下去，从他不经意的只言片语中已经深深体会到了援藏干部的不易，藏区孩子们的艰辛。这件事情对我触动很大，后来我跟同行的队友说，所谓的成长就是要经历，所谓的卓越就是要非凡经历。来西藏就是这样一段非凡的经历。要学会在风雨中奔跑，在阳光下灿烂。这段经历也更加坚定了我要把教育公益做下去的决心，我想，西藏只是个开始。

教育公益　我们在路上

在每一个捐赠点，我都说了这样一句话：希望通过公益捐赠，为孩子们撒播下3颗种子：一是科技的种子，要相信科技的力量；二是奋斗的种子，要相信知识可以改变命运；最后是快乐的种子，希望孩子们能开心学习快乐成长。

3天的时间很快，来不及欣赏沿途的风景，教育公益行西藏站就这样结束了。在送我们去日喀则机场的路上，司机师傅平措大哥又唱起了那首《家乡》，歌词中“说的那条美丽的河”就是眼前的雅鲁藏布江。微风吹拂江面泛起层层涟漪，在金色的阳光照耀下分外迷人。我让平措大哥停车，在雅鲁藏布江边留影。

这时手机响了，是萨迦中学校长舒世文发来的信息：“跨越千山万水的无私捐教，感谢科大讯飞，你们播撒在孩子们心中的3颗种子一定会生根发芽，茁壮成长!”看着校长平实暖心的话语，脑海中不断浮现出孩子们可爱的脸庞，心中一股暖流涌动。

上车，带着感动出发，一如来时的路。

聚焦“精准扶贫”，助力脱贫攻坚

——中国科大博士生团赴阜阳调研

文/胡小丽　马晓丹

近日，由团中央学校部指导，《中国青年报》、人民网共同主办的 2017 年全国大中专学生“三下乡”社会实践“千校千项”成果遴选活动结果揭晓，中国科学技术大学博士生实践服务团成功入选为全国重点团队，同时此次实践服务项目成功获评为“千校千项”——全国最具影响好项目。

在我国脱贫攻坚形势严峻、阜阳市精准扶贫工作初步取得可观成果的背景下，中国科学技术大学博士生实践服务团（以下简称“博士生团”）于 2017 年 7 月 26 日至 30 日赴安徽省阜阳市进行“三下乡”暑期实践调研工作。我校博士生团通过调研阜阳市脱贫现状，聚焦产业扶贫和科技扶贫，研究阜阳市精准扶贫、精准脱贫的模式和方法，为阜阳市脱贫攻坚出谋划策。本次博士生团由中国科大研究生会负责组建，校团委郑杰老师带队，秉承“理实交融，服务地方”的宗旨，以“投身社会实践，助力脱贫攻坚”为主题，助力地方脱贫攻坚。

一、任重

为积极响应党和国家打赢脱贫攻坚战的号召，我校博士生团走出校园，实地考察，去真正感受精准扶贫的现状。采访中，郑杰老师向我们说明了聚焦阜阳市的两大原因：一是作为农业大市，阜阳市是中原经济区的门户城市，但同时也是安徽省贫困人口最多的地级市，是大别山特困区和皖北扶贫开发重点区“两区”叠加的脱贫攻坚主战场，面临着脱贫攻坚和全面建成小康社会的“双重使命”；二是近年来，阜阳市围绕“科学扶贫、精准扶贫、精准脱贫”大力开展脱贫攻坚工作，扶贫成果在全省名列前茅。

在此背景下，由郑杰老师指导，博士生团经过前期充分的资料准备与研讨，踏上了为期 5 天、辗转多个区县实地调研的征程，并在此征程中获得了许多难得的体验，也对当地情况进行了深刻的思考与探讨。

二、实践

调研初始，博士生团先后参加了由阜阳市政府、太和县政府及颍东区政府举行的座谈会，深入探讨了阜阳市地方经济发展状况、脱贫攻坚概况及精准扶贫政策等问题，博士生团从整体上掌握了阜阳市的脱贫现状，为后续调研打下了坚实的基础。

在这 5 天里，博士生团深入乡村基层一线进行调研。天气炎热，道路崎岖，但是博士生团的成员们坚持开展访问与调研工作，丝毫没有退却。他们先后前往了颍东区插花镇毛桥村、太和县马集乡、港集村、马北村等阜阳市基层一线，切身感受到了阜阳市脱贫攻坚工作的进展，积极地就阜阳的扶贫方式与领导们进行深入交流，并对此建言献策。

在调研的第一天下午，博士生团对当地贫困户进行了走访工作。成员们发现在健康扶贫政策的帮助下，当地居民已享受金融扶贫、光伏扶贫等政策福利，生活条件都得到了改善。一位退休老书记的事迹令人感动。他因病致贫，依靠政府在医疗领域的扶贫政策才得以继续治疗，如今病情稳定，他主动将自己的宅基地贡献给当地乡政府建设文化广场，为村民们的休闲娱乐提供场所，使得该村的环境面貌焕然一新，为当地的基础设施建设贡献了一份力量。博士生团感受到村民在享受国家优惠政策和真切关怀的同时，也会非常感激政府的帮助，愿意为政府工作的开展奉献力量。由此可见，政府与百姓之间的关系、感情，随着精准帮扶的不断推进而越来越紧密。

调研活动开展的第二天，博士生团动身前往太和县。太和县党委副书记潘江徽对博士生团的到来表示了热烈欢迎，并介绍了太和县精准扶贫现状及当前工作重点。他谈到太和县脱贫任务重大，希望博士生团能站在更高角度，在实践中增才干，长知识，融入社会，发现问题，反映问题，并为脱贫事业提出可行性建议。

接下来的两天，博士生团前往旧县镇大张村扶贫就业车间，了解到流水线上的操作工大多为附近村庄的贫困村民。当地企业为太和县学生提供假期带薪实习岗位，以便减轻家庭负担。除此之外，众多高新技术企业也积极参与，为留守儿童提供趣味培训班，真正做到了科技扶贫。

习近平总书记强调，“发展产业是实现脱贫的根本之策”。调研活动的最后一天，博士生团来阜阳智能制造产业园区参观企业。其中“新方尊创新工场”是由清华大学实验室创新团队开发的，主要从事高科技泡沫铝材料的生产；强旺集团和华信生物药业，他们通过建设健康产业园以及与各地知名高校合作的方式进行运营；三宝线业作为高新技术企业积极响应“百企帮百村”政策，通过吸引就业以及资金支持的方式，对贫困村实行定点帮扶。博士生团通过与企业管理人员进行深入的探讨和交流，感受到了高新技术产业对经济发展以及扶贫的巨大带动作用。当地企业积极承担社会责任，设立产业园区带动当地经济发展，为村民提供大量就业岗位，真正实现了“一人就业，全家脱贫”。

当然，扶贫工作并不总是一帆风顺的。博士生团在对马北村、胡集村等基层扶贫工作者的访谈中发现了存在的问题，如部分村民的固有思想造成当地金融扶贫、土地流转等政策的开展较为艰难。博士生团在调研座谈会中提出，基层开展扶贫工作的关键点在于精准识别，并提议基层工作者在识别贫困户过程中根据本地区脱贫攻坚现状，组织召开全村村民大会，通过小组推选、投票选举、民主测评等方式设立评议小组，确保群众决策、对象精准、公开透明，识别出真正的贫困户，并为后续帮扶工作奠定基础。

在各个考察地点，博士生团都受到当地政府和基层负责人的热情接待，博士生团通过走访基层，深入探讨和交流，对阜阳市扶贫工作、产业发展进行了多方面的调研，以此促进当地经济发展工作，助力脱贫攻坚战役的稳步推进。郑杰老师表示：“愿以此次调研为契机，建立阜阳市和中国科学技术大学的联系平台，共同努力，共筑国梦。”

三、真知

本次博士生团实践调研活动得到了我校领导的高度重视，同时也得到了阜阳市政府的大力支持。通过5天赴阜阳的实地调研，博士生团不仅了解了阜阳市经济发展情况、基层群众的生活状况、脱贫攻坚的思路及基层开展扶贫工作的基本模式，还对阜阳市的产业发展和扶贫工作有了更深入的思考。在圆满完成各项实践调研任务的同时，博士生团与当地政府开展深入探讨，并积极搭建中国科大与阜阳市进一步交流与合作平台，以期深化合作，促进校地、校企的科技成果转化。

我们采访了博士生团团长，他表示最大的感受就是"艰辛知人生，实践长才干"。作为还未走出象牙塔的学生，到基层锻炼的机会是非常少的，此次带队去阜阳调研精准扶贫，让他深深意识到读"无字之书"的重要性。他讲道"我们经常能在演讲台上高谈阔论，在会议室里侃侃而谈，也常常觉得自己懂的很多，但反躬自省，当我们真正投身实践来到基层时，就会发现要学的还很多，其实人民群众才是我们真正的老师。经此一行，我个人也更加坚定了以后要投身基层、奉献自我的决心。"

经过博士生团的系列调研发现，阜阳市在当前取得突出成绩的同时，脱贫攻坚工作未来仍然面临一些挑战，如底子薄、历史欠账多、产业扶贫与健康扶贫的短板等。针对这些问题，博士生团提出了一些具体措施，目前已写成6万字的调研报告集，反馈给了阜阳市当地政府。

此次博士生实践服务项目入选团中央"千校千项"全国最具影响好项目名单，不仅是对博士生团过去所取得成果的认可，也为未来的前进道路指明了方向。正如习近平总书记对中国科大学子的勉励："做有理想、有追求的大学生，做有担当、有作为的大学生，做有品质、有修养的大学生。"博士生团在圆满完成各项实践任务的同时，不仅为我校与阜阳市的进一步交流与合作搭建了良好的沟通平台，而且在感受祖国发展的同时，更加深刻地理解了习总书记对当代青年的殷切期望，体会到了国家和社会所赋予当代青年的责任，加深了对自身的理解和认识，进一步坚定了报效祖国、服务人民的理想。

四、道远

为全面提高我校学生整体素质，同时更好地服务于社会，我校自2004年起每年暑假都会组织博士生团赴全国各地进行考察调研，10余年来，先后走访了辽宁鞍山、四川绵阳、陕西西安、安徽宣城等地，并与当地政府、企业、高校等单位进行了密切交流，为当地经济社会发展出谋划策。

扬帆起航再出发。正如郑杰老师所言："高校培养学生，除了立足提高学生科学文化知识外，应该开展多样的实践活动，让学生去了解社会，体察国情，以期学以致用，希望研究生们可以利用专业所长，为基层的发展提供实质性的帮助。"

扶贫攻坚正在进行时，实践学习不松懈。相信我校师生定能不忘初心，牢记使命，紧紧围绕实践育人的工作重心，服务学校发展大局，不断增强博士生实践服务项目的针对性和实效性，推动这一品牌项目取得更大的进步。同时，以不断实践为契机，将深入基层、服务基层、助力脱贫攻坚的热情传递给更多在校硕、博研究生同学，期冀更多的学子以满腔热情与才华，投身于社会实践，投身于基层，为实现中华民族伟大复兴的中国梦贡献青春和力量。

追寻大西北的丝路记忆

——访甘肃“一带一路”星火实践团

文/刘 华 阮雪松

伴随列车缓缓启程,“一带一路”星火实践团(以下简称“星火实践团”)的团员们踏上了他们的征途。这是由中国科大团委老师、研究生组成的 13 人队伍,他们一路向西,手捧着《大唐西域记》,走玄奘当年所走之路,感受着沿途天翻地覆的变化。

在此次“一带一路”实践活动中,校团委张铁老师作为指导老师,率领黄山、杨素雪、罗锐等 12 名成员开展实践活动。为深入学习贯彻校团委关于青年成长成才的一系列重要精神,该团队以“一带一路”倡议为契机,前往甘肃省,实地考察调研兰州、嘉峪关、张掖、敦煌等地。通过考察调研、文化观察、开展团中央“丝路新世界,青春中国梦”专项活动等形式,弘扬“丝路精神”,传承“丝路文化”,为“一带一路”倡议建言献策。

一带一路行,陇上风光好

2017 年 7 月 23 日,到达兰州后,星火实践团按计划正式开展考察活动。第一站是甘肃省博物馆,并在该省博物馆、兰州大学等地分发问卷,进行调研。通过在兰州的调研,团队成员初步了解了兰州作为一座历史文化名城在古今“丝绸之路”当中所起的独有作用。这次实践活动受到了张掖市市委的特别邀请,在市团委张靖主任的接待与介绍下,该团进一步了解了张掖悠久的历史、灿烂的文化、优美的自然风光和独特的人文景观。市团委张靖主任在接受了实践团的访谈后,表示欢迎更多的中国科大人来张掖市进行游学。张掖市作为丝路之旅的重要一站,实践团在考察过程中也发现了很多值得深入思考的问题。在城市发展方面,张掖市基础工业缺乏,主要产业是农业,且以玉米为主要农作物。在旅游业发展方面,虽然有着得天独厚的地理条件,然而交通不便,加上旅游景点的宣传力度不足,使得许多游客望而却步。团队成员们通过兰州、嘉峪关、张掖、敦煌 4 座城市的对比研究和宏观把握,在整理调研和访谈资料的基础上,提出了切实可行的实施方案,为张掖市的发展建言献策。

实践出真知,途中见不足

星火实践团的成员们在调研的过程中,采访了政府人员、旅游景区的工作人员、本地居民、外地游客以及专家学者,在感受到甘肃省丰富的旅游资源之外,更多地意识到甘肃省发展旅游业存在的不足,目前来陇各大景区旅游的还是以甘肃本地以及其他西北地区的游客为主,长此以往不利于旅游业的可持续发展以及丝路文化的传播。针对在调研过程中发现的问题，星火实践团提出了充分发掘本地特色、打造文化品牌、发展旅游业、承接文博会和文艺演出等活动的建议，以推动沿线城市更好地融入“一带一路”倡议中。

黄山，2016级人文与社会科学学院的研究生、校团委青干中心的副主任，作为星火实践团的主要负责人以及活动的全程参与者，她通过结合我校自身优势和特点，从宏观上提出了依靠“C9”联盟帮助沿线城市做好游学工作。具体就是在联盟中宣传本次实践活动，向其他高校介绍甘肃省得天独厚的旅游资源，推动甘肃省纳入到其他联盟高校今后游学工作的计划之中，依托这个平台在高校范围内扩大甘肃省旅游业的知名度和影响力。

实践团的其他成员也有自己独到的建议：秉持着“要致富，先修路”观点，建议加强包括交通建设在内的基础设施建设，提高景区与景区之间、县市与地市之间、地市与地市之间的通达度，增强联动效应的；可以与其他省份的城市建立友好城市关系，通过走访调研交流，相互借鉴，取长补短，在获取到其他城市发展旅游业的宝贵经验的同时，也能在一定程度上宣传甘肃，扩大知名度和影响力。

总之，在星火实践团的调研过程中，成员们在沿途领略无比壮美风光的同时，也感受到了甘肃省旅游业发展的不足。对此，成员们通过细心观察，实地走访，认真总结，为解决这个问题出谋划策，贡献自己的一份力量，也使得自己、整个团队在实践的过程中获得了从书本上获得不到的真知。

心系大西北，星火照丝路

当看到团中央“丝路新世界，青春中国梦”专项时，黄山主动申请担任团长，怀抱着对西北风光的憧憬，期待着重走这条丝绸之路，去感受千年莫高窟的神秘，感受甘肃厚重的丝路记忆。作为本次实践团的团长，她深知要承担起更大的责任，所以从项目申请成功后她便开始了复杂的准备工作。在本次“三下乡”实践调研活动中，作为一个南方人，黄山表示第一次真正感受到了别具一格的西北风土人情。在为祖国美丽风光而感到震撼的同时，她发现更重要的是以实践经历亲身感受“一带一路”的现实意义，也希望此次暑期实践的调查报告能得到相关政府和媒体的关注，使西北文化旅游资源吸引更多人前来参观，并以此为契机，号召西北以固有文化旅游资源发展经济。

谢欢，校团委青年媒体中心的副主任，一位腼腆文艺的理工科男生。他是本次“一带一路”暑期实践团的摄影师和文笔担当，主要负责每天微信宣传稿的撰写和摄影工作。每天匆忙又紧凑的行程，让他养成了上车就睡觉的习惯。晚上大家都睡了，他却在熬夜编辑宣传稿，有时一晚上只睡一个小时。茫茫戈壁，漫漫沙漠，相机下的每一个镜头都是一幅令人心醉的图画。他说，走过丝绸之路上的每一座古城，都能感受祖国大好河山的壮阔秀丽。

桂煜，地空学院2016级大气物理与大气环境专业研究生，他表示如今正是国家“一带一路”战略的深入发展期，张掖应该积极抓住这一战略机遇，更好地融入到国家发展的大潮之中去。团员们在实地调研和讨论后认为，应该以兰州和敦煌为两段，设计一条穿过张掖的旅游线，此外，还应该大力发展张掖的研学游，从而扩大张掖旅游业的影响力。

驼铃阵阵，羌笛悠悠，丝绸之路屹立千年。如今，“一带一路”经济带兴起，千年古道重焕青春。道途渺渺，数座名城散布大漠，将华夏民族推向世界，为文化交流搭建大舞台——“金城”兰州，“张国臂掖”张掖，“天下雄关”嘉峪关，“飞天故乡”敦煌……如同颗颗明星，串于丝绸古道、河西走廊，尽展青春朝气、绚丽光彩。此次“三下乡”社会实践活动中，“一带一路”星火实践团踏上了西北这片广袤而底蕴深厚的土地，团员们感受着古老的中华文明，寻访着这片土地承载的历史足迹，感知着这里将要再次腾飞的气息，以自己的科学文化知识为加快融入“一带一路”倡议、推动西北地区的发展建言献策。

大山深处，仰望星空

——记中国科大地空学院师生云南科普支教之行

文/蒋　颖　蔡文鋆　许　蕊　常弗鸣

9 月 1 号是每年开学的日子，分发新课本、认识新同学是这天的惯例。在云南玉龙纳西族自治县太安乡天红励志博爱希望小学，对于翻山越岭到达学校、满怀希望开始校园生活的孩子们来说，这是格外热闹的一天。就在这一天，学校来了 20 多位让孩子们感到无比新奇的“客人”——他们是来自中国科学技术大学地球与空间科学学院（以下简称“地空学院”）的老师及博士生们。完成了前期辛勤细致的准备工作后，他们不远万里来到云南，在参与暑期实习的过程中，也给静谧的小山村注入了一股新的活力。

千里跋涉，奔赴山村

“老师，太阳和地球到底有多大?”“外星人是什么样子的?”科普支教中的内容引起了学生们的强烈兴趣，他们举起小手纷纷提问道。虽然时隔两个多月，孩子们求知的眼神、质朴的话语仍然烙印在常弗鸣的心里。他回忆说，当时站在讲台上先是一愣，继而从教室后面拿出一个篮球和一个乒乓球，用打比方的方法向孩子们解释了太阳和地球大小的问题。“我如果用学术语言的话，孩子们肯定听不懂，还是用直观的方法来进行科普比较好。”

常弗鸣是这次科普支教活动的成员之一，他所支教的这所希望小学在云南一个偏僻的小山村中，海拔 3000 多米。这里虽然山清水秀，民风淳朴，但也近乎与世隔绝，交通不畅。“当时从丽江出发，沿着山路坐了一个多小时的汽车，下了汽车又走了 30 多分钟才走到村子里。”全校有 6 个年级，近 100 个学生，10 位老师，却没有一位专门教授自然科学的老师。“孩子们很活跃，下了课很多孩子都会围过来问我问题，能感受出他们对自然科学知识的渴望。”常弗鸣说道。

为了这次科普支教活动的成功举办，地空学院的师生们从 7 月份就开始准备。这次活动的带队老师申成龙介绍说：“去云南科普支教的中国科大学生是经过严格筛选的，先是自愿报名，再是经过专门的授课培训，只有符合要求的学生才能通过筛选。在去支教之前，我们会让学生进行试讲，针对不足的地方，由老师进行单独的指导，反复进行修改、加工、优化设计，通过最终的答辩才会让学生走上讲台。”“当时经历了好几轮修改，想讲的内容很多，舍不得删减，但为了达到更好的效果，不得不删。”常弗鸣告诉我们。然而，这样的精心打磨和准备在正式开讲时还是碰到了难题。“当时有一组同学，准备拿金字塔举例子，然后一步一步讲解大气的科普知识，但是当他们问学生‘你们知道金字塔是什么’时，得到的答案都是不知道，当时他们感觉没法讲下去了，没有想到学生的基础那么薄弱。”申成龙老师说，“从另一个方面说，这也是一次经验积累，对于我们中国科大的学生来说，下次科普支教的时候就知道该怎么将抽象知识讲解得更加生动形象了。”

一隅之地，仰望星空

在孩子们面前摊开一张地图，他们会惊奇于世界上还有这么多其他地方。他们印象中所了解的世界，大概就是自己的家、学校和翻过两个山头的集市。师资匮乏、接触自然科学知识的渠道少是摆在这些孩子面前的现实问题。“当时感受比较深的一点是，国家对基础教育的硬件投入还是很给力的，学校其实不缺现代化的教学设备，真正缺的是老师。很多老师对自然科学这方面既不了解，也不重视，当地的教学更多的是关于识字和算术。”不少参加支教的师生发出这样的感慨。事实上，对于科普的内容，当地学校的很多老师也是第一次听到，所以这次科普也同样激发了他们的兴趣。课后他们向地空学院的师生们索要了科普的课件，并且询问了接触科普知识的途径。“孩子们需要有人引导他们去探索和发现世界是什么样的，这需要老师有意识地介入和培养，这次科普支教相当于在他们心中埋下了一颗种子，只要有一两个学生产生了仰望星空的想法，都是我们最大的收获。”申成龙老师说道。

为了这次科普支教活动，地空学院的学生们查阅了大量资料，收集讲课的主题和素材，还针对小学生设计了专门的教学方式，做了大量准备工作。这次科普支教一共举办了 6 场讲座，每场都座无虚席，反响热烈，他们的努力最终得到了回报。其中，地球和空间科学学院的薛向辉教授还亲自给同学们带去了一场生动的关于太阳活动的科普，学生们的反应和问题也给薛老师留下了深刻的印象。薛老师说：“大山里的孩子对知识有更强烈的渴望，希望我们的科普讲座能在孩子们内心播下种子，在他们仰望星空的时候，生根发芽。”

除了这些准备之外，地空学院的学生们在学校操场上搭建起了望远镜，让孩子们体验了实地观测的效果。对于孩子们而言，亲眼观测到太阳黑子，是一次与科学的真切接触，也为他们打开了新世界的大门。孩子们眼中闪现出的激动和不自觉发出的惊呼，让地空学院的师生们倍感欣慰。“他们很感兴趣，我们讲得也很有动力，传播科学知识本身是一件让人很开心的事。”常弗鸣说。

持之以恒，传递火种

问及这次支教活动中印象最深的事情，申老师颇有感触地说，“这些云南山村里的孩子，与东部其他地区的同龄孩子相比，他们的知识实在是太匮乏了。我在很多不同的地区做过科普活动，那些经济相对发达的地区的孩子们有很多机会和资源接触各种不同的知识。相比之下，这些孩子在眼界和思维上都有相当大的差距。”

据了解，这次科普活动得到了云南天文台的大力支持。云南天文台的相关老师和学生负责联系了这次科普活动。同时，他们也全力的参与活动组织工作中。从 2017 年开始，地空学院每年将联合云南天文台举办科普支教活动，将其发展为地空学院的特色项目之一。科普支教前学生们将在云南天文台进行专业实习，然后再将所学知识带到课堂当中。申老师告诉我们：“科普支教一方面能锻炼支教学生的科学实践能力，让他们学会将理论与实践相结合，另一方面也能起到传播科学的作用，帮偏远地区的孩子们打开科学之门。我们的活动目的不仅是激发孩子们的兴趣，也希望提高老师们学习的兴致，达成一种双向影响的效果。我们的支教活动可能无法对孩子们的人生产生巨大的影响，但至少能让他们稍微了解到外面的世界。如果能在他们的心里种下兴趣的种子，指引他们探索外面的世界，我们的所作所为就实现了价值。”

对于中国科大的学生来说，这次科普支教活动培养了学生们在支教和科普实践方面的能力，也让他们体会到了传递知识的快乐和成就感。此外，学生们通过亲身体验，了解到我们国家还有很多教育很落后的地方，这也启发了他们去思考自己在国家、社会中应该承担的角色和责任。

科普教育不仅是指学校拥有完善的教学设备，开设种类齐全的课程，更应该关注对学生思维的引领，通过传播科学知识，激发孩子们的想象力和创造力。一旦好奇的种子在心中生根发芽，等到合适的时机来临，也许就能开出科学之花。在采访的最后，申老师表示，他们会把科普支教坚持做下去。此外，参与的老师和同学们也希望未来能开展更大学科范围的支教活动，参与到当地不同学科的科普支教团队中。我们期待这些温暖一定可以在孩子们的心里生根发芽，开出绚丽的花，我们也相信薪火相传生生不息的努力将在可见的未来为我们创造一个更美好的世界。

扎根大山，精准扶贫永远在路上

——访中国科大驻龙马村扶贫工作队队长、第一书记金长江

文/刘春能

金长江，男，中共党员，博士，副教授，中国科学技术大学驻金寨县燕子河镇龙马村扶贫工作队队长，龙马村第一书记。

龙马村位于金寨县燕子河镇西北部，地处大别山腹地，平均海拔720米，是典型的高寒山区村。山林面积多，耕地面积少，产业结构单一，资源匮乏，基础设施落后，交通闭塞，经济发展缓慢，是金寨县深度贫困村，目前在册贫困户105户212人，其中一般贫困户45户124人，低保贫困户28户54人，五保贫困户32户34人，2014年被列为国家级贫困村。

校村对接，驻村帮扶

党的十八大以来，党和政府高度重视扶贫开发工作。2013年11月，习近平总书记在湖南湘西考察时首次提出了“精准扶贫”的概念，经过不断发展和完善，“精准扶贫”成为指导我国扶贫开发工作的重要战略思想。安徽省是中部地区的农业大省，“精准扶贫”工作任务繁重，安徽省委、省政府按照国家的政策部署，大力推动省内的扶贫开发工作。中国科学技术大学作为安徽省重点高校之一，积极响应和支持省委、省政府关于“精准扶贫”工作的指示和安排。

2014年7月，我校按照安徽省委、省政府统一部署，积极参与全省扶贫开发工作，对口帮扶金寨县燕子河镇龙马村。接到此次扶贫任务后，我校专门成立了扶贫开发领导小组，将扶贫工作作为我校积极落实国家战略、服务区域经济社会发展的重要工作。3年多来，我校以习近平总书记“精准扶贫、精准脱贫”重要战略思想为指导，发挥教育优势，突出中国科大特色，坚持抓好教育扶贫、产业扶贫，并选派扶贫干部担任驻村扶贫工作队队长、第一书记，工作在村，吃住在村，帮助龙马村贫困村民脱贫致富。目前有3位同志驻守在该村脱贫攻坚第一线，现任龙马村扶贫工作队队长和驻村第一书记是我校金长江老师，从2017年8月被选派驻龙马村至今，已经在龙马村工作、生活了6个多月，这期间的扶贫工作经历让他感受颇多。

问诊把脉，精准寻因

只有“对症下药”，才能“药到病除”。从金长江老师口中知晓，为了寻找龙马村贫困“症

状”，我校驻村扶贫工作队展开了长时间的调研，详细了解了龙马村的情况。在自然环境方面，龙马村地处大别山腹地，山高林密，且大部分山区处于未开发状态，可利用的资源较少；在交通方面，龙马村地处深山，交通闭塞，物流运输困难，产品出不去，快递也进不来；在产业结构方面，受自然环境的影响，龙马村产业结构单一，以林业为主，农业发展受到面积不足和可种植农作物品种较少等限制；在人口结构方面，龙马村是一个典型的“留守村”，虽有3000多人口，但青壮年劳动力外出打工居多，留守村里的多是老人、小孩或身体抱恙的。在金老师看来，这部分留守人群一方面思想观念比较保守，对新事物的发展，还有新政策的实施，接受度比较低；另一方面他们自身体力不够，没有专业技能，干不了重活或技术活。对于这部分人群，要找到适合他们的产业项目比较困难。龙马村的致贫原因多样而复杂，有因病致贫、因学致贫，也有因年老体衰、青壮年劳动力缺失致贫等。

综合施策，济困扶贫

明确扶贫任务，履行光荣使命。金老师向我们介绍，我校驻村扶贫工作队的工作职责主要有四项：一是对接我校与龙马村之间的帮扶项目，比如产业扶贫、教育扶贫、基础设施建设等；二是落实当地政府的相关扶贫政策，如向群众宣传党和政府的奖励政策、解读扶贫文件精神等；三是精准识别贫困户。驻村扶贫工作队的每个人都有自己的帮扶对象，我校4位老师一共帮扶了13户贫困户。每个月他们会到贫困户家中走访，具体了解他们的家庭状况，致贫原因，从而了解他们的需求，针对性地给予帮助。在实施帮助后，还会进一步跟踪他们的动态，确认他们的需求是否得到了满足，收入是否有所增加，对现有的扶贫政策和措施是否满意等；四是帮助龙马村做好脱贫的产业规划、项目引进等，如制订龙马村未来5年发展规划、建设茶叶项目基地、招商引资打造乡村旅游示范点等。

创新扶贫方式，实现校村互惠。为了帮助龙马村贫困群众增收脱贫，同时为我校老师们提供优质绿色的农副产品，2018年1月18、19日在中国科大，金老师和校驻村扶贫工作队组织举办了新春农副产品展销会。此次展销的农副产品有挂面、瓜蒌仔、段木木耳、高山梨、高山茶叶与红豆腐等，全部是龙马村贫困户自种自养自制的。金老师提到：“其实在此之前呢，我们学校扶贫工作队已经牵头组织和举办过多次类似这样的农副产品展销会了，而且每次都获得了老师和同学们的大力支持，所以也逐渐成为我校师生支持学校定点扶贫工作、帮助龙马村贫困群众增收脱贫的一种特殊方式。”

历任书记接力，共筑小康大道。据金老师介绍，2017年11月，由中国科大参与投资建设的“科技大道”在龙马村正式修建完成。“科技大道”是我校投资40万元修建的一条2公里长、4.5米宽的标准化水泥路，直通5A级景区天堂寨，为龙马村开发旅游资源和运输农产品提供了基础条件。谈起“科技大道”，金老师不无感慨：“‘科技大道’从开工到修建完成其实是几任驻村扶贫工作队同志接力努力落实中国科大与龙马村结对帮扶项目的结果，从第一任队长宗诚刚老师到李静书记再到我自己，扶贫工作队全体人员都认真履行自己的职责，投身到帮助龙马村改变贫困落后面貌、寻求致富之道的工作当中。”在扶贫工作队、村两委和当地群众的共同努力下，2016—2017年两年内，龙马村共修通水泥路23.3公里，整修塘坝1900米，拦水坝5800米。2018年计划修通剩余8.6公里道路，实现全村组通水泥路。

情系贫困群众，爱心汇聚暖流。扶贫工作是全校的事，全体师生把龙马村当作自己的村子，始终把贫困群众放在心上。金老师介绍到，2017年学校机关部门、学院、基层党支部共有9余批200余人次前往龙马村开展精准扶贫调研、看望贫困群众、举办主题党日活动、为村里孩子做科普报告，与村民结下了深厚情谊。2017年，中国科大校领导、工会、部分支部等机构组织慰问贫困户资金6万多元，6次走访看望当地贫困户并为他们送去关怀和慰问金。学校企业工委李静副书记在走访的过程中，对贫困的高龄老人、老党员和孩子，数次自掏腰包献爱心。罗有泉教授帮助贫困户江国林的孩子上学，资助其女儿4年大学学费。宗诚刚队长了解到帮扶对象许永琪的儿子在上大学，主动捐助1万元。贫困户詹治发由于血栓手术失败丧失劳动力，其母亲年事已高，靠妻子打工，一度情绪低落。作为驻村扶贫工作队队长的金长江老师了解情况后，主动搬进他家，与他的家人同吃同住，经常谈心交心，加强思想沟通，宣传扶贫政策，建立深厚感情，帮助他树立脱贫的信心和决心，确保能稳定脱贫不返贫。

着力因村制宜，精准产业带动。龙马村地处偏僻，交通不便，村内道路基础差，严重制约了当地经济发展。金老师还说，自2014年12月以来，我校先后组织了3批师生赴龙马村进行全面深度调研，在此基础上，认真听取了驻村干部的意见并了解了当地干部群众的需求，结合龙马村自然条件和特色资源，制订了精准产业扶贫计划。一是根据龙马村优良的气候特点，大力发展特色种植业和养殖业，逐步形成种植养殖、加工、销售一体化产业链。结合实际情况，一方面建设茶叶项目基地，将茶叶产业作为本村主要传统产业之一，在市、县、中国科大帮助和支持下，利用龙马村生态环境的优势，进一步扩大优质茶叶基地规模，引入适合高寒山区种植、性价比高的优质品种，通过统一管理、统一栽培，形成优质茶园基地，同时将贫困户优先纳入茶叶发展项目，并加大培训和管理指导力度，更好推动贫困户脱贫。另一方面，引导贫困户大力种植瓜蒌、天麻和进行黑毛猪、土鸡、山羊养殖，并通过成立合作社拓宽销售渠道，带动贫困户脱贫。二是充分利用当地青山绿水的优质生态，鼓励帮助村民发展农家乐和乡村旅游。龙马村远离集镇，境内林木繁密、水量充沛、旅游资源丰富，有尚待开发的佛顶寨、三龙井、葫芦石等景观，适合游客探险和观光。通过招商引资力求打造为一个集旅游探险、峡谷风情等综合体验型项目的乡村旅游示范点，项目的建成，对于增强本村旅游业的吸引力、增加群众经济收益、带动当地村民脱贫致富有重要的现实意义。

向远而行，行者常至

最后，金老师总结道："经过几年的扶贫工作，龙马村的贫困面貌已有显著改善。在各级党组织和政府相关部门的支持下，在学校的指导和帮助下，我校驻村扶贫工作队的工作取得了一定成效。截至2017年年底，龙马村贫困人口由2014年接到扶贫任务时的210户616人减少至105户212人，脱贫率为66%。2017年共有16户69人退出贫困户，做到了精准识别、精准退出、动态调整，圆满完成了该年度的扶贫攻坚任务。"同时金长江老师认为，扶贫开发工作虽取得了一定成绩，但依然面临十分艰巨而繁重的任务，已进入攻坚克难的冲刺期。我校驻村扶贫工作队将全面系统地用习近平总书记扶贫开发战略思想武装头脑、指导实践，以更坚定的决心、更明确的思路、更精准的举措、超常规的力度，扎实推进龙马村扶贫开发事业，完成脱贫攻坚任务，2018年如期完成户脱贫、村出列目标。稳定实现龙马村贫困人口不愁吃、不愁穿，农村贫困人口义务教育、基本医疗、住房安全有保障；同时实现龙马村农民人均可支配收入增长幅度高于全国平均水平、基本公共服务主要领域指标接近全国平均水平，确保到2020年龙马村所有贫困人口一起迈入全面小康社会。

在采访行将结束时，金长江老师坦言，作为中国科大驻龙马村扶贫工作队队长兼驻村第一书记，自己肩上的责任非常重，要做的事情还有很多。在龙马村生活与工作 6 个多月以来，与村民同吃、同住，彼此间也建立了深厚的感情，龙马村就是自己的家，龙马村村民就是自己的家人。尽管扶贫工作时间紧、任务重，但他相信在党和政府的政策支持下，在中国科学技术大学的帮助下，在村两委、驻村扶贫工作队和村民的共同努力下，一定能打赢脱贫攻坚战，带领龙马村所有贫困人口一起迈入全面小康社会。

情寄母校 ▶▷

樱花五瓣，四月盛开

文/胡小丽　王　晶

初入2017年的四月天，中国科学技术大学樱花大道花满枝头，引来了校内外大量的观赏者。恰逢清明时节，天气在烟雨蒙蒙和碧空无云之间来回切换，燕语呢喃，不绝于耳。来来往往的游客兴致勃勃，一时间赏樱的氛围异常浓厚。

樱花樱瓣知多少

在介绍中国科大美樱景象之前，对樱花背景知识的简单了解必不可少。

每年春天樱花盛开的时候，人们对樱花原产地可谓众说纷纭，地处东亚的中国、日本和韩国三国都会卷入这场争论中。其实，樱花到底起源于哪里是要有一定科学依据的，据文献资料考证，野生的樱花在数百万年前诞生于北半球温带环喜马拉雅山地区，而现代栽培的观赏樱花，各地都有生长，主要在日本，故有“东京樱花”之称。

樱花并不是一种花，而是蔷薇科樱属多种植物的统称。按花期划分樱花有早樱、中樱、晚樱等品种。以中国上海地区的气候为参考系来说，早樱的花期在2月下旬至3月中上旬，河津樱最具代表性，成簇开放，花瓣尖端有微小缺口，枝干上有一圈圈的横纹；中樱的花期通常是在3月中下旬至4月上旬，代表品种是染井吉野，伞状花序，花瓣先端有缺刻，每3～5朵成一枝；晚樱则是以关山樱为代表，其花期在每年的4月中下旬至5月初，花瓣繁密，开花同时长青叶，叶边具有细细的锯齿边。

栽培樱花的品种极为繁多，令人应接不暇，而野生樱花虽作为祖先，品种却寥寥无几。现在人们能欣赏到的栽培樱花的所有品种，都是经过这些野生樱花的反复选育及杂交而来。在技术比较落后的时代，关于野生樱花的来源及分布，我们无法做出准确的判断。但随着科学技术的迅猛发展，这些疑难问题都得到了比较圆满的解答。绝大多数栽培樱花品种都源自5个主要的野生品种，它们的名称分别是大岛樱、霞樱、山樱花、江户彼岸和寒绯樱。毋庸置疑，前4种生长于日本本土，其中大岛樱乃是日本特有品种，特产于关东地区伊豆、房总半岛至伊豆诸岛。现代栽培樱花则早已从日本走向了世界，广泛分布于全球。

根据《中国植物志》的统计，野生樱花在中国共有38种，其中29种为中国特有。中国本土的野生樱花种类当然比日本多，但由于后期开发培育方法的限制，优良的栽培樱花品种却远远不及日本。在中国博大精深的传统文化中，樱花却从未位及最著名的花卉之列，根本无法和梅、兰、菊、牡丹、荷花这些名花相提并论。虽然在浩如烟海的中国古籍中描绘樱花的诗文远远不如歌咏那些中国传统名花的诗文多，但亘穿古今。早在南北朝时期就开始出现歌咏樱花的诗文，到唐代李商隐笔下的“何处哀筝随急管，樱花永巷垂杨岸”，再到近代苏曼殊的“十日樱花作意开，绕花岂惜日千回”，无不体现樱花的花魂。就连周恩来总理都吟诗一首：“樱花红陌上，柳叶绿池边；燕子声声里，相思又一年。”

近年来，樱花更是以其幽香而艳丽的形象得世人恩宠，不管是华丽宫苑、观赏园林、静谧深林，还是私家庭院，都能见到樱花的美。每年 4 月的中国科大，樱花也是主角。中国科大的樱花大多为晚樱，粉红重瓣，垂枝密叶，令人怜爱。

中国科大赏樱醉人寰

“小园新种红樱树，闲绕花行便当游。”走进中国科大“后花园”，樱花大道两旁花团锦簇，满枝头的粉红樱花傲然开放，吸引人眼球的莫过于粉红花海之中一棵绿樱。这是合肥唯一一株，在国内也是十分罕见。沿着樱花大道往北走，老北门上“中国科学技术大学”几个大字岿然而立，让人心生瞻仰之感。再往外，又是樱花的世界，老北门外的樱花花期稍微早一点，清明季节已露出绿芽，红花绿叶相称，美得娇艳欲滴。

我们在摩肩擦踵的人群中随机采访了几名游客，试图了解他们对中国科大樱花的观后感。

科大研教：请问你有什么样的观赏体会呢？

中国科大学生王同学：等了许久，中国科大樱花终于开了。这里一团团粉红和一簇簇纯白的日本晚樱居多，唯有樱花大道上那一枝独秀的浅绿色樱花最得我喜爱。这种清静安宁、秀而不艳的感觉真好。我想，这正是中国科大人文艺术情怀的最佳体现吧。我在这里待了 7 年了，每年都会带一些喜欢摄影的朋友过来玩。现在中国科大樱花吸引了越来越多的游客，在合肥，只要提及樱花，不少人就马上会回应“去中国科大啊”。今年中国科大在老北门外又移植了大量白色和红色樱花，再加上海棠、桃花等齐相争艳，就是一派“校花齐放”的盎然景象啊。希望在你们的宣传报道下，中国科大樱花为更多人所知，形成中国科大特有的“花文化”。

科大研教：请问您是如何得知中国科大樱花的？

当地居民贾先生：科大樱花，在合肥人尽皆知啊！正好赶上假期，我们一家人就来中国科大游览了。不同于那些知名的赏花胜地，这里名校、英才和樱花的特色搭配，别有一番滋味在心头呀！清明假期来点飘飘洒洒的小雨，彰显樱花的清新与脱俗。我和妻子毫不犹豫就一起过来玩了。这不，妻子正忙着与樱花合影留念呢。

科大研教：再次回校赏樱有什么想说的呢？

中国科大 2005 届校友吴女士：最大的感触就是人山人海吧。因为工作地点离得不远，我每年都会在这个季节抽个空闲的周末回校赏樱，游客数量真是越来越多啊！今年正好赶上中国科大管理学院 EDP 举办的“第 5 届樱花节暨校友返校日”活动，在学术瀚海中徜徉的同时，还能看到这样的韶华美景，很是让人精神爽朗。不过我更喜欢人流散去的夜晚，在路旁暖灯的柔光衬托下，樱花更有一种神秘的感觉。我很沉醉于这样宁静而热烈的校园一隅。“赏樱正当时，莫负好春光”，极致而短暂的绚烂，值得一看。

来往的游客对中国科大樱花可谓是赞不绝口。这个季节，在合肥除了可以去各大公园游玩之外，还可以来到中国科大樱花之地赏花。“乱花渐欲迷人眼”，被樱花点缀着的青葱校园更美。这里有扛着单反相机的摄影爱好者，有身背画架的美术写生者，有恩爱有加的中年夫妻，有互相爱慕的热恋情侣，有活泼可爱的少年孩童，有慈祥和蔼的老人，有喜悦，有浪漫，欢笑声不断。花海人海，实在是美不胜收。

中国科大樱花，俨然已成合肥美景中的一大亮点。

砌下落樱如雪乱，拂了一身还满。花期很短，但芳菲犹未尽，清明的雨早已下起，在这万绿吐蕊之时，樱花又将为我们献上翩翩飞舞的潇洒景象。待明年樱华再开，再见中国科大芬芳悄然起。

恋念昨夕，共醉今朝

文/张曦文　胡小丽

毕业红毯

“See You”毕业红毯开始于2016年，是中国科学技术大学专门为毕业生增设的项目。在这一方小小的舞台上，他们尽情绽放，留下最华丽的身影；即将离开母校的他们，将用微笑去迎接更广阔的人生舞台。

露从今夜白

5月21日傍晚，在众多师生的期待中，中国科学技术大学2017届“See You”毕业红毯在东区大礼堂如期而至，本届红毯走秀以“未来，你好”为主题。街舞社踏着“告白气球”的节奏为现场的每个观众带来青春洋溢的群舞，“K－star”歌王为倒计时唱响最嗨的劲歌。伴随着震耳欲聋的倒数，巨大的人形玩偶牵着主持人周佳琪款款而来。

红毯尽头，桁架上面的幕布做成黑板形式，黑板的上方就“好好学习，天天向上”的标语，黑板左边是中国科大典型课表，黑板上部写着“值日生：2017届全体毕业生”。每一组走秀人员都在小黑板上面签下自己的名字，寓意着在最后一堂课画上句号，即将开启人生的新篇章，与晚会主题相呼应。

50厘米高的T台上，一组组嘉宾盛装而来。平时穿着背心短裤、踩着拖鞋的男生，今天换上黑色西装，系上领带，稚气褪去，帅气中透着成熟的魅力。那些平时都是素颜或淡妆打扮的女孩子，今天带着精致的妆容，穿上优雅的晚礼服，初见惊艳，再看又别有一番独特的气质。走秀的嘉宾中，有的是曾经睡上下铺的兄弟，有的是难舍师生情谊的学生和老师，有的是约好未来要当对方伴娘的闺蜜，还有相伴走过科研路的情侣。此刻，在母校和最重要的人一起留下最美的印记，足矣。

在走上红毯的那一刻，在观礼红毯的那一刻，在气棒震响、掌声雷动的那一刻，毕业生们默念：再见，母校。

相见时难别亦难

每一组走秀的嘉宾都在诉说着一个岁月久长的故事。他们如同《深夜食堂》里的一组组食客，有着属于中国科大人的专属记忆。LED屏上的照片墙里，他们的照片缓缓铺展放大，由模糊到清晰，一张接着一张，向我们诉说着那些记忆定格的时刻。

这份记忆中，有代培生的情谊。开场的第一组嘉宾是代培生寝室的曹培等4位女生。

“一日科大人，一生科大人”。虽然代培生在中国科大只有一年，但是自她们从踏入中国科大校门的那一刻，便终身是中国科大的学子。分别固然伤感，而“莫愁前路无知己”的期盼却为这份伤感增添了一些亮色。

这份记忆中，有学生工作者的奉献。本科生各院系主席组成的嘉宾团因学生服务工作而结识，相知。据采访得知，他们中有国防生，要在做好训练的前提下完成学生工作；有女孩子，在需要的时候能扛起大摞的资料往返于东西区。他们把时间奉献给了所在学院的同学们，也得到了他们一票一票的认同。因此在网上票选的时候，声望颇高。

这份记忆中，有十年相伴的闺蜜情。曹璨姐妹俩从中学便是朋友。所有的情感沿着一点一滴的岁月化进彼此的生命。她们不是家人，胜似家人。即将分离的岁月正如红毯的尽头悄悄走近，而无论是否能陪在身边，她们都将是彼此生命中最懂对方的人。

这份记忆中，有携手并进的爱情。王初临和郭贺侠是少年班学院 2016 届毕业生。他们打破了很多人对少年班学院，尤其是对少年班学生的偏见。他们不只是成绩优秀，人际关系也处理得很好；不只是会科研，同样追寻生活乐趣和情感诉求。他们是同学眼中的模范学霸情侣，如今两人即将共赴美国西北大学分别攻读材料科学工程和电子工程博士学位。红毯现场，郭贺侠的父母也为他们送上了祝福。

这份记忆中，还有后勤的老师融入生活点滴的关怀。曾丽霞阿姨是中国科大西区 7 公寓宿舍管理员。曾阿姨是宿管界的一位红人。她在每天的平凡工作中为和谐学校环境、服务同学们生活而默默努力和付出，让中国科大的学子无时无刻不感受到她的诚挚关怀。之前，她还曾当选为研会“女神来了”版块的嘉宾，是中国科大学子眼中当之无愧的“女神”。她将宿舍变成在外学子的家，学子也将她当作至亲至近的人。

这份记忆中，包含了每一位中国科大毕业生的情感，有他们对彼此的牵挂不舍、祝福展望，也有他们对中国科大和与中国科大有关的一切的热爱。这里，始终是“能容下一张书桌”的清净纯粹的故乡，始终是梦想开始的地方。

俯首甘为孺子牛

这场高规格的走秀为中国科大毕业生提供了一个表达和展示的舞台，而舞台背后离不开工作人员的辛勤付出。这是毕业生在母校最后一个秀台，也是校研会送给他们的最大的祝福。

整个筹备工作历时两个月，项目策划修改达百余次。从网上报名到线下征集，从线上投票到线下面试，整个过程花费了大量的时间精力，但也一直在有条不紊地进行着。为了让大家能够看到最期待的嘉宾，项目组将选择的权利，交给了观众和嘉宾。根据他们的投票得分，确定了最后的嘉宾名单。这种评选方式公正公开，得到了大家一致认可和赞同。

为了让现场的同学亲友有更好的互动和体验，走秀前一晚，项目组的同学将现场活动需要使用的 600 余个气棒和手掌拍一一拆开，贴上微信墙的二维码，再一一将拆开的包装叠好还原。看似重复简单的动作，背后却需要极致的耐心和细心。同时，为了防止现场有人中暑，他们还准备了很多藿香正气水和饮用水，贴心周到。

因走秀当天仍处于科技活动周中，学校安保人手不足，现场的安保除了项目组的人员，剩余的则由校研会主席及所有副主席负责。主席团成员无一缺席。主席钟鑫鹏对负责安保的同学说：“哪里需要人，就让我们过去。我们随时听你的安排。”接着常委刘晓茹说：“如果现场有任何问题，都可以联系我。” 现场负责人杨典说：“筹备的过程中有些许辛苦，但看到现场效果这么棒，学校形象也因此而加分，所有的汗水和辛苦就都不值一提了。"他向我们解释说："众所周知，外界一提到中国科大学生，立即就想到了'学霸'。他们醉心科研，无暇娱乐。这个活动则给外界展示了一个治学严谨、科研出色但也同样活泼阳光、美丽大方的中国科大形象。对于毕业生来说，红毯既可以展示自己气质优雅的一面，又可以为自己的学习生涯画上句号，是毕业季中华美艳丽的一章。同时这个活动也增进了毕业生对于母校的感激之情。"

莫愁前路无知己

红毯走秀最终顺利落下帷幕。无论他们是在中国科大走过 5 年的博士生、走过 4 年的本科生、走过 3 年的学术硕士生、走过 2 年的专业硕士生、走过一年的代培生或者是走过更短时光的交换生，都将告别中国科大的校园，走上新的征程。中国科大的岁月将成为他们最美好的校园回忆。毕业红毯，让更多的人认识中国科大，也让中国科大的人认识彼此。走出校园，要相信"莫愁前路无知己，天下谁人不识君"。中国科大，便犹如他们走过的红毯——在毕业生今后的每次回眸中，默默给予他们最深情的凝望和祝福。

毕业晚会

毕业季的另一特色则为"See You"晚会，这是中国科大给毕业生的一封情书，也是中国科大学子在这片乐土上的一枚共同印记。

最后一堂课

5 月 21 日晚，中国科学技术大学 2017"See You"毕业纪念晚会在东区大礼堂成功举行并完美落幕，这里不诉依依衷肠，不道别离感伤，有的只是承载着中国科大精神的文化盛典，以飨即将毕业的莘莘学子。

整场晚会围绕"最后一堂课"的主题进行，以"主持人点名，各院系观众答到"的新颖形式开始，别出心裁的模拟课堂点燃了全场的激情。一幕幕精彩绝伦的表演瞬间，一出出变幻莫测的舞台情景，令观众连声赞叹。台上、台下互动频频，齐声相和，活力四射，热情洋溢。黑白琴键上交错飞舞的修长手指，光影交融下优美舒缓的衣袂翩跹，礼堂回音中激越昂扬的动感旋律，无不让人惊喜不断。

晚会以全体观众与毕业生代表齐唱校歌落幕。满怀的祝福与感慨，庄重与眷恋，在这场晚会中表达得淋漓尽致，这正是中国科大给所有毕业生上的"最后一堂课"。

心系晚会，款款情深

这精彩绝伦的晚会背后，凝聚着众多工作人员及表演人员的恪尽职守。

夏凤艳同学是工商管理专业的研一学生，也是"See You"晚会的项目主要负责人。在接近两个月的活动准备中，无处不见其忙碌的背影。细心地洞察，沉着地指挥，夏凤艳同学对整个活动的筹备流程及晚会现场情况了如指掌。在我们的采访中，她表示为了给毕业生呈现一场不一样的纪念晚会，校研究生会"See You"项目团队中各年级的同学团结协作，巧妙构思，精心准备，最后取得了不错的现场效果，引起了台下观众的共鸣。

这种对毕业生的关怀体现在晚会筹备的每一个阶段。在夏凤艳的印象中，最令人感动的地方莫过于组员们随处可见的良苦用心。她介绍说："这个由 52 人组成的团队承载着广大毕业生离校思绪的表达。在两个月的准备工作中，我们的策划组常常熬夜伏案，赞助组奔走在各商家之间，外联组协调各社团通力合作，宣传组忙于媒体建设。从项目启动到节目遴选，从筹备会议到现场排练，从项目策划到晚会举行，所有工作人员无一不尽心尽责，坚守岗位。当熟记于心的《永恒的东风》响起，晚会也随之完美落幕，我们激动得相拥而泣。"

晚会的举行不仅是献给毕业生的一份精美礼物，也是对在校生的一种严格锤炼。担任主要负责人以来，夏凤艳肩负重任，挥洒汗水，在不知疲倦的紧张工作过程中，个人收获和成长了很多。夏凤艳认为，在这个过程中，不仅收获到纯朴真挚的友谊，也锻炼了面对挑战迎难而上的勇气与干劲。对组员的信任让她在协调内部冲突与外部公关方面游刃有余，整个过程使她明白了团队合作的重要性。采访的最后，她说："这也是中国科大给我上的重要一课，我想，等我毕业时，想起这段经历，一定感到妙趣横生，留恋不已。"

这当然不只是简单的临别仪式，更是全校师生给予毕业生的祝福。校研究生会代表全校师生，致力于为毕业生打造重温诗酒少年的青春时光。正因为大家对母校怀有如此的热情和肯定，并且这种深刻的感情一直在延续，才使得夏凤艳同学带领的团队怀有极大的兴趣去挖掘，去理解，去表达，使得这份中国科大情结能够无一遗漏地、全面地、丰满地展示出来，以供毕业生日后怀念。

时光定格，回忆永恒

我们将焦点转向作为观众主体的 2017 届毕业生，他们在享受这场视听盛宴的时候，又有怎样的感想呢？

张秀娟同学是管理学院的一名应届硕士毕业生，她表示整场晚会下来，感受到的不仅仅是令人回味无穷的学生时光，还有中国科大的无尽光辉。张秀娟这样说："再深厚的爱校情感，有时候也应当来点具有某种仪式感的事物，以供日后时常怀念。我想，毕业晚会就是为这段时光定格，让这段回忆永恒的最好方式吧。"

回望这段求学之旅，中国科大给张秀娟的最大感受就是"桃李不言，下自成蹊"。她介绍说自己有幸得到中国科大各位鸿儒的循循善诱，在这里学到的除了专业的知识，更多的是坚韧不拔、精益求精的学习态度和科研精神。恩师们博古通今，古道热肠，鱼渔双授；同窗们言行洒脱，畅怀理想，共进互勉；母校英才齐聚，红专并进，理实交融。这些让人心存感激与留恋的岁月，都在晚会的精心安排下充分表达出来，使得这份爱校的情感越发灼热。

在晚会的渲染下，脑海中关于中国科大的记忆如昨日重现，历历在目。灯火达旦的实验室，书声琅琅的图书馆，花枝斑斓的樱花道，随身数年的校园卡，无不映入眼帘，令人魂牵梦绕。在观看晚会的过程中，即将毕业的学生个个激动不已，感触至深。

青春匆匆，别离的 6 月还是来了，心怀对母校的万般不舍，一批新的毕业生即将朝着各自的梦想，再次远航。他们牢记"红专并进，理实交融"的校训，他们身披着母校的荣光，他们必将书写更为精彩的人生篇章。恰同学少年，昨天书生意气，挥斥方遒，明日中流击水，浪遏飞舟！以毕业晚会为一个新的起点，愿每一位中国科大学子"不忘初心，保持恒心，常揣爱心"，走向更广阔的人生。

人生得意须尽欢，青春作伴好还乡，中国科大永远欢迎毕业学子回家！

我的青春，男神女神都没来

文/刘乐彤

你是否还记得，15 岁的自己是什么模样？

15 岁，应该是一个看见一瓣桃花，就以为拥抱了一整个春天的年纪；是永远堆积如山的理综卷子；是老师余光里慌忙藏进书桌的小说；是和小伙伴一起吃过的校门前的烤红薯。而我的 15 岁，是别人开玩笑的谈资，是大冒险里的那个惩罚，是无尽的难过和自卑。

那真是一段，一想起来就会哭的日子——15 岁的我又矮又胖，体育测试从来不及格，还拥有一脸青春痘。班里的男生都拿我开玩笑，那些语言就像刀子一样刺痛我心。

我恨自己没有长成这个世界喜欢的样子，恨自己不敢在人前展示真实的自己。

我只喜欢偷偷在笔记本上勾画奇奇怪怪的图案，躲进屋子，在钢琴上弹奏磕磕绊绊的旋律。

我觉得自己大概是世界上最可怜的女生，所有的幸运都不曾来到我身边。除了我的同桌阿呆——一个会拖着我跑完 800 米第二圈的男生。

“Pinky，你为什么学理不学文呀？”

“我又没有什么文艺气质，以后还是像男生一样做点技术比较好。”

“哪有！你本子上的素描桃花很棒，比墙报上的美多了！”

“呀，你干嘛偷看！”

“Pinky 你不要不好意思嘛，在我心里你真的是最棒的女生！我家远，你就天天给我带早饭；为了小组作业，你可以写讲稿到凌晨 4 点。我想，这就是属于你的温柔吧。相信我，你配得起更美丽的人生。”

从那时起，我便下了决心：“我要成为更好的自己。”

成为更好的自己，要从挑战不可能开始。以前只能跑一圈的我，开始挑战 1.5 圈、2 圈、5 圈、10 圈。那些夜晚我一个人挣扎在跑道上，喉咙干痛，双腿酸疼。可是我告诉自己，我必须坚持下去，我一定会成为更好的自己。

我就这样一路奔跑，一路奔跑，跑过了高考，跑过了流水般的大学 4 年。

不知道是我生活方式太健康，还是幸运之神其实特别宠爱我，这几年我竟然奇迹般地长高了，变瘦了，脸上的青春痘也全都消失不见了。仿佛出落成另外一个人，以至于同学聚会上连阿呆都没有认出我。

22 岁那年，我来到了 USTC(中国科学技术大学)。

9 月 12 日，第一次班会上自我介绍。“大家好，很高兴认识大家。”我循声望去——一个安静的大男孩，半张脸在阴影里，半张脸在阳光下。

那年笔记本里铅灰色的桃花，从花蕊向花瓣晕开淡淡粉红。

11月13日，万人空巷的美丽邂逅，我刚走进西区校门。

“Pinky!”他骑着小黄车来到我旁边，“哇，你今天好漂亮!”

“什么?”我愣住了，从小到大，还是第一次有人说我漂亮。

“Pinky，玩得开心咯～过了今天你就脱单了!”

“你也是，喜欢你的人一定很多……”

那天晚上的50分钟，我一直坐在晚会区的最角落。

飞絮飞花何处是，狼藉的花瓣在心里被揉碎，掺进了潮湿的空气，有一丝淡淡的苦涩的味道。

12月31日，东区礼堂，新年联欢，他拜托我给他乐队的节目画一幅LED背景图。

第二天，省级媒体头条的照片上，他坐在舞台上安静地弹吉他。

那些我曾经偷偷画在笔记本里的桃花，在他身后巨大的LED屏幕上绽放了一整个春天的粉红。

定格的一瞬间，仿佛就是全世界的样子。

3月，春季学期伊始，有天他发状态:“高等量子力学简直地狱。”定位东区一教。

22年来我做过的最大胆最疯狂的事情，一定是此时此刻，高等量子力学上到一半时，来到旁边的钢琴教室，一首接着一首，弹奏他歌单上的曲子。

那些年遗落在操场上的脚步、藏匿在笔记本里的线条、消失在黑夜里的音符，此时此刻一一苏醒。

我终于明白，我用尽全力成为更好的自己，只为在最美的年纪与你相遇。

电影《我的野蛮女友》里一个经典的桥段——

“女孩子最美的时候就是弹钢琴，男孩子最帅的时候就是送女孩子玫瑰花。”

你知道为你弹钢琴的人是我么?

你会迫不及待地溜出教室，来到我的面前，把你的那枝玫瑰，送给我么?

你会不会……

我好像又回想起我们初次相识的场景。那天天很好，他走到我身边对我说:

“Pinky你好，我是颜晖，很高兴能认识你。”

年少时在心里画下的痕迹，跋涉了很多年之后便黯淡了、褪去了。可是在某个时刻，你也一定会想起它们。

美好这种东西和眼前的你一样，从来都不会远离。

湘皖旧事

文/窦剑文

湘皖，是我大学时校门口的一家小餐馆。

1985 年，我考进中国科学技术大学。那时候，中国科大校园分为东区和北区。东区是主校区，北区俗称“银行干校”，是我们近代物理系和部分研究生宿舍的所在地。东区和北区之间，隔着一条大马路，叫金寨路。

湘皖刚起家的时候，开在东区大门对面。临街的一个小铺面，只摆得下几张餐桌，约莫十几个餐位的样子。我们北区的学生，每天要穿过金寨路去东区上课，“湘皖酒家”的招幡老在眼前晃悠。

不知从哪天起，就开始在湘皖吃夜宵了。最初也就是点一碗阳春面，感觉价格实惠，味道很足，吃着过瘾。后来发现，在湘皖可以用中国科大食堂的饭票支付，混个脸熟后偶尔还可以赊账。这对于我们这帮穷学生实在太有诱惑力了！那年头，每月收到家里的生活费，先买足当月的饭票，剩下的零花钱就没几个子儿了。尤其到了下半个月，多数人手里基本只有饭票。湘皖允许用饭票，还能赊账，实际是解决了当时我们生活中最大的痛点：现金流问题！

当然，对于中国科大男生而言，湘皖的吸引力远不止价廉物美的饭菜和灵活的支付方式。湘皖是个家庭经营的餐馆，老板娘当时徐娘半老，精明能干，看得出年轻时颇有几分姿色。老板娘有个女儿，20 岁上下，眉眼跟妈妈很像，身材却更加高挑。这丫头脸蛋红扑扑的，留着长长的辫子，每天在店里忙里忙外，举手投足间透着一股村姑般的野性美。中国科大由于是理工科学校，女生本来就少，再加上中国科大才女们更具书卷气和知性美，大都比较高傲、矜持。可是，这位老板娘的女儿却率真、随性、不拘一格，活脱脱一副快意江湖的样子，因此把不少情窦已开的高年级男生迷得“神魂颠倒”。经常在店里看到，高年级男生跟老板娘女儿谈笑风生，甚至打情骂俏，而我们低年级男生则只能默默地望着姑娘的背影发呆。

饭菜好吃，价格公道，支付灵活，而且老板娘女儿漂亮、随和，对谁都是一副笑脸相迎，所以一时间湘皖的生意做得风生水起。没过多久，湘皖就从马路对面搬过来，在东区大门口的一间老式平房里继续营业，面积和餐位都增加不少，而且生意越做越红火。

说起湘皖的饭菜，其实就是一些家常菜，点击率最高的包括炒田鸡、木须肉、麻婆豆腐、尖椒土豆丝和榨菜肉丝汤等。当然最绝的是她家的火锅，准确说是暖锅，豆腐白菜垫底，各色炖肉铺在上层，满满当当的一锅；待炭火烧开暖锅，丝丝热气冒起，满屋子香气四溢，令人垂涎三尺、欲罢不能。后来跟老板娘打听过，之所以叫湘皖，是因为她和老公一个是安徽人、一个是湖南人，但饭菜口味并无明显地域特征，南北兼具，换到今天，湘皖就算是所谓的私房菜啦。

湘皖的名气越来越大，逐渐成为中国科大学生最重要的社交场所之一。每逢有人过生日，或是老乡聚会，或是来了家人或异地的女朋友，甚至有人失恋，都会相约去湘皖撮一顿，或者庆祝，或者发泄，或者仅仅为了解馋，似乎只有来这个地方，才算够意思、够面子、够有仪式感。尤其是有大小体育赛事的时候，湘皖就会变得异常忙碌。有一次足球比赛，我们系赢了，大家跑去湘皖庆祝。到了才发现，输了球的那个系的男生也来了，还约了同系的几个女生……结果，我们这边推杯换盏、欢声笑语；他们那边借酒浇愁、唉声叹气，临了那帮输球的男生居然当着女生面抱头痛哭一场！还有一次，我们宿舍和斜对门宿舍举行桥牌比赛，我们又赢了！按规矩输家请赢家到湘皖喝酒，因为是赢来的酒，所以我们就放开喝、玩儿命喝，可惜我们宿舍几位尽管“智商超人”，酒量和体力却远不如人，最后我们宿舍集体喝醉，挨个儿被那个宿舍的壮汉们背了回去。至今同学聚会时，大家还拿这事作为谈资和笑柄。

记得此生第一次被“商务宴请”就是在湘皖。有一年返校的火车上，结识了一位河北的乡镇企业家，一路聊得很投机。他的厂子生产塑料制品，缺乏适销对路的产品。我忽然想起，在实验室看到过导师从欧洲带回来的捆扎信号电缆的塑料线卡，结构设计精妙，可以重复使用。于是，自告奋勇向这位企业家推荐这款产品，这位企业家很兴奋，说事成之后必有重谢。回到学校，我从实验室拿到一个样品，请一位之前在学生诗社共事过的精密仪器系的同学帮忙做测绘，也说事成之后必有重谢云云。后来，那位企业家真的来了合肥，我们约在湘皖见面，他请我们吃的驴肉火锅，这在湘皖是最高待遇了。酒足饭饱之后，我把全套图纸交给企业家，他千恩万谢，说试产成功后一定要酬谢我和我的同学。然后，我们互道珍重；然后，我们就相忘于江湖了！从此，我再也没有见过这位企业家，也没有接到过他的任何讯息。此后，在校园里遇见那位诗社共事过的同学，我都远远地绕开走……回想起来，我人生的第一笔生意，居然是个易货贸易，一套设计图纸换得一顿湘皖的驴肉火锅。

临近毕业那一年，我和几个要好的小伙伴早早完成了毕业论文，整日在校园里游手好闲，当然免不了找各种理由去湘皖打发大学5年里最难得的悠闲时光。记得有一次，其中一个小伙伴的初恋女友（比我们早一年工作），把她参加工作后第一个月工资寄给了他，从邮局取出那张百元大钞后，我们决定去湘皖撮一顿，为了纪念这份忠贞不渝的爱情！那段时间，真的很无聊，除了闲逛就是看武侠小说，尤其一位姓贺的兄弟迷恋上古龙，而且陷得很深，有时走在路上也念念有词、手舞足蹈。那天，几人走进餐馆，还未坐稳，这位贺兄弟手起掌落，拍着餐桌大吼一声：老板，来两斤熟牛肉！大家知道他又入戏了，于是一阵哄笑，开始点菜，还是老几样儿。没过多久，只见老板娘的女儿哼着小曲儿，一阵风似的飘落在我们面前，咚的一声把一大盘熟牛肉摆上我们的餐桌。顿时，大家都愣住了：我们没点这道菜啊?！姑娘左手叉腰，踮着右脚尖，眉毛往上一挑：一进门就拍着桌子要两斤熟牛肉，还敢说你们没点?！我的妈呀，一斤熟牛肉18元，两斤就是36元，那是我们当时半个月的生活费啊。大家面面相觑，都以同情的目光看着拿女朋友第一个月工资宴请我们的小伙伴，也就尴尬了不过几秒钟，随后大家举筷相邀：吃肉，吃肉！谈笑间已风卷残云、杯盘狼藉……这恐怕算是我们在湘皖最奢侈的一次聚会了。

毕业后十来年没有回过母校，再回去的时候，老校门还在，湘皖却已经拆迁了。可是问起很多人，大家依然记忆犹新，那座校门口的小餐馆，还有那对经营餐馆的母女，都是我们大学生活和青葱岁月的美好见证。

湘皖之于中国科大理工男，就好比花神咖啡馆之于当年巴黎的文艺青年，寄托了一代人的青春、梦想和另类浪漫主义情怀的地方。我们在那里欢笑，我们在那里彷徨，我们在那里宣泄，我们在那里成长。

湘皖，就是那个年月中国科大人的江湖。

我与中国科大的12年

——专访2005级校友黄星星

文/马晓丹　许　蕊

像时间轴上的长长短短，我们与中国科大的缘分也是深深浅浅。我们之于中国科大，无论是三四年的弹指一挥间或者八九年的相看两不厌，终究要一别两宽；但中国科大之于我们就是生命中剪不断理还乱的情结。我们很开心这次有机会采访到在中国科大度过了12年光阴的黄星星师兄，有幸了解到他眼中的中国科大，和他不断成长变化的故事。

学在科大　砥砺前行

黄星星师兄2005年考入中国科大物理系，学习天文物理专业，2009年本科毕业，并顺利保研本校，2015年他博士毕业，之后又继续在中国科大读博士后，今年年初已到美国工作。12年过去了，一个青涩懵懂的少年已成为担负重任的成熟青年。

当被问及对学校最深的印象时，师兄微微一笑，简洁地回答，“中国科大是一个很适合科研的地方”。这应该也是中国科大在大部分校友心中的印象吧。跟别人提起中国科大时，他会不自觉地首先想起自己在实验室做科研的样子。

师兄说到科研不禁激起了我们的兴趣，作为刚接触科研的新生，我们忍不住向师兄讨教科研经验。“在这里，总有许多愿意和你一起认真做一件事情的伙伴。在一次次思想的碰撞中，你会忘却喧嚣和浮躁，沉浸在思考和解决问题中；在这里，有耐心的老师与自己并肩解决各种挑战。在这样的环境下，我渐渐发现科研或许可以当作另一种有趣的生活态度。”

当我们问及师兄为何选择转行时，他向我们展示思想的转变：“在科研的过程中，我意识到科研不仅仅是在实验室做单调的重复性的实验。参加学术会议，期刊上发表高水平文章仅仅是科研的表现形式。科研即科学的研究和技术的转化，培养我们能够系统有效地解决问题。通过在中国科大的学习科研生活，我意识到科研可以是多样的有趣的。有人可以深耕一个百年难题，兢兢业业几十年，这是科研；有人可以提出创新性的理论方法，这是科研；有人可以综合各个学科知识，在新的交叉领域大放光彩，这是科研；有人可以专注转化应用，利用现有技术造福人们，这也是科研。读博不一定最终必须是在高校中当教授、‘做科研’，学物理最终更不一定‘做科研’。当我接触到互联网技术，接触到机器学习深度学习的时候，似乎看到100年前物理最辉煌的那个时代。也许深度学习技术正是这个时代提供给我们的新机遇。在一步步的学习应用中，我更加明白这正是我喜欢的一个领域。开放的社区，广泛的应用，也使我能很好施展我在科研中培养的解决问题能力。”在中国科大的这些年，思维的成长成熟让他逐渐开始思考自己的优势和心之所向，让他最终转向了自己热爱的人工智能。

“九尺之台，起于垒土”，而千里之行同样要始于足下，转行也绝不是对以前专业和努力的全盘否定。在做科研过程中，黄师兄发现自己总有一种想解决问题，不解决不罢休的冲动。在中国科大的学习培养了他主动思考，利用科学方法探索的能力，这些对他转行提供了很大的帮助。黄师兄之前一直从事的是天文方面的研究，现在转向人工智能方面的工作，他表示这两者之间并不存在巨大的鸿沟。人工智能领域快速发展的理论体系，多样化的应用场景，反而更加适合爱好科研的自己。师兄表示转行的障碍，就是基础技能的再消化和补充，比如编程思维和数学基础，并没有多深奥，却需要利用空闲时间扎扎实实补充学习和练习。现在公开的教育资源众多，中国科大校园资源丰富，人工智能又是一个开放的新型领域，要想学的话，对我们中国科大人绝不是一件难事。他个人到博士后再转行虽是走了很大的弯路，可是每个阶段都乐在其中。中国科大校园中，自由而良好的学术氛围和深厚的资源基础为我们提供了追寻自己内心的多种可能。

对于中国科大人而言，中国科大之所以有着巨大的魔力，我想，大概是她能容得下一方安安静静的书桌，培养出挥斥方遒的国之栋梁吧。学生时代的感受最是纯净，沉浸学业就是整个学生时代一切行动的主线，中国科大便是中国科大学子这条主线的发源之处。若将这条主线拉长，未来的生活哪怕会有分叉的坎坷，也依然可以从源头汲取力量，这源头就是中国科大给予我们每个人的做好科研做好事的严谨精神。

对于青年的我们而言，年轻正是追求目标，试错的好时机。待到多年以后，才发现错过，开始悔恨才是真的可惜。我们可以碰壁可以失败，在整个人生的时间轴上都只是或大或小的转折点罢了。去尝试、去纠正、去规范、去坚持、去学会面对失败与成功正是我们心中接受教育的真实意义。在短暂的一生中体会到拼搏的人生乐趣，去实现人生的价值，解开这世界的奥秘，正像黄师兄为我们展示的那样，在他经历和坚守的背后却是实实在在的坚韧，每一次的成长无论成功还是失败，都加身一层新的铠甲，是以后面对新的挑战的根基和底气。对于黄师兄，陪伴和呵护成长就是中国科大最完美的馈赠了，无论离开多久多远，这种体验和感受都将是无法忘怀的礼物。

乐在科大　青春飞扬

“花开堪折直须折，莫待无花空折枝”，青春的年纪，自然是不能舍弃校园生活的欢乐的。本科生活相对沉闷，待到硕士时，他开始从不同的兴趣爱好与课余生活中收获快乐，这期间遇到的志同道合的朋友们更是为他生活填涂了斑斓的色彩。科研虽是主线，丰富的课余生活能为他带来不一样的体验和快乐，是他科研的良好助力。在这里不得不感慨学校生活和校园活动这十几年来发生的巨大变化。师兄见证了“空调、寝室淋浴、免费健身房”的从无到有。社团活动规模质量都是10年前不敢想象的，现在各种活动已经是应接不暇。

生活的舞台上总会有各种不一样的闪光点。黄师兄有着一个非常吸引眼球的爱好，那便是跆拳道。师兄说起幼时隔着电视屏幕幻想着成为一代大侠的往事时不禁眼中带笑，“这是一个可爱的幼稚幻想”。可来到中国科大，遇到武术协会，这个关于武术的幼小种子尽管已沉寂多年还是立刻生根发芽，渗透到生活中来。从此武术协会就是黄师兄那一方魂牵梦萦的江湖了。在他的江湖里，与志趣相投的朋友们以武会友帮扶共进又是另一种美妙的体验。虽然已是跆拳道黑带，但这个成绩与武术本身带给他的乐趣以及那些三五好友相伴武协的欢乐时光相较而言却是微不足道。运动应该是黄师兄的天赋所在，师兄曾在校运会教师组 100 米跑当中取得了第一名的成绩。当我们对师兄的运动天赋表示艳羡时，师兄就玩笑一番："可能大部分中国科大人是爱好科研，顺便玩玩别的，而我是爱好运动，顺便搞搞科研吧。"

师兄说，若要认真谈起运动带来的好处的话，不仅仅是身体上的变化，更是在不同运动中有幸相遇的朋友们。在年轻的时光里，能遇到一群可以一起经历风雨一起分享快乐的人们，连未来的未知所带来的恐惧都变得削弱了几分。"你会发现你只需要跟着自己的心，跟着自己的兴趣去做喜欢的事情就好了。相信我，你总能在这里找到志同道合的朋友，找到快乐的源泉。生活总是需要不同的色彩。如果我们生活中充满了快乐和陪伴，还有什么困难克服不了的呢？"

爱在科大　惺惺相惜

"有的风景，一生能遇见一次，就已经是莫大的幸运了"，能在校园邂逅爱情，成就爱情，恐怕更是莫大的幸运。爱情的样子千百种，但师兄的那种却是简单纯粹地始于"聊得来"。"我之所以能觉察出这种爱情的宝贵也是因为我一直坚信：爱情背后需要应付的人生很复杂，但是爱情本身却可以很简单。"

当师兄回忆起爱情开端时，满眼都是甜蜜。师兄与女友在跆拳道馆相识，志趣相投，在交流和切磋中日久生情。就这样，像书中形容的一样，"不需要改变对方，依然前路一致，节奏相仿，可以搀扶同行，对我而言，并不算轰轰烈烈，可这就是最好的爱情"。

当然，两个人相处难免会有发生矛盾的地方，黄星星师兄有个很好的解决方法，可供大家参考学习。让她打你几下，然后跟她说打得太轻，再打重一点，然后她也解气了，自己也练习了抗击打。这大概也是练习武术的一个优势吧。再来个美好的拥抱，反而能更增进感情。"套路"大致如此，让女孩子表达完她的心思，男孩子就别回嘴，最后主动去和解，大部分的矛盾都可以化解的。两个人因为互相吸引在一起，但只有互相理解和包容才能一直走下去。别忘记当初在一起时对方身上闪光的地方，也要慢慢接受对方身上的小缺点，这大致就是黄星星师兄的爱情一直这么甜蜜的原因吧。

陪伴才是最长情的告白，与中国科大相伴的这 12 年里，科大早已不再是师兄简单的平台与资源的提供者，而是一起成长、发展和走向成熟的伙伴。黄师兄现如今虽已经离开学校走向工作岗位，可是与中国科大相伴的日子却早已成为他生命中不褪色的金色回忆。

根植中国科大　携手并进十一载

——专访2007级校友姬翔

文/许　蕊　常倩倩

“你的心不是招摇的枝柯，而是静默的根系，深藏在地下，只追求自身的简单和丰富。”这是2007级师兄姬翔留给我们的印象。他身上散发的儒雅平和与进取向上的气质，令我们感动。带着崇拜与敬意，让我们静静聆听他在中国科大的11年人生历程。

根植科大　学无止境

距离姬翔师兄2007年进入中国科大数学系读本科已有11年，这期间他的求学生涯及人生轨迹都产生了一些偏离最初规划的改变。他在数学系顺利读完硕士后，转入管理学院管理科学与工程专业继续攻读博士学位；博士期间，参加了University of Texas at Dallas为期近两年的联合培养，获得了“中国科学院优秀博士学位论文”；博士毕业留在中国科大管理学院做博士后至今，并于2018年6月12日获得中国博士后科学基金特别资助。

在中国科大求学、工作的这11年里，他已褪去青涩，成长为今日能够对自己人生有良好规划并将学术作为自己终生事业的青年。听师兄谈及这期间种种经历，娓娓道来，真实感人。

正值中国科大60华诞，相伴11年，他不经意间流露出对母校的情意：“中国科大科研环境淳朴，管理工作贴心且认真务实，这些条件是我本科毕业后继续留在中国科大的原因。”这种感觉可能是初入中国科大一年的我们并不能深刻体会的，但是他眼中的真诚能够印证中国科大学子对母校的依恋。

2011年在中国科大就读硕士研究生至今，姬翔师兄曾在*European Journal of Operational Research*、*Annals of Operations Research*、*International Journal of Production Economics*等学术期刊发表论文20余篇，其中两篇论文曾多次入选Science的数据库ESI前1%高被引论文，能够获得如此丰硕的学术研究成果，让我不禁向他继续讨教做研究的“秘诀”。“刚开始做研究必然要经历一个比较艰难的摸索过程，我很幸运能够在老师及师兄师姐们的帮助下找到了自己感兴趣的研究方向。同时导师给予了我极大的支持，中国科大极其自由的科研环境让我能够深度投入到我的课题中去。”他谦虚地表示今天在研究方面的收获都得益于中国科大及师长的帮助与鼓励。他同时强调了在初做研究时，主动地积累研究的基础知识，养成良好的文献阅读习惯是一个研究者的根基。所以“静心，多练，是我们每一个研究者应该保持的品质，而且要在精读文献的基础上能够敏锐地了解自己研究领域前沿的研究内容及研究方法”。

作为一个做科研的过来人，他也不忘给向我们这些初学者传授一些经验。“研究的目的是为了有利于生活实践，同时研究的想法也是从实践中来的，任何一个研究者都要多留心发掘自己身边的点子，成为一个真正的科研人。”

“在中国科大这样一个纯粹的环境氛围中，我们都需要尽早地确立自己的人生理想，倘若已经决定将做研究作为一生的事业，就要有所准备。这种准备包括心理上要将心态放平和，看淡短期的得失，将目光放长远；也要尽可能地缩短对新环境的适应期，从而能更快地投入到研究中去；同时要端正自己对待科研的态度，科研的质量永远是比数量更重要的部分，这是一个研究者的真正职责。”

“这 11 年中国科大变化和发展得很快，为后来的学子们提供了更好的机会与平台。”提及他曾经去美国联培的经历，师兄说道：“现在学校有了更多的派出机会，能够接触到关于学术圈前沿动态的学术会议等的机会也更多了，这对于研究者是非常方便又重要的。希望师弟师妹们都能好好地抓住机会，努力出去接触新的知识，认识新的朋友，产生好的研究想法，做出更好的研究成果。”“因为国外的培养模式与中国科大是有着不小的区别的，国外的研究生培养模式是更有针对性的，在入学初就将决定长久做研究的学生和以就业为目标的学生分离开来，并且给予完全不同的培养模式。对于以研究为长久目标的学生在研究早期就十分注重研究基础课程的开设，而给予工作导向的学生们更多地接触企业工作实践的机会。同时对于硕士和博士不同层次的学生，学校会提供更相符的培养模式。”“随着时代的发展，中国科大也能响应时代对人才的不同要求，在努力为不同目标导向的学生提供不同的匹配培养方案。”

管理学院姬翔博士、吴杰教授分获 2018 年度中科院优秀博士学位论文奖、优秀导师奖。自 2004 年首次评选以来，“中国科学院优秀博士学位论文”每年入选数量不超过 100 篇。15 年来，我校共有 190 篇论文获选“中国科学院优秀博士论文”，获奖数量居院属研究生培养单位之首。近年来，中国科大狠抓研究生培养质量，加强与中国科学院相关研究所的科教融合，有效地促进了博士研究生培养水平。师兄以优秀博士论文奖为自己的博士研究生生涯画上了完美的句点。但是这并不代表他科研生涯的完结，随后他选择留在中国科大做博士后研究员。

2018 年 6 月 12 日博士后官网公布了中国博士后科学基金特别资助第 11 批获资助人名单，我校 16 名博士后获此特别资助。本批次申报入选比例达 39%，每人资助额度 15 万。姬翔师兄成功地通过了这次申报。留在中国科大做博士后研究员的出发点是，他想留在这里实现继续科研的理想。对于博士后，学校给予了相较于博士研究生更多的经济及资源支持，“因为有了更多经费的支持，我能够更纯粹地做研究”。怀着感恩的心态，他也非常积极主动地指导实验室的师弟师妹们做研究，作为对学校及实验室多年培养的回报。

听完他朴实真诚的教诲，看着他坚定又柔和的目光，我们感受到一个中国科大人对科研专注钻研的精神。这并非只是一个生硬的标签，而是一种态度与精神的传承与积淀。

与你相遇　好幸运

虽然有点晚，可是只要是你就好。师兄也在这样青春的年华里邂逅了自己的爱情。

这份爱情来得并不是太早，他坦言：“自己是一个没有太丰富课余生活的人，我最休闲的活动就是看一些老的港剧了，所以并没有很大的交友圈能够早点遇到另一半。”虽然有点晚，但我更愿意相信这是经过了成熟的思考以及对人生良好的规划以后所做出的负责任的决定。“很愧疚自己不能给予她更多的陪伴，而陪伴是爱情里最重要的东西，家庭在我的人生里是占有很大分量的部分。”他不无自责地说。因为女友已经工作，所以他很珍惜每日接送女友下班时相伴的时间，“以后还是要更努力抽出时间陪着她，感情是需要时间经营的”。

谦谦之风，君子之美。姬翔师兄就是这样一个低调谦逊而又真诚纯粹的人。

结束了采访，才发现这次访谈似乎是一次“上课”，因为我们从中学到了很多：对待科研就要拿出100％的专注，对待感情就拿出满满的体谅与关怀。师兄说话的方式十分平易近人，温柔而又生活化，如同是认识许久的朋友之间的聊天，无话不谈。

姬翔师兄在这里的11年，见证了中国科大为了发展而做出的努力，同时在母校的支持下，他也在一步步实现自己的人生理想，逐渐成为德才兼备的人，对于他而言，这11年就是不悔的青春！

学海行思 ▶▷

小实验室里的大不同

——访辐射防护与环境保护教研室

文/刘国芳 张 洁

在中国科大，说起实验室，大家并不陌生，大大小小的实验室随处可见，或是简单的学习场所，或是摆放着各种精密仪器、药品试剂的实验“战场”。辐射防护与环境保护教研室只是这众多实验室中普通的一个，但他们的实验室生活却独具特色——每月一次的实验室生日，让我们充满好奇，忍不住一探究竟。

实验室概况

在文科生眼里，核科学技术学院（以下简称“核学院”）一直都是神秘而又高大上的存在。据了解，核学院目前已组建 7 个教研室进行科研和教学工作，包括核裂变能科学与工程教研室、核聚变能科学与工程教研室、核技术及应用教研室等，辐射防护与环境保护教研室正是其中之一。该教研室的“大 boss”是核学院通过“千人计划”引进的著名学者徐榭教授，研究人员还有陈志副教授、裴曦副教授、李佳老师、何丽娟博士后等。整个教研室包括计算机模拟及仿真实验室、辐射测量及剂量学实验室、辐射防护及屏蔽设计实验室、辐射医学物理实验室和辐射探测教学实验室，并与伦斯勒理工学院（Rensselaer Polytechnic Institute）、北美华人物理师协会（North American Chinese Medical Physicists Association）、安徽省辐射环境监督站等单位有广泛的交流与合作。教研室有自己的网站，最新的通知动态、相关科研成果、实验室的情况介绍等都会在上面呈现。我们抱着好奇心去浏览了一番，着实被他们的科研实力深深地折服。

按照约定，晚上 7 点钟，我们到达了他们的实验室。推开门，整洁的陈设映入眼帘，一尘不染的地面反射着橘色的灯光，每个人桌上的物品摆放整齐，周边气氛肃静的只剩下键盘的跳动声，此刻空气好似凝固了一样。我当时的第一反应是，为了采访做准备了吧？一会儿待我细细“盘问”。打过招呼之后，采访开始。

据了解，实验室现在总共有 30 多人，学生以核学院的全日制硕士、博士生为主，其余还有少年班的学生、本科生、同步辐射国家实验室的学生、在职培养的学生以及一个坦桑尼亚的留学生。实验室里的学生可以根据兴趣选择自己的研究方向，然后进入相应的研究团队。如果在科研中遇到问题，可以找任何一位老师解答，也就是说没有传统的师门划分，每个老师都会指导所有学生。老师每天会来实验室两次，看看课题进展情况，帮同学们解答问题。

为了解课题进展、明确下一步工作重心，实验室会定期召开组会，而每次大组会之后，就是他们独具特色的实验室生日。

实验室生日

采访之时，圣诞节刚过去不久，于是当问起实验室生日源于何时，他们很快就想起来，正好是去年的圣诞，到现在也足足有一年了。这一创意，最初是由老师提出来的，经费也由老师慷慨解囊，旨在营造一种活泼的氛围，缓解科研压力，增进实验室成员之间的交流沟通。实验室生日，其实也是实验室成员的生日，没有固定的日期，每个月有谁过生日了，就会选在某一天来庆祝。实验室成员众多，所以一年中差不多每个月都会有人过生日，实验室生日也就每月都不会落单。遇上一个月内有好几个人生日的时候，自然是协调一下大家的时间，选择其中一天集体过，就像当下流行的集体婚礼，好不热闹。

两位受访者，齐雅平和孙涛军，正好是这一活动的组织者。每个月的这一天，他们会把会场装饰得漂漂亮亮，买好蛋糕和各种零食，安排好节目，做足各项准备工作。生日之前，组会先行。首先，老师会让大家汇报一下学习科研方面的近况以及遇到的问题等，然后进行总结，给出一些建议和指导。组会之后，就是轻松的生日派对时刻，虽然同样在会议室举行，但此时，氛围就完全不一样了，老师与学生是完全平等的关系。对于学生来说，和老师一起庆祝自己的生日，也算是人生中很难忘的经历吧。听着大家满含深情的生日祝福歌，看着自己的照片在荧幕上闪烁，欣赏着朋友们自己编排的小节目，寿星的幸福感早就爆棚了。最后大家还会一起拍照留念，记下这难忘的一刻。在生日会上，大家可以交流任何话题，科研、生活、工作……通过交流，可以了解其他人最近在忙什么，遇到自己感兴趣的项目还可以加入，向高年级的师兄师姐取取经，问问在职的学生关于工作的一些情况，遇到烦心事了也可以向大家倾诉倾诉。总之，在这里，可以畅所欲言，尽情放松，每一次的实验室生日对他们来说，“思想上和肚子里都很充实”。

实验室文化

除了实验室生日，他们还有一大特色，那就是以实验室为单位成立了自己的党支部，这在他们学院乃至在整个中国科大可谓是首创。一则同一实验室的成员在时间、活动范围上共性较多，与其他学生支部相比，具有学生集中、支部稳定的优点；二则他们相互熟识，联系紧密，也有利于党支部活动的开展。自去年 3 月 17 日成立以来，该党支部就陆续开展了“两学一做”学习、“主题党日”等丰富而有意义的支部活动，既提升了支部成员的党性修养，又增强了支部的凝聚力，始终保持着党的优良传统和先进性。

关于之前存在疑惑的实验室卫生整洁这点，也在此找到了答案。除了制订值日表，轮流打扫卫生外，大家还很默契地达成了一种共识，那就是不在实验室吃东西，虽然听着有些苛刻，但比起空气中弥漫着包子、泡面之类的味道，大部分人还是更希望待在空气清新一点的环境里吧。看到有些同学的桌上立着“请勿打扰”的红牌，小编好奇地问了问，才知道小红牌也能发挥神奇的功用。如果工作时不想被打扰，就放上这块牌子，这样倘若不是有什么急事就不会被打扰。

“如果用几个词来形容一下你们的实验室文化，你会用哪些词?”他们并没有直接回答，但简单的话，或许就是最好的诠释。“每次只要到了 12 楼，就会倍感亲切。”齐雅平面带微笑地说道。是啊，因为这里有一个温馨团结的集体，这里就是一个家。在科研的道路上，或许老师和学生界限分明，各自扮演着自身的角色，但抛开科研，老师对学生而言，可以是朋友，是知己，也可以是家人。每一个人都是平等的，每一个人都有机会在实验室生日时成为主角。多年以后回想起来，这种被关怀和重视的感觉还是会让自己心头一暖吧。

谁说科研的道路一定是孤独而苦闷的，你看他们，在这么一个有爱的集体里，孤独吗？不孤独。玩的时候尽情玩，学的时候认真学，苦闷吗？不苦闷。在采访期间，他们之间相处的这种轻松的氛围，我们也真真切切地感受到了，让人颇为羡慕。希望他们的这种实验室文化能够一直传承下去，并在中国科大发扬光大！

学习英语这件“小事”

文/贾飞艳

已经是研究生的我们，虽然已经学了多年英语，但在需要用到英语的场合却常常感到有心无力。无论是想挥手写下苦心孕育的论文，还是想简单地和校园里的留学生攀谈几句，我们都经常是抓耳挠腮，欲言又止。看着英语“大牛”们在各种场合侃侃而谈，我们只能感慨，他们的英语好棒啊。英语作为我们学习、工作中不可或缺的一部分，如何提高自己的英语水平也是我们经常思考的一个问题。学好一门外语，自身努力固然重要，高效利用周边的资源、掌握适合自己的方法也同等重要。中国科大为我们学生提供了相当多的学习英语的资源，在我们的校园里也隐藏着诸多英语大神。让我们一起来看一看中国科大的英语资源，听一听校园英语大神的学习经验。

英语资源大整合

我校本科生的出国率在全国各大高校中名列前茅，研究生和博士生的境外交流机会也非常多。不少学生为了在各种英语考试中取得好成绩，都上过学费高昂的英语辅导班。在网络教学异常火爆的今天，很多学生通过购买价值不菲的网上课程学习。但在中国科大，你会发现中国科大早已为我们准备了许多英语“盛宴”。经常登录图书馆数据库的同学不难发现，学校图书馆这两年购买了多种英语学习资源数据库，比如新东方网络课程、智课网——英语学练在线服务平台、金图高校英语资源库、口语伙伴、MyET 英语口语等。中国科大学生可以根据自己的需要，自由免费访问各个数据库。

考虑到网络学习缺乏互动性，近期学校图书馆又投资建设了英语学习中心，并对我校所有学生免费开放。英语学习中心位于西区图书馆 4 楼，其装修风格与新装修的西区图书馆一致，环境舒适，设备齐全，资源丰富。学习中心内配备了 48 台一体机，供中国科大学生观看英语学习类视频。这些英语视频是学校图书馆从智课网订购的，涵盖了雅思、托福、GRE、英语四六级等多种英语考试。除了观看英语学习类视频，学生还可以体验外教口语批改，让外教为自己的口语打分，发现自己口语中的问题，进而有针对性的练习。如果学生在学习中遇到问题，也可以向英语学习中心的助教们请教。“闻道有先后，术业有专攻。”这些助教们虽然年纪都不大，但在英语方面，一个个都是名副其实的达人。

除了提供学习英语的视频和配套助教服务外，英语学习中心还推出了每月一次的主题沙龙和每周一次的英语爱好者聚会沙龙。在每月一次的主题沙龙中，图书馆会根据学生们的需求，邀请智课网资深名师来到英语学习中心，面对面地向学生们传授经验。每周一次的英语爱好者聚会沙龙则是由图书馆和英语俱乐部合办的，供校内英语爱好者定期交流。

助教团队有话说

英语学习中心自2016年9月份试运营以来，共有4名助教老师，他们分别是数学专业大三的郭启凡，材料科学与工程系大四的陈玥西，管理学院研一的贾飞艳和研二的张艳。

张艳本科是外语系的，通过了英语专业八级的口试和笔试，同时拥有BEC中级证书。在2015年进入中国科大管理学院读研究生之前，张艳做了两年多外贸业务。科班出身的张艳在本科阶段接受了系统的英语训练，比大多数非英语专业同学的英语水平更胜一筹。张艳说，英语专业课程的设置不仅在于提高学生对语言的掌握水平，更是为了提升学生的英美文化素养。对于非英语专业的学生，如果是为了有效提高英语的应用能力，做听写是不二的选择。听写虽然很耗费时间，但效果真的很好。很多学生都喜欢一边看美剧，一边学英语。但大多数情况下，所有的精力都被紧凑的剧情所吸引，根本无暇顾及英语学习。因此，张艳建议，可以采取听美剧的方式，即将视频转换为音频，将注意力全部放在声音，而非画面上。听美剧一开始可能会让我们觉得很枯燥、很难，但是坚持下来，时间久了，是会上瘾的。

贾飞艳本科毕业于北京外国语大学，尽管不是英语专业，依然拿到了英语专业八级的证书。在贾飞艳看来，所谓的基础好，都是源于长年累月的积累；所谓的起点高，就是比他人开始积累的早。学习英语是一个贵在坚持的过程，当养成了学英语的习惯，并且英语水平有所提升之后，就不会再下意识的学英语，而是把英语当作一个工具、一座桥梁。在完成日常工作、学习目标的同时，潜移默化地使自己的英语水平再上一个新台阶。在学英语的初期，做精读是一个好的方法，这也是我们中国学生一直以来在使用的办法，所以中国学生的英语语法一般都学得非常好。而我们之所以在英语表达方面会有问题，主要是因为我们的重心多放在了句子结构上，而没有在句子的内容上下功夫。学以致用，关键还是要在读懂的基础上做到理解性的记忆，并有意识地将新接触的单词和习语用在工作学习等日常生活中。

尽管中国科大本科生学业压力大，郭启凡在大二下便在托福考试中取得高分。虽然英语基础比较好，但郭启凡在托福考试前还是用了一个寒假突击英语。郭启凡觉得，虽然平时学业比较紧张，但还是可以每天抽出半个小时听听英语听力、看看新闻。如果需要参加雅思、托福类的英语考试，不妨拿出一个寒假或者暑假的时间来准备。

已经拿到多所名校offer的陈玥西，在托福和GRE考试中都取得了高分。关于如何在高强度课程压力下准备出国英语考试，陈玥西给出了如下建议：首先不要对学校的英语课寄予太大希望，毕竟校内英语课不是为英语考试设置的。在学校开设的诸多英语课中，“跨文化交流”主要是介绍各个国家的风土人情和背景礼仪，而“高级英语阅读”主要是讲解常用阅读方法。由于时间和题型的原因，考生在面对出国考试时需要采纳更加应试的方法。其次，大家应该安排固定的时间学习英语并坚持下来。现在有很多学习英语的APP，比如扇贝单词、墨墨背单词、VOA、BBC等，大家可以每天午饭或者晚饭后背背单词，看看英语新闻，听听托福听力，并在听的时候跟读改进自己的发音。每天在学英语上花费的时间不必超过40分钟，一段时间之后却可以收获颇丰。陈玥西最后建议大家利用好寒暑假，最好将托福或者GRE考试安排在刚开学的一两周之内考。这样大家不仅可以利用寒暑假充分准备，也可以尽可能减少英语考试与专业课学习之间的冲突，毕竟开学之初课程压力还是比较小的。如果选择去培训机构报班，最好先报名考试再去报班。因为如果没有考试鞭策自己，很多同学都只是恍恍惚惚地去上了几十天课而已，这对时间和金钱都是一种浪费。

学习英语靠自己

学习语言是最不能偷懒的，需要结合自己的实际情况为自己制订计划，并督促自己尽力完成。如果不主动，任何资源摆在自己面前都形同虚设，对自己英语水平的提高起不到任何帮助作用。身在中国科大，应该充分利用学校丰富的资源，借鉴“大牛”的经验，用自己的毅力督促自己前行，使英语成为自己得心应手的一门工具、一个竞争优势。

学好英语不仅可以提高我们工作、学习的效率，也可以方便我们了解世界大事，甚至使我们能够在学术会议上与各领域专家侃侃而谈。为自己定一个切实可行的计划并坚持不懈，相信大家定能看到自己的进步。

听写 TIPS：

相信很多同学在第一次做听写的时候都一头雾水，下面附上做听写的技巧。如果一开始效果不好，也不要泄气，坚持一段时间就会看到自己的进步。

在做听写练习时，大家可以找自己感兴趣的材料进行听写，也可以针对雅思、托福考试，使用其听力材料做听写。在听写过程中，一段听力材料总共会被播放 4 遍。其中第一遍和第四遍为常速，中间没有停顿。第二遍和第三遍中间会有停顿，以便练习者写下所听到的材料。一篇好的听写不仅要求所有单词正确，也要求所有标点和原文一样。

明确在每一遍听材料的过程中做什么对提高听写很关键。在第一遍听材料时，重点是写大意。听的时候中间不要停下来，要把全文听完，尽量把文章的大意听出来，并试着在本子上做笔记。通过第一遍听材料，应能把握文章的结构、抓住文章的主线，记下文章的基本框架。在第二、三遍听材料时，是以句为单位做精听。如果一些句子很长，一般分成几次听写完，但每次停顿都是在表达完一个意思后再停，即以意群来听写。在写之前应该清楚该意群讲的是什么，不要听到单词就赶紧写。这样有助于把握句型，分析句式。在第四遍听材料时，需要在已有的精听得到的笔记上进一步完善，使笔记尽量接近原文。

在听完 4 遍材料后，就进入了最关键的一步，即对照原文。对照听力原文，看自己错在哪里，可以最明显地反映出自己的不足之处。如果认识某个单词却没有听出来，就说明自己发音不准或者对他的发音不熟悉。然后要把不认识的生词查出来、读熟练、记住单词的意思，并看着原文跟读音频。总结是英语能力提高的关键，前面的听写只是反映自己的真实水平，而总结却能发现问题，进而可以针对自己存在的问题做练习，快速提高。

博士生涯知多少

——访中国科大博士毕业生

文/马艳华 邢 岩

也许是因为敬仰，也许是因为好奇，也许是因为兴趣，又或许是因为不想半途而废，抑或是因为高学历带来的光环，最终都成就了被很多人仰望却又“生畏”的博士群体……有人说博士的眼中只有科研，有人说博士的生活枯燥乏味，我们所意会的冰山一角是否会被博士本尊的现身说法所融化呢？如果你还在为是否读博而忧心忡忡，那就让我们一起走近博士，聆听博士的心声，感受不一样的青春吧！

吞下痛苦，享受过程，方能云淡风清

D博士（应采访者需要，此处使用化名）就读于中国科大公共事务学院，在“蜗壳”游刃已有5年光景，5年的“摸爬滚打”让这个大男孩华丽蜕变。一直以来低调的D博士都很优秀，获得了许多奖项，也参与了很多国家科研项目，受到导师的青睐与赞扬。他表示当初选择博士这条路，想法很简单，只因为硕士期间做了很多积累工作，对自身研究相关领域的一些理论有了一定的认识、兴趣和见解，一只脚踏在门里，就此止步等于半途而废。

在他看来，硕士重在知识的储备和积累，而博士是升华阶段。硕士由于刚刚接触所谓的科研，毫无头绪，易焦易躁易抱怨，情绪波动很大。而博士经过3年的历练，变得更加成熟稳重。当被问及现在的心态和博一有什么出入时，D博士笑着说：“博一时的心态叫作‘蠢蠢欲动’。”他觉得在这个年纪过安分守己的小青春着实浪费，总觉得“无挑战，不青春”，于是做了各种小计划，大胆触碰很多新鲜事物。现在的心态却很平和，觉得踏踏实实地搞科研有时候比寻求激情更加充实幸福。他说博士期间最大的收获是心理承受能力变得更强大，面对高强度超紧急的任务也能处变不惊，少了份聒噪，多了些沉稳。博士生涯令其眼界更开阔、思维方式更活跃，能够做到快速高效学习，脑海中形成了全局创新意识。

当然，科研这件“小”事并非一帆风顺，在做项目或者写作论文的过程中，很容易进入瓶颈期，假设和预想偏离轨道，这个时候哪怕“大牛”也会产生负面情绪。对于如何缓解压力，D博士给出的建议是和朋友一起运动解压，或者阅读一些心理方面的书籍、小故事，观看一些心理方面的影视作品等，他极力推荐大家看心理学著作，他说书中强大的逻辑思维和细腻的文字表述，很容易让人心情慢慢舒缓回归平静。

每每提及读博应必备的要素时，千篇一律的回答总是兴趣和坚持。但是在D博士眼中，善于抓住机遇、勇于迎接挑战、树立团队精神，结交志趣相投的朋友这些要素绝不亚于兴趣和坚持。他说：“并不是每一匹千里马都能被伯乐发现，所以机会还要自己去争取和把握。

一个重大项目的完成也绝不会仅凭一己之力，因此树立团队意识，懂得团结协作，会起到1加1大于2的完美结果。”

很多人都不能准确定位自己的研究方向，D博士认为想要在科研中找准自己的方向，首先要结合自己的专业基础，采用时间追溯法广泛阅读文献，率先找到自己感兴趣的点；其次不要羞于或惧于联系导师，要多和老师沟通你的兴趣点，这样在研究的过程中可以避免很多弯路；最后还要注重各种应用软件的学习，这样做定量分析时才能游刃有余。

当问到D博士曾经做过哪些人生规划时，他笑着说：“这一点其实大家都一样，信誓旦旦地计划着背单词、看文献、当经理、当会计……我也像大多数人一样，奔波在考证路上……但倘若不将规划付诸实践，所谓的规划终究会成为南柯一梦。”所以计划不在于多宏伟，踏实走好每一步，才能达到“量变引起质变”的结果。做项目、出差调研难免会打乱生活节奏，我们要做的不是让时间牵着鼻子走，而是要学会自律，有规律地生活，做时间的主人。

博士未来的职业选择也是大家非常关心的话题，众所周知，继续做科研，或者做一名高校老师，是近年来的倾向性选择。但是随着“双创”政策的出台，很多人选择了放弃最初的职业规划，在政策支持下，毅然决然的选择去创业，做自己喜欢做的事。D博士非常认同双创政策，主张以兴趣为重，遵从本心。在他看来，年轻人应该少一些功利性，凭借高学历多承担一些社会责任。

为了破传言，笔者故意问D博士，很多人都认为博士很呆，是不是像《生活大爆炸》里那样？他很坚定的对我说：“No!”这位邻家博士大男孩既有“95后”的童心，又有挑战极限的雄心。他表示自己兴趣广泛，不失活泼，喜欢看动漫、钟爱二次元，还对美剧一往情深，他得意地说：“美剧既有逻辑严密的剧情，又可以学习英语，还有助于放松，一箭三雕，何乐而不为呢？”他敢于尝试，喜欢登山，渴望“会当凌绝顶，一览众山小”的快感。看来博士也“疯狂”。

目前很多硕士阶段的学生都在纠结是否要读博，D博士语重心长的说：“对于是否读博，如果你纠结的点在于累、枯燥、年龄，我觉得完全没必要，因为无论做什么都很累，舒服是留给逝者的，摆正自己的心态，科研虽然注定是痛苦的，但是我们却可以苦中作乐，安于现状非青春，以乐观的心态去迎接各种挑战，生活依旧很美好。”

最后他强调：无论是否读博士，人际交往都很重要。一心只读圣贤书的时代早已消逝，在科研之余，要注意锻炼自己的人际交往能力，学会与人沟通，做一个受欢迎的人会让我们终身受益。

博士生涯注定是一段痛苦的旅程，但是D博士却痛并快乐着，因为他坚信只有吞下痛苦，享受过程，方能云淡风清。

理性大于感性，乐观创造人生

黄登峰，博三，生物科学专业。一直以来黄博士都很优秀，多次获得研究生学业奖学金一等奖，现担任研究生支部书记，球场上的他也是叱咤风云，曾获得校级羽毛球联赛双打前八名，颇受同学和导师的欢迎。

黄博士作为一名典型的理科男，言语间透露着踏实和稳重，由于入学比较早，一直以来都是同级中最小的一个，现在也算得上是同门中的“小鲜肉”，但人小志大，他志存高远，执着追求理想。怀揣对博士的敬仰、对生物的热爱，他毅然闯进博士世界，并且从未后悔。

黄博士认为就理科生而言，硕士阶段只需了解做科研的基本思路和技术，偶尔涉猎一些相关领域的高精尖研究；而博士则需要了解一个领域的历史发展脉络，形成更加严密的逻辑思维，反复在实验中探索和验证新的发现，对发现问题和解决问题的能力要求极高，他幽默地调侃道："正因为理科博士的科研任务非常艰巨，所以男博士们的发际线都超乎想象的高，但我是个例外。"

人类认知的普遍规律是：好奇-尝试-厌倦，然而黄博士在好奇和不断尝试的道路上走了这么久却毫无倦意。黄博士博一时将较多时间用在实验研究和文献阅读上，觉得很有意思，心里萌生的稀奇古怪想法也很多，每一次实验的失败都会激发他的斗志，或许因为年少轻狂，在他心中没有苦与累，只有"下次一定会成功"的意念。经过了3年的洗礼，他坦言，现在的自己在执着之外多了份冷静和责任。他依旧敢于去验证各种大胆的想法，但是在做实验之前，会反复对实验流程和实验方法进行确认，只因自己现在是"大师兄"，要对大家负责任。现在的他思考问题不再是直觉和感性至上，而是理性和思索并存。

黄博士说："人可以仰望星空，但要先脚踏实地。"在他看来，博士不仅应具备英语的阅读能力，对专业方向的把握能力，实验的设计和实施能力以及强大的抗压能力，还要有丰富的想象力，懂得触类旁通。这番话简洁而真实，只有踏踏实实的努力，才能在科研的道路上越走越远。

当问及黄博士读博的得与失时，他愕然地看着我说："我觉得我并没有因此失去什么，如果非说失去，也就几年的社会历练吧，相反更多的是收获。博士生涯，我收获了知识和技能，我在人际交往中变得游刃有余，我的眼界更加宽广，心理素质也更胜一筹。"可能在很多人眼中，博士就意味着失去，惋惜大好青春不能在社会里闯荡，但殊不知在校园里也能收获终身受益的无价财富。

随着年龄的增长，随之而来的问题便是婚姻大事。看着同龄人纷纷步入婚姻的殿堂，着实羡煞旁人，而且多项调查显示，博士是被家长催婚的典型群体。提及这一问题时，黄博士依旧淡定，他坦言，在中国科大这样男女比例严重失衡的环境下，找到合适的另一半确实不容易，但是还要讲求缘分，爱情在他博士生涯规划中也曾设想，但宁缺毋滥，在他看来先立业后成家更负责任。

此外，理科男博士的业余生活也可以让人很羡慕，黄博士就是很好的例子。他像很多小鲜肉一样喜欢羽毛球和篮球，积极参加各种比赛，还喜欢书法和摄影，动静结合，兴趣广泛。科研之余拿上单反，骑着"坐骑"，在樱花盛开的季节里，穿行其间，捕捉各种唯美的瞬间。他喜欢樱花的花语：一生一世永不放弃。他说："悠悠岁月漫长，不能浪费时光。"与众人眼中的呆恰恰相反，他是阳光开朗的理科男博士。

最后，黄博士寄语师弟师妹们：首先，如果你有50%读博士的打算，那就意志坚定，不要总是被他人的意见和看法所左右，毕竟决定和负责你人生道路的人只有你自己。也不要纯粹为了学历去读博士，这种过重的功利心非但不会激发你的科研热情，反而会让你每天沉沦在抱怨的漩涡中。其次，树立正确的爱情观，不要以科研的忙碌为借口逃避爱情，也不要因为寂寞而随意将就，美好的爱情可以让人更优秀。最后，切莫在可以拼搏的年纪里贪图安逸，珍惜现在的科研生涯，不要在恍恍惚惚中度过，少一份抱怨，多一份坚持，保持积极乐观的心态，创造专属自己的灿烂人生。

不难发现，文科和理科博士就很多问题的思考维度是风格迥异的，例如，就"博士和硕士的本质区别"这一问题而言，D博士作为文科生，首先想到的是情绪、心理及眼界等显性差异，而黄博士首先考量的则是内在隐性的一种逻辑差异。对于"博士最应该具备的要素"，D

博士更注重“机遇、挑战、合作协调以及志趣相投的‘圈子’”等外在因素，有征服不可控因素的凌云壮志，而黄博士则倾向于“夯实基础，脚踏实地，立足自身的实验研究，在此基础上触类旁通”，务实胜过了雄心……但无论是内在因素还是外在条件，无论是雄心壮志还是敦本务实，毋庸置疑，都是成功的必备要素。

人生的酸甜苦辣都是由自己创造的，请抛弃对博士的固有眼光，他们不是“书呆子”，更不是传说中的“第三类人”，他们在为祖国的科研事业做贡献，在遵从内心做自己最喜欢的事。所以，还在犹豫是否要读博的同学们，请抛开一些虚幻的想象，简单的问一问自己的内心：你想要的是什么？只有你的心能带领你找到正确的答案，幸福灿烂的人生还是孤苦压抑的生活，将由你来选择！

读书感悟 ▶▷

夜空中最亮的星——《热夜之梦》

文/付佳玮

吸血鬼题材的作品，自《惊情四百年》始，直到《暮光之城》《吸血鬼日记》，终于形成了一个文化符号，以至于提到吸血鬼的时候我们都会下意识地想到这样一个形象：夜晚出行、血统高贵、皮肤苍白；最重要的是，吸血鬼们都要经历一段旷世绝伦的爱情，在自身生命永恒与爱人韶华易逝的矛盾中缠绵悱恻或荡气回肠，轻易征服渴望爱情的读者的心。

《热夜之梦》，乔治·马丁却用吸血鬼的故事外壳，表达的是振聋发聩的核心：善恶，友谊，梦想。正因此，这本诞生于35年前的吸血鬼小说不落窠臼，成为奇幻文学作品中熠熠生辉的异类。在吸血鬼游荡的暗夜里，在善与恶交锋的战斗中，友谊和梦想成为夜空中最明亮的星。

故事发生在1857年的美国密西西比河上，一个波澜壮阔的时代，一个充满活力的地方，菲佛河运公司老板阿布纳·马什船长遭遇了一系列意料之外的变故，他手下几乎所有的船和毕生的财富都因为事故而丧失殆尽；而就在绝望之际，却有一位名为约书亚·约克的神秘人付给他一大笔钱，希望成为马什船长的合伙人，并提出了一系列古怪的条件。船长虽然疑心顿起，但仍然抵挡不住拥有一艘全密西西比河最快的船的诱惑。战胜当时最快的船“日蚀号”是他毕生的梦想。

几个月后，一艘华丽的巨大新船下水，被命名为“菲佛之梦”号。这是一艘如此漂亮的大船，以至于优雅博学的约书亚·约克不吝用拜伦的诗歌由衷的赞美：

她以绝美之姿行来，犹如夜晚，
晴空无云，繁星灿烂；
那最绝妙的光明与黑暗，
均汇聚于她的丰姿与眼底，
交织成如许温柔光辉，
是浓艳的白昼所无缘得见。

约书亚带着他的几位古怪朋友入驻大船，昼伏夜出，学习驾驶技术，夜夜啜饮红酒，纵情笙歌。菲佛之梦号在密西西比河上飞驰，将无数传奇的快船甩在身后。马什船长吼叫着下达命令，梦想的曙光在他的前方灼灼发亮。

与此同时，丹蒙·朱利安——另一个外表优雅的绅士，带着若干男女，在密西西比河畔游荡，他们是传说中才存在的吸血鬼。

天下没有不漏风的墙，不久之后，约书亚的古怪行径引起了马什船长的警觉。在几次的调查和冲突后，约书亚向马什船长承认，他是吸血鬼的“血族主宰”，他和同类来到密西西比河上，就是因为得知，河畔游荡着另一位血族主宰和几位追随他的同类。可是作为另一位血族主宰，朱利安是一位更强大的恶魔。在见面后，他轻易击败并奴役了约书亚，逼走了马什船长，带领吸血鬼占领了菲佛之梦号。

这部分是全书的一个高潮，选择“善”的一方的约书亚和象征“恶”的一方的朱利安的对决和败北，也就是正义的败北。

幸运能逃出生天的马什船长又回到了最初的困境中。可是他不想放弃自己的船。但是在无数次的寻找和失望后他终于放弃，用十几年的时间试图让自己忘记曾经拥有菲佛之梦号的那段时光，那段最接近梦想的时光，那段和约书亚共同度过满含激情的时光。

这一段总是让我想起《奇鸟行状录》。村上春树塑造了曾经参加过诺门坎战役的间宫中尉，他被抛弃在深井中，濒死绝望，却突然见到每天一次直射井底的太阳。刺眼的光对身处漆黑的他而言宛若神迹。

“我觉得自己生命的内核业已在井底那一天仅射进 10 秒或 15 秒的强烈光束中焚毁一尽。那光束对我便是神秘到了那般程度。很难理解为什么。总之如实说来，从那以后我无论目睹什么经历什么，内心都全然不为所动。”

马什船长本应该带着回忆和遗憾安静的死去，然而 1870 年他收到了一封信，来自逃出虎口的约书亚的信。他不顾一切地找到约书亚。约书亚提到了即将发生的船赛——这大概是最后一次两艘快船比拼速度了。约书亚带着年迈的马什船长找到船的藏匿地点，找到这艘马什船长视若生命的船，却也已经是一艘老旧破败的船了，就像船长本人。

“她停泊在一片泥沙的浅滩之中，曾经蓝白与银色相间的船体，现在已经几乎变成灰色，是那种被阳光曝晒、又在太潮湿的环境里没怎么油漆过的腐烂木头的灰色。就像是朱利安与他那群该死的吸血鬼们已将她全部的生命力吸食殆尽……在那些后加上去的油漆剥落之处，她原本的真名重又显现……到处都攀爬着一块块绿色植物，而且它们还在不断蔓延。”

难以想象这样的场景会给爱船如命的船长带来多少痛苦。菲佛之梦号的腐朽不仅象征了船长的老迈，更是整个黄金时代的葬歌。大音希声，大象无形，和无数王侯将相，传奇天才一样，黄金时代的洪流也会不可避免地枯竭、死亡，就如同任何一种曾经在地球上生活过、辉煌过，我们却无缘得见的事物。

出生入死的友谊，相互信任的友谊，为彼此的梦想而拼搏的友谊，刻入骨髓的友谊。经过一番搏斗，他们杀死了邪恶的朱利安和他的爪牙。这可以看作是菲佛之梦号的葬礼，是整个航运时代的挽歌，却也是人类和吸血鬼的新的黎明。黎明诞生于黑暗结束的时刻。

马什船长终其一生没有实现他的梦想。但至少，他夺回了属于自己的菲佛之梦号。前来感恩朝礼的吸血鬼铭刻了船长的胜利。吸血鬼可以永生不灭，梦想和友谊也是如此，永远璀璨夺目。

黛玉赞

文/刘 华

揭开丝帘，斜月沉沉，夜空中划过一颗流星，一如我的指尖划过泛黄的线装书，脑中留韵。捧一杯香茗，轻轻、静静，让我走近你，走近红楼故事。灯影书香，瘦水一痕，夜肆意的弥漫，那一页页载满欢笑与泪水的书页。谁的笑摇曳了那一池的春水，谁的泪斑驳了那绝世的花颜，我的心已深深为黛玉那一颦一笑所吸引，跌落在这一个诗意的夜晚，虽不欲捞月，也几成失足。

特殊的时代造就出沧海桑田的历史，坎坷的人生成就了风华绝伦的才情。梦回金陵，只见你一袭青衣，亭亭玉立，两弯似蹙非蹙罥烟眉，一双似喜非喜含情目，缱绻风流，款款而来……

怎样的传奇才造就了你世外仙姝的美丽？娴静时如姣花照水，行动处似弱柳扶风，你的气质不必多说，腹有诗书气自华，让那混世魔王只一眼就为你痴狂。大观园里群芳争妍，你若一枝芙蓉，没有牡丹的富贵华丽，没有芍药的靓丽多姿，你素面朝天，孤高傲世，那世俗之美怎能敌过你圣洁之秀。你立于滚滚红尘之上，冷漠地见证着一个家族的鼎盛与衰败，世事漫随流水，你只愿守护内心最纯净的感情，繁华如烟云，精神才是你永远的信仰。

都说你冰肌玉骨，谁知你内心的火焰？身世之苦，寄人篱下，你没有宝钗富可敌国的家庭背景；性情自由、敢爱敢恨，你没有宝钗的八面玲珑、处事圆滑，你就是你，一个纯粹的忧伤的你。花落无情，看者有意，那漫天的飞红诉说着世事无常，韶华易逝，“花谢花飞花满天，红消香断有谁怜？”伊人葬花，更是葬着不公的命运与时代的黑暗。潇湘馆的竹影在轻风中唱着忧伤的蓝调，那幽暗的绿色染着你的眉尖，风雨中的秋窗下你默默叹息，“秋花惨淡秋草黄，耿耿秋灯秋夜长”；那夏末的荒芜让你“留得残荷听雨声”，那粉堕香残，逐对成球，让你吟出：“嫁与东风春不管，凭尔去，忍淹留。”

你处处小心，时时留意，喧哗吵闹中是你孤独的身影，落寞的哀愁，心事万重，却无人能懂。唯独那同样追求理想的宝玉了解你的孤，你的傲，你的小脾气，你的纯粹之美。你为知音而活，你为爱情而死。你从不劝他去用功读书，去立身扬名，更使他对你怀着深敬，愿为你痴狂。没有你侬我侬，卿卿我我，宝哥哥的“弱水三千，我只取一瓢饮”便是最好的承诺。你敢于在封建社会的压力下执著追求自己的爱情，让爱的火焰融化自己的心，这便是对命运的呐喊，对时代的反抗。

然而你能把自己交给爱情，却不能把婚姻交给自己。潇湘妃子用一生的眼泪来祭奠自己的爱情。封建家长一个掉包计便让一切成空，木石前盟终究抵不过金玉良缘，你却绝不低头，让怨恨的大火焚烧所有的回忆，愤恨地喊出：“宝玉，你好，你好……”香魂一缕随风去，花一样的生命就此凋零，犹如惊鸿一瞥，灿烂得如此短暂，让宝玉徒然“空对着，山中高士晶莹雪；终不忘，世外仙姝寂寞林”。

“人生只似风前絮，欢也飘零，悲也飘零，都作连江点点萍。”纷繁尘世中你落寞的倩影，书写成一首才华横溢，孤高傲世的诗，你悠长的叹息一声声敲着封建社会的警钟，你忧愁的泪珠岂是为自己所流，更是为了那个没有感情，没有自由的时代而哭泣！

你如一枝出水芙蓉，凌于水波之上，出淤泥而不染，濯清涟而不妖，傲然立世，风露清愁，缀着点点晶莹的露珠……

蓦然回首，你已远去，留下梦一般的背影，那短暂的青春却是我心中的永恒……

《釜山行》——感悟人性的温情

文/刘迈克

2016 年 5 月，《釜山行》进军戛纳，厚积薄发，一路创造了票房神话，奠定了韩国电影在国际上的领先地位，开启了灾难片，尤其是僵尸片的新篇章。一时间《釜山行》刷屏各大社交网络，在国内外引起了巨大反响。该片不仅是一部优质的丧尸大片，更是一部杰出的动作大片。影片展现了两小时全程无喘息的逃杀游戏，追逐打斗，见招拆招，命悬一线，搏命奔逃，动作设计花样百出，人物形象姿态万千。影片充分借助了僵尸的生理特性，结合沿途特殊的铁路环境，制造了一波又一波全程高强度对抗的场景，塑造了一个又一个有热血有智慧的人物形象，故事情节有爱情有亲情，有温暖也有冷漠。

崩塌环境下面临的人性考验

一辆从首尔开往釜山的列车上爆发了丧尸危机。其实电影开头已经做了铺垫，死了的鹿被汽车碾压之后惊奇地重新站了起来，身上携带着丧尸病毒，成为了病毒传播源，一场大的灾难正悄然来临。影片前 20 分钟交代男主角和女儿之间疏离的关系，男主角是韩国证券界有名的金融经理，也是独自抚养女儿的单身父亲。为了带女儿前往釜山探望前妻，他搭上了这趟列车，却意外身陷危机。影片也间接折射出这样一类社会群体，他们外表光鲜，位居高管，在生活和工作的双重压力下，每日忙于在客户和老板之间周旋，无暇陪伴父母妻儿，最终导致婚姻破裂。他们虽说是“成功人士”，但在家庭关系方面却是一筹莫展，问题重重。列车正如现实社会的浓缩，不同的人物设定构成了社会的差异化现实。摔跤手和怀孕的妻子一同登上列车，意外成为了灾难的中心，在混乱的列车上展现出感人的爱情和亲情。高中棒球队的小伙伴们也卷入了这次危机，他们为了保全性命而展开浴血斗争，当同伴感染病毒时手里拿着棒子的棒球手迟迟不忍下手。流浪汉在列车上得到了小女孩和其他人的帮助，在最后的紧急关头为了保全他人与丧尸同归于尽，还有照顾全车人的列车长……

虽然故事总有让人感动的情节，但是电影披着丧尸的外衣，主要讲述了人性的阴暗面。影片中，韩国政府无视生物公司泄露事件，营造一种太平盛世的假象，导致丧尸病毒迅速传播。开车的刹那，一名感染者登上了开往釜山的列车，而她很快尸变并对目光所及的人展开了血腥屠杀。列车上坐着关系疏离的父女、摔跤运动员和怀孕的妻子、高中棒球队的队员、政府官员等形形色色的乘客。“女丧尸”病毒发作后咬了一名试图救助她的女乘务员，女乘务员被咬后迅速变成新的“丧尸”继续咬人，短短时间里火车变成了“丧尸专列”。得以暂时逃过一劫的父亲、摔跤手、棒球队学生联合起来，想方设法拼死保护他们的家人和其他幸存者逃出这趟“死亡列车”。然而，他们要面对的，不仅仅是骇人的丧尸，还有自私愚昧的人类。

躲过丧尸堆却躲不过冰冷自私的人心

躲过了 3 节车厢的丧尸，却躲不过一节车厢的人心。一直保护妻子和众人的摔跤手，却因众人的自私与恐惧把他拒之“安全”车厢门外而被咬成为丧尸。被咬之后他还在极力地挣扎着、反抗着，他就这样被冰冷的人性抛弃，永远告别了挚爱的妻子和未出世的孩子，落寞地“牺牲”在丧尸堆里。金常务，一个自私冷漠的企业人，人性的丑陋在他身上表现得淋漓尽致，拉着他人垫背，只顾自己逃生，但他终究也没有活到最后一刻。男主角、孕妇几个人本可以全部进入保护车厢，却因为金常务自私地煽动大家一起抵制他们进入，害得孕妇老公和老婆婆的姐姐被咬。最后他还自私地赶走男主角一群人，其行径令人发指，比丧尸还可怕。是啊，人性的自私和冷漠永远是最伤人的。

影片中很多处关于人性的刻画是值得我们深思的。男主角看到孕妇和她老公被丧尸追赶的时候仍然把车厢门关上，虽然后来还是把门打开了，但在这样一个不过 10 秒钟的镜头中，我们看到男主角最初的自私。而在后来同样的情况发生时，曾愤怒的孕妇老公却在危急关头救了男主的女儿，这前后的对比告诉我们人性的善与恶来自于自私和无私，也是从这里开始，男主反省了自己自私的行为，在后续剧情发展上展现着无私的精神。影片总是在剧情最揪心的时候，成功探讨着人性的话题，这也是影片能引人入胜进而触动人心之处。

我给你的爱，是我最后的理智

男主角被咬以后被迫要离开，女孩紧紧抓住他的袖子不舍得松开，他却用力扯开女儿，将孕妇和女孩锁在车厢里。被感染后的男主回忆着女儿出生时可爱的样子，微笑着流出了泪水，纵身一跃跳下了列车。电影到处充满着丧尸和血腥，但在男主角跳车自杀场景中却选择了用影子来表现，满满的不舍与痛心，我的泪水再也抑制不住奔涌出来。在丧尸不断来袭情景中，父女、夫妻、队友、情侣、老年姐妹等在死亡边缘仍顽强抵抗、互相帮助，在他们身上无时不闪耀着人性的光辉。

赠人玫瑰，手留余香。危难时向他人伸出援手，也是对自己生命的救赎；为了自己活命把他人性命当作盾牌，最后也将付出相应代价。影片中包含很多这样显而易见的道理，给观众留下了感动与苦涩。不同社会阶层的人性在灾难面前展露无遗，丈夫越厢救妻开门一瞬间的暖心，中年妇女默默开启闸门的残酷与无助，流浪汉的无私和勇敢，小女孩的真诚和善良，父亲的理智和从容，都让我们深深感动，当然还有对恶人贪生怕死、残害无辜的憎恨。最后金常务变成僵尸之前说“妈妈等我回家”，让我们也看到了他冷漠中的一丝温情。还有感染病毒的女孩不小心冲进车厢，躲在厕所里默念着“对不起，对不起……”。站点沦陷，全车被感染，或许有很多无奈和不得已。

丧尸们张着嘴，狰狞地笑着，看着很开心的样子，会不会是像男主一样看到了自己最幸福的时刻？他们的脑海里回忆着幸福，然而被感染的身体却在追逐食人的邪恶本能。那个老姐姐没有笑，一脸冷漠和茫然，或许是因为她辛苦了一辈子，没有值得开心和回忆的事情，所以才会如此平静。在黑暗的隧道里，丧尸是看不见东西的，孕妇没有阻止小女孩唱歌，或许两人此时已经放弃希望了，在用歌声自杀，即使此刻希望就在眼前。“珍重再见，幽暗的森林中传来花儿的芬芳，在离别前，给我一个深情的拥抱，直到我们再相聚，直到我们再相聚。”

影片开头小女孩因为爸爸不在场而不能够唱完的歌，这时候完整地展现出来了，影片结束时她成长了，变勇敢了，即使爸爸不会再回来，即使不知前路的黑暗，她坚持用颤抖的声音把歌唱完，拯救了自己和孕妇的生命。

最后小女孩唱起原本送给爸爸的歌时，自己眼泪就忍不住了，如果没有唱歌，就会被愚昧无知的政府误认为是丧尸被射杀，所以最后还是爸爸救了他。虽然主角死了，但是影片选择让一位孕妇和小孩活下来，留给了人们未来和希望。

人们总是说我很忙，我没空。在这个世界上每日匆匆忙忙，连思考、连关心家人、和家人说说话的时间都成了奢侈。韩国的电影很多时候会与我们一起探讨人性的话题，这是一种很不错的方式，通过电影传播正能量，传播对与错，传播人性的种种。如果你曾经自私或冷漠，那么当看完这部电影的时候，你或许该学会放下，去拥抱家人，拥抱生活，拥抱美好。

谁谓荼苦，其甘如荠

——《茶人三部曲》

文/付佳玮

对我而言，2018年的春天与以往不同——这个春天弥漫着一股若隐若现的茶香。春日的下午品尝朋友的佳茗；赶在清明前的杭州之行，中国茶叶博物馆里的流连，山路上艰难骑行后龙井村的清爽茶味，还有下山路上那家名为“绿茶”的餐厅里齿颊留香的绿茶烤肉；还有清明后的第一个周末，歙县的山村里，品尝纯正的黄山毛峰，亲手采摘一芽二叶的茶芽放入口中咀嚼。而贯穿这一切的，是一套凝重的巨著——《茶人三部曲》。

顾名思义，《茶人三部曲》，以茶写人，以人叙茶。三部曲，煌煌百万言之巨，横跨1864—1990年共六代人，一笔写尽清末民初、抗日战争及最终尘埃落定的百年沧桑。而作者王旭烽，杭州大学历史系毕业，又曾在中国茶叶博物馆任职的经历，也让她在这套书中引经据典写入了无数与茶有关的历史，以及种种名茶的制作、运输、饮用，还有杭州城里的点点滴滴。而茶与人的纠缠不清，也让这套书带着茶叶的优雅、茶香的芬芳，乃至茶水般苦涩却又带着回甘的味道。

三部曲各卷有三个优雅的名字。卷一《南方有嘉木》，取自茶圣陆羽所著《茶经》开篇第一句话：“茶者，南方之嘉木也。”名字很恰如其分，这本书正是这个百年动荡的开篇，从太平军在杭州被击溃的1864年直到抗战前夕。卷二《不夜之侯》，因为“不夜侯”是茶的一个美称。名为不夜，却身处暗夜，噩梦连连，正是抗日战争的惨痛历史。卷三《筑草为城》，不知何典，却带着一股荒诞的气息，可最终，城还是筑起来了，家族的百年兴衰荣辱，也就凝结为一座绿色的城，纤细却顽强。

这是个长长的故事。但是概括起来却很简单：一个杭州城中茶叶世家的历史。这里没有帝王将相、金戈铁马、阴谋阳谋——这些在温润的江南水乡都太突兀。这里只有穿插着林林总总茶文化的家庭琐事，一个在百年动荡中仍然坚韧存活下来的家族的点点滴滴。这一点很类似《百年孤独》，无论保守派和自由派的战争怎样进展，马贡多依旧是马贡多，布恩迪亚依旧是布恩迪亚。但《百年孤独》带着一种魔幻的异域风情，而《茶人三部曲》的背景则熟悉的多，书中的杭家就如同我们身边的香茗，多次的沸水冲泡，依旧茶香满室。

杭家世代经营茶叶，有忘忧茶庄一座、忘忧楼府数进。杭家独子杭九斋娶妻林藕初，做了甩手掌柜，整日泡在烟馆青楼；误入杭家的太平军头目吴茶清为报恩留在杭家，因曾经也是茶人，成为茶庄的掌柜兼杭家的管家。作为堪称全书最伟大的角色，正是他让杭家的茶叶生意步入巅峰。林藕初生下的独生子杭天醉是吴茶清的血脉，可是天醉并不像吴茶清，他很像自己名义上的父亲杭九斋，风流儒雅、细腻哀伤，典型的江南才子。

彼时清王朝已经苟延残喘。杭天醉与好友赵寄客等人在杭州城内一边与志同道合者一起谈论国事，针砭时弊，一边泛舟西湖，漫步灵隐，取虎跑泉水，泡软新龙井，在这座温润如玉的城市里品茗，读至此仿佛有茶香透过书页而来。好友赵寄客侠肝义胆，东渡日本留学，志在匡扶天下；风流儒雅的杭天醉收留了美丽的孤女小茶，又娶了容颜极美的世家庶出女儿沈绿爱。清末时局动荡，他与两位女子的感情亦是纠葛不清。他如同父亲杭九斋，整日不归家地躲在杭州郊外的吴山上，与小茶生下长子杭嘉和及龙凤胎杭嘉乔、杭嘉草，却因被人暗算而家道中落，儿子杭嘉乔也被带走。而沈绿爱，一个太过美丽却太过刚强的女子，生下杭天醉次子杭嘉平、次女杭寄草，与婆婆林藕初、管家吴茶清一起支撑起偌大的杭家。

同是获得茅盾文学奖的作品，同样是跨度百年的家族史诗，《白鹿原》几乎是一部男人的独角戏，唯一的女主角田小娥也被塑造成了令人反感的角色。而《茶人三部曲》却堪称女性的颂歌，是书里的女子们在男人颓废的时候默默支撑着这个家族。此时的林藕初、沈绿爱是这样，后来的羽田叶子、杭寄草也莫不如是，她们都像是藤条，美丽却坚韧。这不只是《茶人三部曲》和《白鹿原》唯一的区别，它们的区别是陈忠实与王旭烽的区别、男作家与女作家的区别、农民作家与历史学者的区别、黄土高原与江南水乡的区别、泥土味与茶香的区别。

赵寄客从日本回来了。作为孙中山的信徒，在杭州城里发动起义是他的使命。是役，曾经的太平军头目吴茶清阵亡，但他的死让反清革命在杭州城取得胜利。连作者都在偏爱这个角色，让他为自己的毕生理想而战死，还在死前看到理想成为现实。

江湖豪侠赵寄客和刚强的女子沈绿爱相爱了。小茶自杀了，杭家的茶楼也被对头吴升夺走。几番打击下杭天醉日益消沉，与日本茶道师羽田交流茶道，修禅，不问世事。孩子们渐渐长大，到了1919年，山东被割让给日本的消息让叛逆期的杭家长子嘉和及次子嘉平跃跃欲试。他们参加五四运动，思考如何改变落后的国家、如何振兴曾经世界第一如今却已经衰落的茶业。嘉和很像父亲，是个细腻的、艺术的、忧伤的人；嘉平却像祖父吴茶清和义父赵寄客，也像他的亲生母亲沈绿爱，坚强而理想、浪漫而盲目。他也留学日本，娶了兄弟俩儿时的玩伴、茶道师羽田的女儿羽田叶子，生下儿子杭汉——意为这个有一半日本血统的孩子依旧是中国人——而后回国参加北伐战争。当他们的队伍打到杭州，嘉平的副官、共产党员林生与妹妹嘉草相爱成婚，却突遇了惨烈的“四一二政变”。

杭家陷入大乱。家长杭天醉一病不起，临死前看到嘉草生下一个患有白化病的儿子，他用最后的力气给孩子取名忘忧。有这样的惨痛身世和身体疾病，林忘忧注定欲忘忧而不可得。

这也是这本书与《百年孤独》的一个相似之处。在《百年孤独》里，每一代人都遗传下两种特定的性格，名为奥雷良诺的都敏感而哀伤，身材瘦削；名为霍塞·阿卡迪奥的则内心粗糙，身体健壮。《茶人三部曲》也是这样，每一代人都会遗传下祖先的两种特定的性格。有的人精神细腻性格哀伤，如杭嘉和，杭嘉草，杭嘉和的儿子杭忆、女儿杭盼，林忘忧，乃至未来的杭得茶；有的人则坚强、理想而狂热，如杭嘉平、杭寄草、杭汉，乃至未来的杭得放、杭迎霜、罗布朗。这种从人物性格中可以追溯到祖先的写法充满了宿命感的魅力。

杭家此时的处境和林忘忧的心情一样难过。所有的压力全部压在了长子杭嘉和及母亲沈绿爱、义父赵寄客身上，而日本人又打进了中国。曾经的国民党员杭嘉乔摇身一变成了汉奸，将日本军官小掘一郎引入杭州城。

从小在对头吴家娇生惯养的杭嘉乔对杭家有感情吗？其实也是有的，但是他的心已经被仇恨填满了。他把生母小茶的死怪罪在沈绿爱身上。也正因此，当他寄希望于投靠日本军官小掘一郎来夺杭家大院时，他们抓走了赵寄客，把沈绿爱关进了一口大缸里。

日军在杭州城里烧杀掳掠。逃出来的林忘忧躲进了天目山中，寻找儿子的疯女人杭嘉草被日军刺得千疮百孔，最后下葬的时候还死死抱着一条象征儿子的大鱼。忘忧的阿姨杭寄草为了寻找外甥忘忧和未婚夫罗力也离开去了金华。杭嘉平和儿子杭汉追随号称“当代茶圣”的吴觉农先生去了重庆，希望靠重振茶业来赢得战争。杭嘉和的儿子杭忆，在目睹了8位同志被日军杀死在河里的惨剧后，在浙西北的杭嘉湖平原上组织起了一支抗日游击队。而杭家，从之前人丁兴旺的大家族，衰败成了如今仅有大哥杭嘉和、女儿杭盼、弟媳羽田叶子的杭城破落户。愤怒的杭嘉和点燃了杭家大院。

这一段看得让人异常心酸。不只是愤怒、屈辱，更多的是无力。山河在，国破；家人的音容笑貌还在昨日，今天却“存者且偷生，死者长已矣”了——而且死者是那么屈辱的死法，和一口大缸、一条大鱼一起下葬。可这只是杭州城的一个缩影而已，鲜血染红了曾经景色旖旎的西湖、宝石山、鸡笼山，路上中国人的尸体已经堆满了马路。杭州人是无辜的吗？这样积贫积弱的国家，没有谁可以真正置身事外。

日本军官小掘一郎就是那种《菊与刀》中很矛盾的日本人。一方面，他对中国文化非常熟悉，而且也颇精于茶道，他的茶道老师正是羽田叶子的父亲。他修习着茶中淡雅、好生的品质，甚至给杭嘉和生病的女儿杭盼送药；另一方面，他却完全是一个禽兽，亲手杀人，毫不手软。可是——他其实是赵寄客在日本留学期间生下的儿子啊。这也就是他对恨他、他也恨、但就是无法割舍的生父赵寄客，还有同样是中国父亲、日本母亲的杭汉怀着复杂心情的缘由。而且他的翻译官就是杭嘉和的亲弟弟杭嘉乔，他喜欢的又是杭嘉和的女儿、柔弱如西施的杭盼。就这样，他也被卷入杭家剪不断理还乱的纠葛中了。

杭家此时已经不做茶叶生意了，烧毁一半的院子里仅有几个人在艰难度日。而此时，杭家的人们分散在四面八方——原本性格柔弱的杭忆选择在浙西北打游击战，成为威震一方的冷面杀手，生下儿子杭得茶后与妻子英勇牺牲；杭嘉平和杭汉在重庆做茶叶贸易工作，依然摆脱不了性格里那份理想而莽撞的爱国热情，与发国难财的国民党人大打出手；林忘忧躲在天目山里，种茶、烧陶，还救了降落此处的美军飞行员；而杭寄草——这个家人都说她的性格等于林藕初加上沈绿爱的女孩子，正在为爱走天涯，追随着国民党军官未婚夫罗力，从浙江一路追到重庆，又一路追到中缅边境。

杭家女子都有一种为爱而生的气魄，也就让每一段爱情都凄婉而又壮烈。林藕初与吴茶清生下杭天醉。沈绿爱与赵寄客相爱，爱得无所顾忌。沈绿爱临死前的最后一晚，两人喝下了茶配酒的“龙虎斗”，将迫在眉睫的诀别抛诸脑后。羽田叶子不惜离开父亲、放弃国籍也要嫁给杭嘉平。而杭嘉草，这个目睹了心爱的丈夫林生被斩首而就此疯掉的苦命女子，她的余生，都只会说一句话了——“我同你一道去”，说给被下葬的丈夫。而小妹妹杭寄草，尽管知道军人姐夫林生的遭遇，依旧和军人未婚夫罗力风风火火的相爱，以至于跨过大半个中国，幸运地找到第二天即将入缅作战的罗力，并与他当夜举办婚礼。她就在云南待了下来，生下了他们的儿子，等到罗力的归来。

日本终于战败了。杭州人回到了久违的故乡，挖掉了苏堤上的樱树。小掘一郎也在这里实现了他的毕生梦想——死在中国，他投进了西湖。杭家人也终于可以团聚了，虽然家破人亡，但是新的生命开始成长，新的希望也在生长。

《茶人三部曲》的第三部为《筑草为城》。这卷书里，最让我感动的，是1966年的除夕之夜，杭家的女人们偷偷喝茶的那一段描写。

水，要融化的雪水。

茶，要最上乘的明前龙井。

器具，用的是宋朝的天目盏，清洗茶具的动作之优雅精美让客人流泪。

甚至，还要冒着危险，将偷藏起来的古画装饰出来。那是一幅《琴泉图》，在杭家有着特殊的意义。

一个落难的家族，却在一个不合时宜的时刻，用最无可挑剔的礼数，来喝一碗最精致的茶。我只能想到几个词："教养""积淀"，还有"不屈"。

我想到了《上海的金枝玉叶》。老上海永安公司郭氏家族的四小姐戴西，曾经历了丧偶、劳改、受羞辱打骂、一贫如洗等等磨难。但就在这些磨难中间，她还会在贫民窟的煤球炉子上，用完全被煤烟熏得通体乌黑的铝锅，做过许多个彼得堡风味的蛋糕来品尝。

我斗胆猜一下，这就是所谓的贵族精神了吧。杭家这样的贵族，与吴家那样的暴发户，区别就在于此。

也就是这种精神，让杭家坚持到最后。宿命般的，不吃茶叶饭的杭家人，却最终离不开茶叶。活下来的杭家人成为了茶学家、茶文化史专家、瓷器专家、紫砂壶工艺师，他们见证了终于国泰民安的时代，也见证了中国茶叶博物馆的建立。